한국근현대학술총서
대한제국 정치리더 연구
❶❶❷

# 이상설 평전

독립운동의 대부

이 저서는 2015년 대한민국 교육부와 한국학중앙연구원(한국학진흥사업단)의 한국학총서사업의 지원을 받아 수행된 연구임(AKS-2015-KSS-1230002)

| 박 민 영 朴敏泳

　경남 함양 출생. 인하대 역사교육과를 졸업한 뒤 한국학중앙연구원 한국학대학원에서 문학석사, 문학박사 학위를 받았다. 인하대, 단국대, 충남대, 국민대, 상지대에 출강하였고, 청계사학회 회장, 한국근현대사학회 편집이사, 2005광복60년기념사업추진위원회 상임연구위원, 국가보훈처 국가보훈위원회 실무위원, 경북정체성포럼 호국분과위원 등을 역임하였다. 2002년 독립기념관 한국독립운동사연구소에 들어가 수석연구위원을 지냈다. 현재 국가보훈처 독립유공자공적심사위원, 경상북도독립운동기념관 이사로 재임 중이다. 상훈으로는 대통령표창(2006), 의암학술대상(2008)을 수상하였다.

주요 저서
『러시아지역의 한인사회와 민족운동사』(공저, 1994)
『중국동북지역 한국독립운동사』(공저, 1997)
『대한제국기 의병연구』(1998)
『노백린의 생애와 독립운동』(공저, 2003)
『한말 중기의병』(2009)
『거룩한 순국지사 향산 이만도』(2010)
『대한 선비의 표상 최익현』(2012)
『기록으로 보는 재외한인의 역사 -아시아-』(공저, 2016)
『만주·연해주 독립운동과 민족수난』(2016)
『나라와 가문을 위한 삶 곽한소』(2017)
『의병전쟁의 선봉장 이강년』(2017)
『화서학파 인물들의 독립운동』(2019)
『한말 의병의 구국성전』(2020)


한국근현대학술총서 - 대한제국 정치리더 연구 002
이상설 평전 - 독립운동의 대부
2020년 11월 23일 초판 1쇄 인쇄
2020년 11월 30일 초판 1쇄 발행

지은이 ■ 박민영
펴낸이 ■ 정용국
펴낸곳 ■ (주)신서원
서울시 서대문구 냉천동 260 동부센트레빌 아파트 상가동 202호
전화 : (02)739-0222·3 팩스 : (02)739-0224
신서원 블로그 : http://blog.naver.com/sinseowon
등록 : 제300-2011-123호(2011.7.4)
ISBN 978-89-7940-346-6 93910
값 20,000원

신서원은 부모의 서가에서 자녀의 책꽂이로
'대물림'할 수 있기를 바라며 책을 만들고 있습니다.
잘못된 책이 있으면 연락주세요.

한국근현대학술총서 ❶❷❷
대한제국 정치리더 연구

# 이상설 평전
## 독립운동의 대부

박민영 지음

서문

# 구국의 혈성,
# 이상설

구한말부터 해방 때까지 이어진 독립운동 50년 역사에서 가장 중요한 화두는 '통합'이었다. 고립 분산된 민족의 역량을 하나로 모아야만 일제로부터 독립할 토대를 마련할 수 있었기 때문이다. 독립운동에 참여한 인물마다 통일을 연호하고 단체마다 통합과 연대를 표방했던 사실이 이를 입증해준다. 그런 만큼, 일제는 국내외 각지에서 우리의 독립운동 인물·계열간에 분열·대립·갈등을 조장하는 데 혈안이 되었다. 독립운동 전 시기에 걸쳐 양산된 밀정은 독립운동 내부의 문제이기에 앞서 일제의 악랄한 독립운동 탄압책의 산물이었다는 점을 상기해야 한다.

이상설은 민족 지도자로서 통합과 연대를 선창하고 이를 구현하기 위해 노력한 대표적인 인물이었다. 재덕才德을 두루 갖춘 품성과 신구를 아울러 온축蘊蓄한 학문을 바탕으로 당대 우리 민족에게 주어진 시대적 책무인 국권 수호, 나아가 회복을 위해 전 민족 구성원의 역량을 하나로 모아 일제를 구축驅逐하는 데 앞장섰다. 독립운동 지도자로서 이상설이 지닌 역사상은 비교적 선명하게 부각되는 데 비해, 그의 전기를 집필하는 작업은 예상보다 훨씬 더 어려웠다. 독립운동의 중심을 관통하면서 다양한 분야에 걸쳐 있던 그의 활동 궤적 때문이 아닌가 싶다.

이상설이 구국을 위해 활동한 지역적 공간은 매우 넓었다. 국내는 물론, 중국·러시아·유럽·미국 등지에 걸쳐 있는 그의 활동무대는 곧 우리 독립운동사의 무대가 되었다. 그가 펼친 독립운동의 분야도 그만큼 다양했다. 국권수호투쟁과 구국외교를 시작으로 국외독립운동 근거지와 민족주의교육 개척, 단체·결사운동 등을 통해 독립전쟁을 결행하려 한 노력 등 1919년 3·1운동 이전에 그가 보여준 활동은 한민족 독립운동의 중심을 관통하고 있다.

이상설의 독립운동이 이처럼 넓은 지역을 무대로 여러 분야에 걸쳐있는 데 비해, 정작 그가 남긴, 그의 생애를 직접 알려주는 자료는 극히 드물다. 일생 그의 활동 궤적은 결국 그를 둘러싼 주변의 인물·단체의 관련기록을 통해서 복원할 수밖에 없는 실정이다. 이처럼 어려운 작업이지만, 이상설의 일생 업적을 살펴보는 것은 결국 독립운동사의 중심을 파고들어 그 내면을 이해하는 작업과 직결되어 있다. 독립운동사의 중심을 관통하는 삶, 이것이 이상설 평전이 갖는 가장 큰 의의라 할 수 있다.

이 책은 여러 선행 연구에 힘입어 집필되었다. 미지의 분야를 새롭게 발굴 개척한 의미보다는 선행의 연구성과를 모아 합리적으로 해석하고 평가한 데 더 큰 의미가 있다. 특히 은사인 고 윤병석 교수께서 1984년에 간행한 『이상설전』(1998년 증보판)은 이 책의 집필 방향을 설정하고 체계화하는 데 중요한 길잡이가 되었다. 그 저술은 이상설 연구의 초석이 되었을 뿐만 아니라, 제시된 독립운동의 방향성과 풍부한 활용자료 등으로 인해 독립운동사 연구에 크게 기여하였다. 생전에 은사께서 저자에게 현재적 시점에 맞게 이상설 전기 집필을 누차 권유하신 연고가 있기에, 이 작은 평전은 선사께서 남긴 유업의 계승이라는 의미를 담고 있기도 하다.

이 책은 일제 침략, 강점으로 인한 수난기에 우리 민족의 지도자로서 독립운동을 선도한 이상설의 생애 전반을 연대기 순으로 총 9개 장으로 구성하였다. 도입부인 제1부('학문과 관력')에서는 이상설이 일생 민족 지도자로서 활동할 수 있는 토대가 된 가문과 학문, 관력 등을 다루었다. 다음으로 이상설이 전개한 독립운동 부분은 그 내용과 성격, 지역을 고려하여 6개 부(제2~7부)로 설정하였다. 구체적으로 다룬 내용은 제2부 국권수호투쟁(국내), 제3부 민족주의교육(서전서숙), 제4부 헤이그사행, 제5부 미주 활동, 제6부 연해주 활동, 제7부 독립전쟁 구현노력 등이다. 끝으로 에필로그에 해당하는 제8부('구국의 의혼')와 제9부('역사에 남긴 유훈')에서는 후인의 논찬과 선양사업, 그리고 후세에 남긴 역사적 교훈을 각각 기술하였다.

독립운동사는 그 역사적 성격과 의미, 가치로 보아 한국근대사의 중심에 위치해야 하는 당위성을 지니고 있다. 독립운동사가 지닌 참된 가치와 놀라운 효용성이 애써 외면되는 오늘의 현실이 안타깝기만 하다. 이 책이 독립운동을 선도한 민족 지도자 이상설이 보여 준 일생 삶의 궤적을 통해 독립운동 역사의 참된 가치를 복원하는 데 일조할 수 있기를 기대한다.

2020년 11월
저자

**차례**

서문  구국의 혈성, 이상설                              005

제1부  학문과 관력                                   013

　제1장  가계와 학문                                 015
　　　　산직마을의 신동  ｜  동서 학문의 겸전兼全
　　　　한국 근대 수학의 아버지

　제2장  관인의 길                                   040
　　　　과거급제와 시권試券  ｜  출사 후의 관력

제2부  국권 수호의 선봉                              049

　제1장  고난과 시련의 시기                          051
　　　　건곤일척, 대한제국  ｜  러일전쟁 발발과 일본군의 침공

　제2장  국권 수호투쟁                               059
　　　　황무지개척권 반대투쟁  ｜  을사조약 파기 투쟁과 5적 처단 요구

## 제3부 선구자의 꿈, 서전서숙 089

### 제1장 국외 독립운동의 신천지, 용정 091
북간도의 한인사회 ｜ 용정, 독립운동의 근거지

### 제2장 민족교육의 요람, 서전서숙 098
서전서숙의 설립 ｜ 서전서숙의 민족교육
명동학교, 서전서숙의 계승

## 제4부 구국의 혈성, 헤이그 사행 115

### 제1장 머나먼 헤이그 117
유럽의 전운과 헤이그 평화회의 ｜ 제2회 헤이그 만국평화회의
만국평화회의와 대한제국 ｜ 헤이그 특사단의 정사正使
헤이그를 향한 여정

### 제2장 헤이그의 구국 혈성 140
평화회의 참석 노력 ｜ 언론호소와 구국연설
이준의 순국 ｜ 구미 순방외교

## 제5부 미주 한인사회의 통합과 독립운동 169

### 제1장 애국동지대표대회의 개최 171
### 제2장 미주한인 통합단체 국민회의 결성 178
### 제3장 충절과 애국의 유문遺文 183
「황실비멸국지이기皇室非滅國之利器」 ｜ 「양의사합전兩義士合傳」

## 제6부 통합과 연대의 지도자 195

### 제1장 독립운동 근거지 밀산 개척 197
백척간두에 놓인 국운 ｜ 미국에서 연해주로
북만주 봉밀산 독립운동 근거지 개척

### 제2장 십삼도의군과 성명회 211
의병장 유인석과의 관계 ｜ 십삼도의군의 편성
광무황제 연해주 파천계획
성명회聲明會의 결성과 병탄 반대투쟁

## 제7부 독립전쟁을 향한 염원 243

### 제1장 권업회의 결성 245
권업회와 이상설 ｜ 권업회의 운영과 활동

### 제2장 독립전쟁을 향한 외길 260
대한광복군정부의 건립 ｜ 신한혁명당의 결성

## 제8부 구국의 의혼義魂 285

### 제1장 달이 지는 소왕령 287
### 제2장 후인의 논찬 290
### 제3장 해방 후의 선양 299

## 제9부 역사에 남긴 유훈 307

이상설 연보 315
참고문헌 319
찾아보기 324

• 자료

| 자료 1-1 | 이상설(관복차림)과 아우 이상익 | 017 |
| 자료 1-2 | 이상설의 필적(1893년) | 028 |
| 자료 1-3 | 이상설이 편찬한 산수 교과서 『산술신서』(1900년) | 037 |
| 자료 1-4 | 이상설의 호패 | 042 |
| 자료 1-5 | 이상설이 지은 한시 | 047 |
| 자료 2-1 | 대한제국 황제 즉위식이 거행된 원구단 | 054 |
| 자료 2-2 | 을사조약 늑결 장소인 경운궁 수옥헌 | 075 |
| 자료 3-1 | 이상설이 세운 서전서숙 | 099 |
| 자료 3-2 | 일제가 간도 점탈을 위해 용정에 세운 통감부 임시간도파출소 | 104 |
| 자료 4-1 | 제2회 헤이그 만국평화회의 개최 장소 '기사의 성Ridderzaal' | 121 |
| 자료 4-2 | 헤이그 사행의 가교 역할을 한 이범진 주러공사(1910년) | 125 |
| 자료 4-3 | 헤이그 세 밀사 | 129 |
| 자료 4-4 | 광무황제가 특사단에 내려준 헤이그 사행 임명장 | 135 |
| 자료 4-5 | 헤이그 특사단의 숙소 용 호텔Hotel De Jong | 141 |
| 자료 4-6 | 『평화회의보Courrier de la Conference』(1907년 6월 30일)에 실린 특사단의 호소문(「공고사」) | 148 |
| 자료 4-7 | 이준열사의 헤이그 묘적墓跡 | 158 |
| 자료 4-8 | 이상설이 이위종을 대동하고 미국 입국할 때의 하선문서 | 163 |
| 자료 5-1 | 장인환, 전명운 양 의사의 의거를 보도한 샌프란시스코 현지 신문(San Francisco Call 1907년 4월 23일) | 179 |
| 자료 5-2 | 국민회 제1회 이사회(1909년 4월) 기념사진 | 181 |
| 자료 5-3 | 『신한민보』(1909년 3월 31일)에 실린 「황실비멸국지이기」 | 185 |
| 자료 5-4 | 장인환, 전명운 양 의사 구제 모금을 위해 1908년 3월 상항한인공동회에서 발간한 「양의사합전」 표지 | 188 |
| 자료 6-1 | 블라디보스토크 한인 집단 거주지 개척리 거리 | 200 |
| 자료 6-2 | 북만주 밀산 십리와(백포자)의 한인 독립운동 기념비와 저자 | 206 |
| 자료 6-3 | 한계 이승희 | 208 |
| 자료 6-4 | 의암 유인석 | 212 |
| 자료 6-5 | 십삼도의군이 편성된 재피거우 마을 자리 | 218 |
| 자료 6-6 | 성명회 선언서(독립문서보관소 소장분)와 서명록(1면) | 234 |
| 자료 7-1 | 권업회에서 발간한 기관지 『권업신문』(이력 1912년 8월 29일 자 1면) | 255 |
| 자료 7-2 | 대한광복군정부 부도령 이동휘 | 270 |
| 자료 7-3 | 이상설이 독립전쟁 결행을 위해 옹립하려 한 광무황제 | 281 |
| 자료 8-1 | 미주 한인사회에서 발간한 『신한민보』의 이상설 애도기사(1917년 5월 31일) | 290 |
| 자료 8-2 | 진천 산직마을의 숭렬사와 숭모비 | 300 |
| 자료 8-3 | 윤병석 교수의 저서 『이상설전』(1984년) | 301 |
| 자료 8-4 | 우수리스크 수분하 강변의 이상설 유허비(2001년 건립) | 304 |

제 1 부
# 학문과 관력

제1장

# 가계와 학문

## 산직마을의 신동

독립운동가 이상설은 충청북도 진천이 배출한 역사상의 인물 가운데 한 사람이다. 한국근대사의 중심을 관류하는 흐름을 독립운동사라고 할 때, 1919년의 3·1운동은 독립운동의 역사를 전, 후기로 양분하는 기준이 된다. 이상설은 그 전반기 독립운동을 선도한 상징적 인물이었다. 야수와 같은 일제의 침략과 강점으로 우리 민족이 수난을 당할 때 갖은 고난과 역경에 직면해서도 단 한 번도 좌절하지 않고 의연하게 이를 타개하기 위해 성력誠力을 경주하였을 뿐만 아니라 미래를 향한 예지叡智로 독립운동의 올바른 방향성을 제시하고 이를 선도했다는 점에서 그가 가진 역사적 존재가치는 매우 크다. 고민 끝에 이 책의 부제를 '독립운동의 대부'라고 이름한 이유도 여기에 있다.

이상설은 1870년 음력 12월 7일, 충청북도 진천군 덕산면 산척리山尺里 산직마을에서 가난한 시골 선비 이행우李行雨와 어머니 벽진 이씨 사이에서 장남으로 태어났다. 본관은 경주慶州이며, 어릴 때는 아명을 복남福男 혹은 상남相男이라 불렀다. 자는 순오舜五, 호는 보재溥齋라 하였고, 벽로방碧蘆

舫이라는 당호堂號를 별도로 취하여 썼고, 때로는 창해자滄海子라는 필명도 썼다. 그의 형제로는 11세 아래의 아우 상익相益이 있었다.

이상설은 가계로 보아 고려 충선왕 때의 명유名儒로서 문하시중 벼슬을 지낸 익재益齋 이재현李齋賢의 후손으로 그의 23대손이 된다. 조선조에 들어와 익재의 7대손으로 박팽년의 사위가 된 이공린李公麟의 8형제를 일컫는 세칭 팔별八鼈 가운데 넷째인 이타李鼉의 16대손이며, 조선 중기 선조·광해군·인조 때 문신으로 사후 영의정에 추증된 이시발李時發의 11대손, 그의 아들로 현종조에 이조판서를 지낸 이경휘李慶徽의 10대손에 해당한다.

이상설의 선대가 진천에 세거하게 된 것은 12대조 이시발이 선조의 제향祭享을 받들기 위해 진천에 정착하면서부터라고 전해진다. 그 뒤 이시발의 아들인 판서 이경휘와 좌우의정을 지낸 이경억李慶億, 그리고 손자인 판서 이인혁李寅爀 등 명신들을 배출하면서 유력한 가문으로 성장하였다. 그러나 이후 수 대에 걸쳐 벼슬이 끊겨 가문의 권세가 기울어져 점차 한미한 집안으로 전락하였다. 이상설이 태어나던 무렵의 생가는 이처럼 곤궁한 처지에 있었던 것으로 짐작된다. 얼마 후 이상설은 서울의 유력 양반가인 이용우李龍雨(1834~1882)에게 양자로 입양되면서 이후 출세의 전기를 마련하였다. 1876년, 그의 나이 7세 때의 일이다. 그해에 이조·호조·예조·병조·형조 등 각 조의 참의를 역임하고 동부승지로 있던 이용우에게 양자로 들어갔던 것이다. 이후 그는 한성부 남부 장동長洞의 장박골에 있던 양가로 올라와 학문을 닦고 뛰어난 재동才童들과 교유하게 되면서 일취월장 성장하게 된다.

이상설이 권세있던 이용우에게 입양된 구체적 경위는 알 수 없으나, 전하는 일화를 소개하면 다음 두 가지가 있다.[1] 어린 시절 그의 뛰어난 재능을 짐작게 하는 이야기이기도 하다.

---

1 윤병석, 『이상설전』(증보판), 일조각, 1998, 9쪽.

자료 1-1 이상설(관복차림)과 아우 이상익

한 가지는 집안에 구전으로 내려오는 일화로, 이상설의 조카인 이완희李完熙가 지은 「보재이상설선생전기초溥齋李相卨先生傳記抄」에 나온다. 조숙한 이상설은 어려서 총기가 뛰어나고 재질이 탁월하여 향리 인근에서 명성이 자자하였다. 이 무렵 늦게까지 후사가 없던 이용우가 저명한 관상가 김아무개를 데리고 경주 이씨 집성촌인 진천 초평에 들러 양자를 구하던 중 복남福男(이상설의 아명)이 비범하다는 명성을 듣고 산직 마을을 찾게 되었다. 관상가가 어린 복남의 관상을 자세히 살펴보고는 드물게 보는 귀한 골상을 타고났다고 극찬하자, 이용우가 즉석에서 그를 후사로 정했다는 것이다.

다른 한 가지 일화는, 작자는 알 수 없지만, 이상설과 가까운 관계에 있는 인물이 지은 것으로 믿어지는 「의정부참찬이상설선생약사議政府參贊李相卨先生略史」에 나오는 이야기다. 이용우가 양자를 구하기 위해 진천으로 내려와 초평에서 터골로 행차했다고 한다. 이때 대감의 행차를 구경하기 위해 아이들이 모여들자, 이용우가 아이들의 지기志氣와 성품性品을 살피고자 대추 한 말을 펼쳐 놓았다고 한다. 그러자 어느 아이도 감히 그 대추를 손에 대지 못했는데, 남루한 의복에 종종머리를 딴 일곱 살 아이가 대추를 집어서 먹고 또 주머니에 넣었다고 한다. 이용우는 그 아이의 용기 있는 모습과 당당한 태도가 마음에 들어 그를 즉시 양자로 정하고 서울로 데려와 공부시켰다는 것이다.

그 구체적인 경위는 차치하고, 이용우의 양자가 된 이상설은 양부를 따라 진천을 떠나 서울로 올라와 성장하였다. 이상설을 존숭尊崇하여 그의 사적을 탐구한 진천의 강상원姜相遠이라는 인물이 지은 「이보재선생약사초안李溥齋先生略史草案」에 의하면, 이상설은 상경한 이듬해(1877)에 8살의 어린 나이로 이제촌李濟村이라는 학자로부터 처음으로 한문을 배웠다고 한다.[2]

이상설이 소년시절 서울에서 공부하던 장소는 사랑채 후원에 있는 산정山亭으로, 그곳에는 중국의 명필인 담계覃溪 옹방강翁方綱(1733~1818)의 글씨로 벽로방碧蘆舫이라는 당호堂號가 걸려 있었고, 부근에 살던 여러 재동이 함께 공부한 것으로 전해진다.[3]

한편, 이상설은 그 시기는 확단할 수 없으나 충북 음성에서 강학하던 저명한 학자 의당毅堂 박세화朴世和(1834~1910)와도 사제의 학연이 닿아 있다.[4] 경술국치에 항거하여 자결 순국한 지사이기도 한 박세화는 춘추대의적 의리와 명분론에 경도되었던 화서학파 인물들과 긴밀하게 교류하면서 도학 지상주의를 견지한 학자였다. 이상설이 이러한 학문적 특색을 지닌 박세화와 사제의 관계를 맺게 된 과정은 자세히 알 수 없으나, 이상설에게 답신한 박세화의 글이 남아 있어 양인간의 학연을 알게 해준다.

---

2   강상원은 1945년 광복 후 진천에서 초등학교 교장으로 재직하면서 이상설을 존숭하여 그의 사적(事蹟)을 수집하였고, 이를 토대로 약사(略史) 초안(草案)을 짓고 향리에 이상설의 업적을 기리는 유허비(遺虛碑)와 숭렬사(崇烈祠)를 세우는 데 힘쓴 인물이었다.
3   윤병석, 『이상설전』(증보판), 9~11쪽.
4   윤병석, 『이상설전』(증보판)에서도 이완희가 지은 「보재이상설선생전기초」에 의거하여 "제천인 박의암(朴毅菴)이라는 한학자를 맞아 사제지의(師弟之誼)를 맺고 벽로방(碧蘆房)에서 유학을 수학하였다"(12쪽)고 언급하였는데, 여기서 '박의암'은 의당 박세화를 지칭하는 오기로 보인다.

과거에 급제한 경사를 감축하네. 내가 친구의 반열에 욕되게 있지만, 조정에서 사람을 얻었다는 것을 축하하며 부친의 소망을 이룰 수 있어 축하하네. 이미 그대는 모든 실정을 이루었으니 내가 다시 무엇을 더 가르쳐 권면할 것이 있을 것이며, 더욱이 귀머거리나 벙어리 같은 나에게 가르침을 빌릴 것까지 있겠는가. 그대는 고명한 사람이며 독서한 지식인이니 옛사람의 출처와 진퇴에 대해 이미 강론하였고 익숙하겠지만 신중히 하는 것은 군자의 일이네. 내가 어찌 그대를 군자로 기대하지 않겠는가.[5]

위의 인용문의 문맥을 통해 이상설이 박세화를 스승으로 섬겼던 사실을 짐작할 수 있다. 박세화는 이상설이 과거에 합격하여 출사했다는 소식을 듣고 위 답신을 보내어 등과출사登科出仕를 축하하는 한편, 더욱 신중히 처신하여 함부로 행동하지 말기를 당부하고 경계하였던 것이다. 도학자로서 박세화가 견지했던 올곧은 의리정신은 젊고 감수성이 풍부한 이상설에게 적지 않은 영향을 주었을 것으로 짐작된다.

그 뒤 이상설이 13세 되던 1882년 음력 4월, 우연히도 같은 해 같은 달에 친아버지와 양아버지 모두 세상을 떠났다. 개화와 수구의 갈등 속에서 야기된 커다란 정변인 임오군란이 일어나던 그해의 일이다. 그다음 해인 1883년에는 진천의 생모까지 세상을 떠나 불행과 슬픔은 더욱 컸다. 그의 일생 가운데 가정적으로 가장 어려운 시기가 이때가 아니었을까 짐작된다. 이로써 양부, 친부모는 모두 타계하고, 오직 양어머니 고령 박씨만 남아 1891년(고종 28) 세상을 떠날 때까지 이상설의 곁을 지켜주었다.

이상설은 삼년상을 치르고 1885년, 16세 때 상복을 벗었다. 그 해에 달성 서씨 서공순徐公淳(1842~1911)의 장녀와 결혼하였다. 그의 처가는 누대에 걸쳐 현달顯達한 가문으로, 처조부가 영의정 서당보徐堂輔였고, 장인 서공순

---

5  『毅堂集』(나제문화연구회 편, 영인본, 2002) 권2, 서, 「答李舜五相卨」, 121쪽.

은 1881년(고종 18) 정시문과 갑과에 장원급제한[6] 뒤 사간원대사간(1891), 이조참의(1892), 궁내부특진관(1899) 등의 요직을 역임한 고관이었다.

이 무렵 이상설은 건강이 좋지 않아 큰 고통을 받았던 것 같다. 진천의 생가와 서울의 양가 양쪽에서 친상을 연이어 치르면서 심신의 고통이 가중되었을 뿐만 아니라, 그동안 학업에 전념하면서 건강이 많이 상했던 것으로 짐작된다. 결혼한 이듬해, 곧 그가 17세 되던 해(1886년)에 일시 학업을 중단하고 건강을 회복하기 위해 양생에 들어갔다는 기록이 그러한 정황을 잘 알려준다. 사냥꾼을 데리고 강원도 산중으로 들어가 짐승의 생혈을 마시고 신병의 치료에 힘쓴 결과 비로소 건강을 회복할 수 있었고, 그 이듬해에 서울로 돌아왔다고 한다.

이상설이 그동안 살던 장동의 장박골을 떠나 저동苧洞에 새로 마련한 저택으로 이사한 것도 이 무렵이었다. 저동 집은 오늘날 명동성당 앞, 과거 성모병원 건물 부근으로 장박골과 인접한 곳이었다. 저동의 새 저택은 독립운동 명문가인 이회영李會榮(1867-1932), 이시영李始榮(1869-1953) 등 6형제의 집과 앞뒤로 이웃해 있었다. 그러므로 이상설은 이들 형제와 각별히 두터운 교분을 쌓으며 친하게 지냈다. 해방 후에 귀국한 이시영은 과거 성장기에 이상설과 친밀하게 지내면서 함께 공부했던 내력을 다음과 같이 회고하였다.

> 당시 보재(이상설)의 학우는 자신과 그의 백형인 우당 이회영을 비롯하여 남촌의 세 재동才童으로 일컬었던 치재恥齋 이범세李範世, 서만순徐晩淳과, 미남이요 주옥같은 글씨로서 명필로 이름을 남긴 조한평趙漢平, 한학의 석학인 여규형呂圭亨, 절재絶才로 칭송되던 시당是堂 여조현呂祖鉉 등이 죽마고우

---

[6] 『국조방목』(규장각 소장) 문과 고종 18년 辛巳 정시 갑과.

이고 송거松居 이희종李喜鐘과는 결의형제의 맹약까지 한 사이였다. 또한 보재는 학우간에서 선생 격이었기에 그 문하생으로는 우하又荷 민형식閔衡植 등 7, 8명이나 있어 동문수학자는 17, 8명이나 되었다. 보재가 16세 되던 해인 1885년 봄부터는 8개월 동안 학우들이 신흥사新興寺에 합숙하면서 매일 과정課程을 써 붙이고 한문·수학·영어·법학 등 신학문을 공부하였다. 그때 보재의 총명 탁월한 두뇌와 이해력에는 같은 학우들이 경탄함을 금치 못하였다. 또한 끈질긴 탐구열과 비상한 기억력은 하나의 기이지사奇異之事였다. 보재는 모든 분야의 학문을 거의 독학으로 득달하였는데 하루는 논리학에 관한 어떤 문제를 반나절이나 풀려다가 낮잠을 자게 되었는데 잠속에서 풀었다고 기뻐한 일이 있다. 또한 학우들이 다 취침 후에도 혼자 자지 않고 새벽 두세 시까지 글을 읽고도 아침에는 누구보다도 일찍 일어나 공부하였다. 기억력이 얼마나 비상하였던지 자면서도 학우들이 한 이야기를 깨어서 역력히 기억하였다. 그는 주식晝食 후에는 반드시 한 20분가량 자는 습관도 있었다.[7]

이시영의 회고담을 정리한 위 기록은 이상설의 소년기 교우관계와 수학 내용을 대략적으로 짐작게 해 준다. 곧 위에서 언급한 이회영·이시영 형제를 비롯하여 이범세李範世·서만순徐晩淳·조한평趙漢平·여규형呂圭亨·여준呂準·이희종李喜鐘 등이 이상설과 함께 공부한 성장기 교우의 범주라 할 수 있을 것이다. 죽마고우이기도 한 이들은 인격 형성과 학문 수학, 처신의 방편 등에서 이상설과 서로 영향을 주고받았을 뿐만 아니라, 오래도록 서로 위안과 원조를 주는 지우知友였다. 이상설과 함께 성장한 이들의 면모를 살펴보면 아래와 같다.

우선, 이회영과 이시영 형제는 주지하다시피 이상설처럼 독립운동을 선

---

7  李完熙,「溥齋李相卨先生傳記抄」, 필사본; 윤병석,『이상설전』(증보판), 12~13쪽에서 재인용.

도했던 저명한 인물들이다. 부친은 이조판서를 지낸 이유승李裕承이다. 이름난 정승인 백사 이항복이 이들의 10대 조이며, 그 가문은 6명의 정승과 2명의 대제학을 배출한 명문가였다. 형 이회영은 1906년 이상설과 함께 북간도 용정촌의 서전서숙 설립에도 참여하였으며, 1907년에는 안창호·이갑·양기탁 등과 함께 비밀결사 신민회新民會를 조직하였다. 1910년 경술국치 후에는 이들 6형제와 일가족 40여 명이 전 재산을 팔아 독립운동 자금을 마련한 뒤 서간도의 유하현柳河縣 삼원포三源浦로 망명하여 경학사耕學社를 결성하였으며, 독립군 간부 양성을 위한 신흥무관학교를 설립하는 데 크게 기여하였다. 이회영보다 세 살 아래인 이시영은 당대 정계의 거물인 김홍집의 사위이기도 하였다. 이상설보다는 한 살 위인 그는 1891년 문과에 급제한 뒤 관인으로 크게 출세하였다. 부승지, 우승지, 궁내부 수석참의 등을 역임하였으나 1896년 2월 아관파천으로 장인 김홍집이 살해되자 사직하였다. 그 뒤 1905년에는 외부 교섭국장으로 다시 등용되었고, 1906년 평남관찰사로 나갔다가 1908년 한성재판소장, 법부 민사국장, 고등법원 판사 등을 역임하였다. 1910년 경술국치 후 형제들과 함께 서간도로 망명하여 신흥무관학교를 설립하는 등 독립군 양성에 힘쓰다가 1919년 3·1운동 후 대한민국 임시정부가 수립되자 여기에 참가하여 법무총장·재무총장을 지냈고, 1929년에는 한국독립당 창당에 참가하였다. 1945년 해방 후 환국하였고, 정부 수립 후 초대 부통령을 지냈다.

이범세(1874~1940)는 본관이 전주였으며 자를 사의士儀, 호를 치재恥齋라 하였다.[8] 그의 부친은 1885년, 1887년 두 차례에 걸쳐 청나라와 간도 감계회담勘界會談을 한 안변부사 이중하李重夏였다. 그도 역시 1889년에 등과하였

---

[8] 서울대 서양사학과 교수를 지낸 이인호 전 주러시아대사의 외조부이기도 하다(『동아일보』 2013년 2월 8일, 「애국지사 이범세 선생의 외동딸, 올해 100세 이석희 여사에 듣는 설」).

고, 이후 관인의 길을 걸었다. 국망 직전인 1909년에 규장각 부제학을 지냈다.

서만순(1870~1950)은 자를 중성仲成, 호를 취간翠澗이라 하였다. 본관은 대구大丘이며, 사헌부대사헌과 장례원경을 지낸 서신보徐臣輔가 그의 부친이다. 1891년 과거 합격 후 출사하여 비서원승 등을 지냈다. 경술국치 후에는 노골적으로 변절하였고, 특히 조중응·이완용·송병준 등 대표적인 매국노들이 1916년에 조직한 이른바 합법적 친일단체였던 대정친목회大正親睦會에서 오랫동안 활동하였고 한때 그 서기장에 선임되기도 하였다.⁹ 이상설의 항일구국 역정을 생각하면, 함께 자라고 공부한 서만순의 친일 행적은 역사의 아이러니다.

다음으로 조한평이라는 인물은 자료상 잘 드러나지 않는 미지의 인물이고, 여규형(1848~1921)은 본관이 함양이며, 자를 사원士元, 호를 하정荷亭이라 하였는데, 이상설보다 무려 22세가 많은 부형 같은 인물이었다. 아마도 서로의 뛰어난 재능을 알고 교유한 것으로 짐작된다. 한학에 매우 뛰어났던 그는 1882년 문과 급제 후 부수찬, 중추원의관 등을 거쳐 1895년 비서우승祕書右丞에 올랐고 1907년 이후 관립한성고등학교(국치 후의 경성고등보통학교 전신)에서 오랫동안 한문을 가르쳤다.¹⁰

여규형의 재종질인 여준(1862~1932)은 일명 여조현呂祖鉉, 呂肇鉉이라 하고 호를 시당時堂이라 불렀다. 경기도 용인 출신으로 뒷날 이승훈이 설립한 정주 오산학교에서 교사로 봉직하였다.¹¹ 1906년 이상설이 국외 독립운동 근거지를 개척하기 위해 북간도 용정으로 갈 때 이동녕과 함께 그를 동행

---

9 『매일신보』 1918년 12월 30일, 「대정친목이사회」; 경성지방법원 검사국문서 『治安情況』, 소화 13년 9월, 경기도, 附表 - 大正親睦會.
10 『조선총독부 관보』 1918년 2월 19일, 「叙任及辭令」.
11 『해조신문』 1908년 4월 21일, 「五山校盛況」.

하였고, 그곳에 서전서숙을 건립하여 민족주의교육에도 크게 힘썼다. 경술국치 후에는 서간도 지역으로 이주하여 1912년 허혁 등과 함께 부민단을 조직하였고 그 이듬해에는 독립군 간부 양성을 위해 건립한 신흥무관학교의 교장으로 활동하였다. 1919년 3·1운동 후에는 서간도의 통합 한인자치단체인 한족회의 간부로 활약하였을 뿐만 아니라 서간도의 대표적인 독립군단 가운데 하나인 서로군정서의 부독판에 선임되는 등 서간도 지역 독립운동의 대표적인 지도자가 되었다. 여준은 이회영·이시영의 경우와 같이 성장기의 이상설이 함께 공부한 죽마고우 가운데서 가장 열렬한 독립운동 동지로 활동한 인물이었다.

다음으로 위에서 결의형제를 맺은 사이라고 밝힌 송거松居 이희종(1876~1941)은 1908년 대동학회에 회원으로 참여한 사실 외에 이력이 잘 드러나지 않아 그 행적을 파악하기가 어렵다. 또 이상설의 '문하생'이라고 한 민형식閔衡植(1875~1947)은 자를 공윤公允, 호를 우하又荷라 불렀다. 민씨척족세력을 대표하는 민영휘(초명 민영준)의 양자로 들어간 뒤 1891년 과거에 합격하여 출사한 이래 평안도관찰사, 법부협판 등을 지냈다. 1907년 학부협판 재임 시에는 나인영·오기호 등의 을사오적 처단계획에 찬동하여 가담하는 등 한때 독립운동 노선에도 참여하였다. 이로 인해 1907년 7월 10년 유형을 선고받고 황해도 황주의 철도鐵島로 유배되었으나 오래지 않아 특사로 풀려났다.[12] 그 뒤에도 신민회 활동에 가담하는 등 일시 독립운동을 계속하였다. 그러나 국망 전후에 일본 관광단의 일원으로 동경을 여행하면서 비난을 받았고, 양부 민영휘가 죽은 뒤 1936년 7월 일제로부터 자작을 습작襲爵하는 등 서만순처럼 친일의 길로 나갔다.[13]

---

12 『대한매일신보』 1907년 7월 5일, 「죄인처판」; 『대한매일신보』 1907년 12월 4일, 「양씨 해배」.
13 『동아일보』 1936년 7월 16일, 「辭令」; 『조선총독부 관보』 1936년 7월 20일.

## 동서 학문의 겸전兼全

거듭 말하거니와 이상설은 매우 총명하였다. 그의 학문 성취는 대부분 자습과 독학으로 이루었다고 할 만큼 비범하였다. 뒷날 러시아에 이주했을 때는 불과 두 달 만에 그 어려운 러시아어를 능통하게 깨치고, 자신이 익힌 러시아어를 현지 한인들에게 가르쳤다고 하는 일화가 그 한 예이다. 그는 또 타고난 재능뿐만 아니라 공부하는 자세도 비범하였다. 일단 배우기 시작하면 매우 정치한 지경까지 그 이치를 궁구窮究했다고 한다. 외국에서 수학·법률 등 신학문을 익힌 당대 최고의 권위자조차도 이상설이 깨친 학문의 도량과 수준에 탄복하고 오히려 그를 스승이라고 일컬으며 경복敬服하는 사례가 한두 번이 아니었다.

앞서 언급했듯이 이상설은 젊은 시절에 학우 7, 8명과 함께 신흥사新興寺에서 기거하면서 공부한 적이 있었다. 그때 가장 늦게 잠자리에 들고 가장 먼저 일어난 사람이 바로 이상설이었다고 한다. 그가 얼마나 성실하고 부지런했는지 짐작게 하는 대목이다. 특히 신기한 점은 잠든 사이에 주변에서 나눈 대화도 깨어나면 모두 기억했다고 한다.

앞서 언급한 의당 박세화와의 학연에서 짐작하듯이 이상설은 기본적으로 전통 유학을 깊이 공부하는 한편, 불교의 심오한 교리에 대해서도 궁구하였다. 또한 그는 다방면에 걸쳐 신학문을 공부하여 거의 모든 분야에서 큰 성취를 이루었다. 그가 공부한 신학문의 범위는 정치·경제·법률·수학·과학·철학·종교 등 거의 모든 분야에 걸쳐 있었다. 이처럼 다양한 분야에서 학문적 성취가 가능했던 토대는 뛰어난 외국어 해독 능력이었다. 그는 영어와 일본어는 물론 뒷날에는 러시아어까지 익혔다.

어려서부터 신동으로 이름을 날린 이상설은 약관의 나이에 이미 큰 학자로 부상하였다. 이상설이 신·구학문을 아울러 같이 공부하고 대성한 이유는 다음 인용문을 보면 짐작할 수 있을 것 같다.

> 금일 치자治者의 병폐는 두 가지가 있다. 그 하나는 습속에 얽매인 자들로 시세의 발전을 헤아리지 못하여 외톨박이 소견을 바꾸지 못하는 폐단이 있는 경우요, 다른 하나는 개화에만 급급한 자들로 근저를 굳게 갖지 못한 채 자기 것만 옳다고 남을 독책督責하는 과실이 있는 경우이다.[14]

이상설이 괴산에 사는 친구인 위당韋堂 안숙安潚(1863~1910)이 지은 「비유자문답非有子問答」의 서문을 썼는데, 위 인용문은 그 글의 가치를 높이 평가하는 이유를 기술한 대목에서 나온 말이다. 이것은 유학에 기반한 수구파의 경직성과 보수성으로 인한 폐단과 아울러, 신학문에 기반한 개화파가 추구하는 변화와 모방으로 인해 민족문화에 대한 박약한 신뢰가 가져오는 폐단을 함께 지적한 것이다. 곧 이상설은 수구파와 개화파 양자가 각기 지니고 있는 한계와 모순을 극복하기 위해서는 자기성찰을 통해 신·구학문을 함께 섭렵해서 그 이면의 장점을 취할 수 있어야 한다는 사실을 정확히 간파하고 있었다.

영재寧齋 이건창李建昌(1852~1898)은 25세에 불과한 재사 이상설에게 보내는 편지에서 그를 일러 율곡 이이를 조술祖述했다고 일컬을 만큼 대학자로 극찬하였다.

> 대저 내가 족하足下(이상설 - 필자주)에 비해 비록 1, 2위를 다투어 예측할 수 없고 일찍이 족하가 문성공文成公(율곡 이이 - 필자주)의 글을 읽는 것을 보아 자주 그 일을 칭찬하였다. 진실로 족하가 뒷날 크게 이룩하고 번창하는 것을 누가 막지 않는다면, 이는 곧 문성공의 도가 행함이요, 이것은 나라의

---

14 이상설, 「非有子問答序」, 『선비 안숙 日誌』, 김영사, 2010, 67쪽.

부강이 될 것이며, 만백성의 행복이 될 것이요, 사대부의 영예가 될 것이니,
또한 어찌 구구히 족하만의 행복이겠는가!¹⁵

이건창은 윗글에서 실리적인 실용후생을 강조한 율곡을 깊게 탐구하는 이상설의 학문 경향과 장차 학자로서의 대성을 예견하였다. 결국 이건창은 이상설이 추구하는 학문의 내용이나 성격뿐만 아니라 장래 이룩할 학문적 성취도 면에서 이상설이 율곡에 버금가는 대학자가 될 것이라고 기대하고 격려하였다.

그런데도, 이상설이 성취한 학문의 실상을 구체적으로 알려주는 자료는 매우 드물다. 오랜 망명 생활과 집안의 고난으로 인해 그가 남긴 자료 가운데 현전하는 것이 거의 없기 때문이다. 다만 그의 학문의 일단을 알려주는 몇 가지 자료와 관련 문건을 통해 그의 학문의 깊이와 내용, 그 성격을 가늠해볼 따름이다.

이상설은 조선조 마지막 과거가 된 1894년의 갑오문과에 25세의 나이로 병과丙科에 급제하였다.¹⁶ 등과登科 또한 그의 학문적 성취의 소산이라 할 수 있고, 그가 지은 과거 답안지라 할 시권試卷을 통해서 그의 학문의 일단을 파악할 수 있다. 현재 남아 있는 이상설의 시권은 「지어지선止於至善」론論과 「의송군신하일하오색운견擬宋群臣賀日下五色雲見」표表 등 2건이다.¹⁷ 전자인 「지어지선」론은 대학의 세 가지 강령 가운데 하나인 '지극한 선에 머문다'는 '지어지선'의 개념과 가치를 논한 사변적·철학적 글이다. 이에 비해 후자는 제왕의 덕치와 자연의 감응을 위정爲政의 차원에서 논급한 표

---

15  李建昌, 「與李殿試相卨書」(최기영 편, 『헤이그특사100주년기념자료집』 1, 독립기념관 한국독립운동사연구소, 2007, 139쪽).
16  『국조방목』(한국학중앙연구원 장서각 소장자료 K2-3539) 고종 31년(1894) 갑오식년시 병과.
17  외솔회 편, 『나라사랑』 20, 이상설선생특집호, 1975, 120~121쪽.

문表文이다. 이러한 시권은 이상설의 뛰어난 학문적 역량과 명석한 논변을 그대로 대변해주는 생생한 징표가 된다. 이상설의 정론政論과도 관련되는 이 시권의 내용에 대해서는 뒤에서 더 세밀히 분석해보고자 한다.

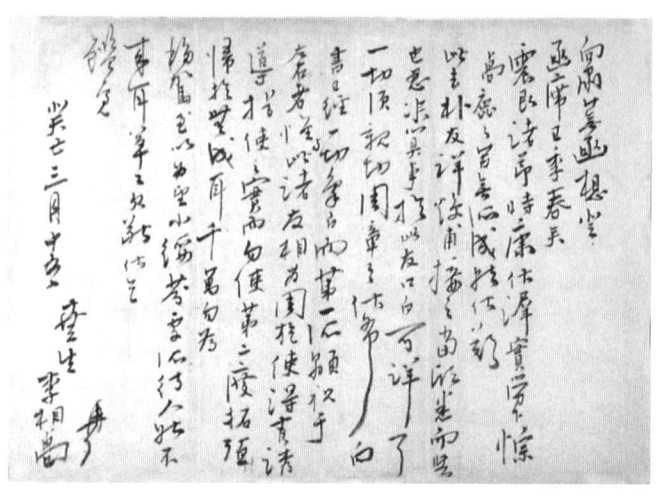

자료 1-2  이상설의 필적(1893년)

이상설은 조선 주자학의 핵심인 이기심성설에 대해서도 상당한 경지를 궁구하였던 것으로 확인된다. 조선 말기 대학자였던 이진상李震相(1818~1886)의 아들 이승희李承熙(1847~1916)에게 보낸 글 「봉신강재선생奉贐剛齋先生」('강재 이승희 선생을 전별하며 올린다'라는 뜻)의 내용을 통해 그러한 사실을 알 수 있다. 이상설은 이 글의 모두에서 심心의 절대가치를 일컬어 다음과 같이 규정하였다.

심心은 능히 선을 알고[知善] 능히 선을 좋아하고[好善] 능히 선을 행하는[行善] 것이다. 그러므로 심은 지선知善의 능함이 있고 호선好善의 능함이 있고 행선行善의 능함이 있는 것이다. 요약해서 말하자면, 한결같이 능하고 한결

같이 선하게 되면 가히 심을 보는 것이다. 이로써 말미암아 쓰는 것이니 곧 선에 능함을 일컬어 심이라 하고, 이로써 말미암아 체통을 삼으니 곧 선의 능함을 일컬어 심이라 할 따름이다.(하략)[18]

위 인용문에서 보듯이 그는 '선의 능함'을 곧 심으로 규정함으로써, 선을 알고서 선을 좋아하고 나아가 선을 행할 수 있게 하는 바탕이 다름 아닌 심의 작용이라고 제시한 것이다. 그가 가졌던 긍정적이고도 능동적인 심설心說 이해의 일단을 알 수 있게 해 주는 대목이다.

이상설이 공부한 전통 성리학의 학문적 내용과 실상을 알려주는 자료는 위에서 언급한 글 외에 극히 드물다. 곧 여러 가지 단편적인 기록으로 보아 그가 이룩한 성리학의 학문적 성취 정도는 상당한 것으로 짐작되지만, 현전 자료가 드물어서 그 내용을 확인하기 어려운 실정이다.

전통 유학의 경우에 비해 이상설이 공부한 신학문의 내용은 어느 정도 실상에 가깝게 파악할 수 있다. 그는 자신이 처한 시대 상황에 비추어 서세동점西勢東漸의 거대한 추이와 경향에 따라, 그리고 서구문물의 유입과 이에 따른 새로운 학문의 경향성에 능동적으로 상응하면서 신학문의 다양한 분야를 공부하였다. 그가 이룩한 신학문은 특별한 스승 없이 독학으로 공부하여 상당한 수준까지 성취한 것이었다.

이상설이 신학문을 수학할 필요성을 깨닫고 이를 공부한 시기나 구체적인 수학 과정에 대해서는 알려져 있지 않다. 다만, 앞서 잠시 언급했듯이 죽마고우였던 이시영이 해방 후 남긴 회고담에서 이상설이 16세 되던 1885년 봄부터 8개월 동안 학우들과 함께 신흥사에서 합숙하면서 매일 과정課程을 정하고 한문 외에 수학·영어·법률 등 신학문을 공부했다고 언

---

[18] 최기영 편, 『헤이그특사100주년기념자료집』 1, 97쪽.

급한 점으로 보아 서울에 올라와 공부하던 수학기에 이미 다양한 분야의 신학문을 접하고 이를 자습한 것으로 짐작되고 있다. 또, 신민회 계열에서 이회영·이시영·이동녕 등과 함께 활동하고 서간도에 망명한 뒤 신흥무관학교, 경학사 등에 참여했던 이관직李寬稙(1882~1972)이 기록한 『우당 이회영선생 실기』라는 회고담류의 전기에도 여러 동학들과 함께 이상설이 신학문을 공부한 대목이 들어 있다. 이에 따르면, 1898년 가을 무렵 이상설은 이회영·여준·이강연李康演 등 여러 동학이 모여 어려운 시국을 널리 수습하고자 이상설의 서재를 연구실 겸 회의장으로 정하고 매일 회합하여 정치·경제·법률·세계사 등 신학문을 깊이 연구 토론하여 치국과 훈민에 관한 새로운 정책 요강을 강구했다는 것이다.[19] 이러한 기록으로 보아 상경 후 10대 중반부터 신학문을 공부한 이상설은 20대 후반 무렵에는 여러 분야에서 신학문 공부가 상당한 경지에 올라 이를 토대로 세상을 경륜하는 정책을 구상할 정도가 되었음을 알 수 있다.[20]

이상설이 공부한 신학문의 분야는 실로 놀라우리만큼 다양하였다. 신학문에 대한 이상설의 관심과 공부는 당시 여건과 환경에 비추어 매우 독특한 사례에 해당한다. 그가 관심을 가졌던 학문 분야는 철학·종교·역사 등 인문학 분야를 비롯해 법률·정치·경제·사회 등 사회과학, 그리고 수학·물리·생물·화학 등 수리 자연과학 등에 이르기까지 믿어지지 않을 정도로 광범위한 분야에 걸쳐 있었다. 그가 역술譯述한 저작물 가운데는 국제법 관계 저작인 『십간섭十干涉』을 비롯하여 수학 저술인 『수리數理』, 물리·화학·생물 등 자연과학 방면의 『백승호초百勝胡艸』, 계약법 등의 법률을 다룬 『법학만초法學謾艸』, 경제 분야의 『조세론租稅論』, 정치학 분야의

---

19　이정규·이관직, 『우당 이회영약전』, 을유문화사, 1985, 120쪽.
20　이은숙, 『민족운동가 아내의 수기』, 정음사, 1975, 145~146쪽.

『국가론國家論』과 『법국율례法國律例』 등이 현전하고 있어 그의 학문이 얼마나 다양한 분야에까지 걸쳐 있었는지 생생하게 보여 준다. 이들 자료는 이상설의 사위인 이창복李彰馥에게 전해진 것으로, 현재 이남규의 중손인 수당기념관 이문원 관장이 소장하고 있다. 비록 이 저술들이 한문으로 기술되어 있지만 본문 외에 영어·불어·일어 등 외국어로 주기되어 있는 점도 특기할 만하다. 그리고 그 저작물들은 각기 해당 분야의 전문적인 내용으로 이루어졌다.[21]

한편, 박학다식한 이상설의 특출한 학문적 역량에 대해 저명한 국학자인 위당爲堂 정인보鄭寅普(1893~1950)는 다음과 같이 표현하였다.

> 문장은 새우고래를 넘어뜨릴 만하고    성리性理는 근본을 뚫었도다
> 깊은 생각은 역산曆算을 궁구하고    정치한 마음은 정률政律에 애썼도다
> 의약醫藥은 미치지 않는 데가 없었고    역사 지리는 더욱 연구가 절절하였다
> 외국어 정도는 오히려 얕은 데 속하여    스승 없이 영어에 능통하였다[22]

정인보는 이상설이 작고한 뒤 세월이 지남에 따라 그의 공적과 명성이 점차 잊혀 가는 현실이 안타까워 그의 약전을 정리하면서 학문과 일생의 행적을 시로 간결히 정리한 것이다. 위 시에서 보듯이 당대 최고의 학자였던 정인보는 이상설이 문장·성리·역산·정률·의약·역사·지리·외국어 등 거의 무불통지라 할 만큼 광범위한 분야에 걸쳐 능통했던 사실을 칭탄하였다.

이상설의 특출한 학문적 역량에 대해서는 『대한매일신보』에서도 다음과 같이 칭탄하였다.

---

21    윤병석, 『이상설전』(증보판), 16쪽.
22    최기영 편, 『헤이그특사100주년기념자료집』 1, 161쪽.

씨는 원래 대한 학문학의 제일류第一流니 재성才性이 절륜하고 조예造詣가 심독深篤하여 동서학문을 실개悉皆 효연정曉研精하므로 성리 문장과 정치 법률 산술 등 학學이 개기부유지구皆其富有之具라 유시由是로 성예聲譽가 자심적심藉甚하여 한인의 여론이 개왈 차공此公이 약거낭묘지상若居廊廟之上이면 문명정치를 가이주득可以做得이라 하니 차는 각국 인사의 내류한토자來留韓土者가 역개숙문皆亦熟聞한 바러니 금년에 한황폐하께옵서 탁수법부협판擢授法部協辦하시니 물의物議가 흡연翕然 칭지稱之하더니 미기未幾에 진위의정부참찬進爲議政府參贊이라.²³

위에서 인용한 기사는 이상설이 뒷날 을사조약을 성토하는 상소를 올리자 이 사실을 보도하는 과정에서 당시 널리 인구에 회자되던 이상설의 해박한 학문과 강직한 성품을 소개하는 가운데 나온 것이다.

이상설의 뛰어난 학문에 대해서는 위에서 언급한 칭탄 외에도 백암 박은식을 비롯하여 회당 장석영, 한계 이승희, 조완구 등 독립운동선상의 여러 동지, 지사들, 그리고 심지어는 중국 문인인 관설재管雪齋 등도 각기 촌평을 남겨 그의 학덕을 추모하였다. 구체적으로 보면, 박은식은 "한학에 뛰어나고 서양 학문도 함께 통달하여 재주와 신망이 일세의 으뜸이었다"라고 하였다. 그리고 장석영은 다음과 같이 이상설의 학문을 매우 높게 평가하였다.

그 빛나는 재주가 무리 가운데 단연 뛰어났다. 많이 알고 많이 들었고, 또 능히 서양을 배워 신학문에도 박학하였고 또 각국 언어도 능히 해독하였는데, 그 가운데 가장 능통한 것은 영어였고, 러시아어는 처음에 미처 알지 못했다가 러시아 땅에 살게 되자 스승 없이 배웠는데도 몇 달이 되지 않

---

23  『대한매일신보』 1905년 11월 24일, 「讀李參贊疏」.

아 능통하게 깨쳤으니 무릇 당세의 드높은 재사였다. 그 문자 몇 편을 얻어 읽었는데 소론所論이 자못 서양의 풍물 사조를 섭렵하여 능히 우리 유가儒家의 환상을 벗어나는 데 이르지 않음이 없었다. 이대하李大夏(한계 이승희의 별호 - 필자주)가 일찍이 블라디보스토크에 있을 때 방문하였으니, 그 사람(이상설 - 필자주)이 그(이승희 - 필자주) 학문과 처신을 사모한 것이고 스승의 예로서 섬겼다고 하니 그 호덕好德을 가히 알 수 있다. 대하 공 역시 그 사람으로부터 도움을 입어 신학문의 이야기를 들은 것이 심히 많았다고 한다.[24]

장석영은 위에서 이승희의 부친이기도 한 거유巨儒 한주 이진상에게 사사한 학자로 독립운동에 투신한 인물이다. 1912년 서간도 일대를 답사하면서 기행문 형식의 『요좌기행遼左紀行』을 남겼고, 위 인용문은 『요좌기행』에서 이상설을 언급한 일부분으로, 이상설의 학문적 역량과 그가 학문을 대하는 자세를 언급한 것이다. 윗글에서 장석영은 이상설의 학문을 전통 유학의 토대 위에 서양의 신학문을 공부한, 곧 신·구학을 겸비한 당대 최고의 학자로 칭탄하였다. 이승희와 같은 최고 경지의 전통 유학자와 교유하며 그의 학문 체계를 수용할 정도의 수준이었고, 반대로 이승희에게 전수할 정도로 서양의 신학문에 대한 깊은 조예를 가졌다고 일컬었다.

위의 언급대로 이상설은 1909년 미국에서 러시아 연해주로 건너간 뒤 현지에 망명해 있던 이승희를 찾아가 더불어 성리전고性理典故에 대한 학문적 담론을 벌였다. 그때 이상설은 이기심성에 관한 심오한 논설에 미쳐 주자가 미처 간과하여 미혹한 부분까지 설파했을 정도였다고 한다. 이승희의 「연보」에서 이상설을 일컬은 다음 대목이 이러한 사실을 알려주고 있다.

---

[24] 張錫英, 『遼左紀行』, 필사본, 1912(부산대 도서관 소장); 윤병석, 『한국근대사료론』, 일조각, 1979, 108쪽.

(이상설이) 선생(이승희 - 필자주)이 와서 머문다고 듣고는 즉시 와서 뵙고 더불어 서로 품은 바를 의논하고 크고 작은 대사大事를 반드시 의정議定하고는 행하였고 마침내 스승으로 섬겼다. 서로 떨어지기가 10리여서 날마다 반드시 내왕하였다. 선생이 체증滯症으로 인해 약을 먹고 차가운 음식을 먹었는데, 공은 반드시 부채질을 해서 열을 식혀 드렸는데 겨울날에도 거의 빠트림이 없었다. 명리名理와 시사에 대한 토론과 강론이 거의 일상이었다. 대저 공이 고금에 달통하였으니 참으로 불세출의 재사이다. 어려서 신학문에 종사하여 이미 만국의 사정에 정통하였고, 구학문에 이르러서도 널리 정통하여 구경백가九經百家를 자기 말처럼 외웠고, 선생을 대하여 늘상 성리性理를 강설하였는데 그 류가 대체로 부합하였다. 더불어 토론함에 객지 노고를 잊을 정도였고, 의학과 복술, 산술과 같은 분야에서도 궁구하여 통하지 않는 데가 없었으니 그 사람을 따르고 교제하는 것이 물이 흐름과 같았다. 처음에 러시아어를 알지 못하였는데 (연해주에) 와서 며칠 만에 책을 사서 자습해 통역을 기다리지 않게 되니 사람들이 모두 놀라 신기해했다. 선생이 한번 보고 마음으로 허락하니 공도 또한 열복悅服하여 따르고 섬겼으니 선생을 전송餞送하는 서문을 썼기에 가상可詳하다. 선생이 일찍이 가로되, 내가 인재를 보고 세 번 놀랐으니 처음 놀란 것은 면우俛宇(곽종석 - 필자주)이고, 중간에 놀란 것은 심암審庵 정하묵鄭夏默이고 나중에 놀란 것은 보재이다. 각기 장단이 있으니, 면우는 정밀히 살피고, 심암은 총민하고 보재는 박흡博洽하니, 모두가 성실히 노력해서 도달한 이들이다.[25]

위 인용문에는 이상설이 러시아 연해주에서 지내는 동안 그곳에 망명해 있던 한계 이승희와 긴밀하게 교유하면서 그를 스승으로 섬길 만큼 그의 학문과 깊이 교감한 사실을 알려주고, 나아가 신·구학문에 모두 능통한 이상설의 학문적 역량과 발군의 재주가 언급되어 있다. 이상설이 닦았

---

25  李承熙,『韓溪遺稿』7, 국사편찬위원회, 1976, 549쪽.

던 학문의 경지와 범위를 인상적으로 알려주는 귀중한 자료라 할 것이다. 구체적으로는 전통 성리학설에 대한 심오한 경지와 유럽의 신학문에 대해 통달하고 박식했던 것으로 이상설의 학문을 매우 높이 평가하고 이를 칭탄한 것이다.

끝으로 이상설과 깊은 관계가 있었던 조완구趙琬九(1881~1954)도 그의 학문을 매우 높이 평가하였다.

> (이상설은) 풍채가 빼어났으며 타고난 성품이 후덕하고 재주와 사려가 넘쳐났다. 이치를 깊이 탐구하고 끝까지 찾아내서 조금도 교만하지 않았다. 8, 9세에 공부가 제법 깊어서 세상 사람들이 신동이라 불렀다. 유교 경전의 이치를 깊이 깨달았고, 불교의 경전에도 조예가 깊었으며, 또 수학을 익혀 심오한 경지에 이르러 당대의 권위자가 되었다. 아울러 영어와 러시아어를 할 줄 알았고, 법률을 연구하고 익혔으니, 이 모두가 스승 없이 스스로 익힌 것이다. 그 기품과 학문이 뛰어나서 사우들에게 본보기가 되었다.[26]

위의 글은 조완구가 지은 「보재소전溥齋小傳」의 한 대목이다. 전국 각지를 답사하면서 송상도가 독립운동가 약전을 지어 『기려수필』을 편집할 때 조완구의 이 소작所作을 그 가운데 포함한 것이다. 조완구는 이상설과 유년시절부터 깊이 교유한, 곧 보재를 가장 잘 아는 지인 가운데 한 사람이었다. 그도 역시 이상설의 위인과 학문에 대해서는 신동이라 불릴 정도의 탁월한 재주와 유교·불교의 경전을 비롯하여 수학·법률 등에 정통했을 뿐만 아니라 영어·러시아어 등 외국어에도 능통했던 그의 학문적 역량을 매우 높이 평가하였다. 이상에서 살펴본 여러 주변 인사들의 인물·학문 평만 보더라도 이상설의 천부적인 천재성과 열성적인 학구열, 그리

---

26 송상도, 『기려수필』, 국사편찬위원회, 1955, 115쪽.

고 신·구학문 여러 분야에 걸쳐 대성한 학문적 성취도와 역량 등을 넉넉히 짐작할 수 있을 것이다. 이처럼 뛰어난 학문적 역량을 바탕으로 그는 이상과 포부를 구현하기 위해 세상을 향한 정치적 경륜을 펼쳐나갔다.

## 한국 근대 수학의 아버지

신학문의 다양한 과목 가운데서도 이상설이 단연 두각을 나타낸 분야가 수학이었다. 그는 1900년에 사범학교 및 중학교의 교과서인 『산술신서算術新書』를 간행하였다. 이 책이 일본인 우에노 기요시上野淸(1854~1924)가 지은 『근세산술近世算術』을 번역하여 편집한 것으로 알려졌지만, 이와 같은 교과서 집필은 해박한 수학적 지식이 없으면 불가능한 일이었다. 그러므로 『산술신서』는 뛰어난 이상설의 수학 지식을 알려주는 생생한 증좌라 할 수 있다.

이상설이 『산술신서』를 간행한 것은 당시 대한제국 학부 편집국장 이규환의 요청에 따른 것이었다. 앞서 1899년 편집국장으로 있던 민형식도 자신에게 서양 수학을 가르친 이상설을 첫 수학교과서 집필자로 위촉하는 데 영향을 미쳤다고 볼 수 있다.

이상설은 『산술신서』를 집필하기 전 『수리數理』라는 수학 관련 책을 필사본으로 남겼다. 이 책의 표지 뒷면에 '술해산방보재주인戌亥山房溥齋主人'이라는 기록으로 보아 1898년(무술년)~1899년(기해년) 사이에 집필된 것임을 알 수 있다. 일찍이 중국에서 간행된 수학책인 『수리정온數理精蘊』을 토대로 집필된 『수리』는 조선의 전통 산학算學과 서양의 근대 수학을 연결하는 첫 번째 저작물이라는 점에서 특기할 만하다. 이 책은 크게 두 부분으로 나누어져 있는데, 전반부는 『수리정온』의 내용을 인용한 것으로 수학을 연구하면서 자료를 모아놓은 형태로 되어 있다. 이에 비해 『수리』의 후반부는

『수리정온』에 들어있는 문항들을 취급하였지만 『수리정온』의 나누기(÷), 빼기(−), 등호(=)를 제외하고 나머지는 완전히 새로운 방법, 즉 기호화하여 대수적으로 문제를 해결하려 한 것이다. 이상설이 독창적으로 이론을 만들어낸 것은 아니지만, 그가 사용한 대수 기법은 근대 서양 수학을 처음으로 한국에 도입하는 큰 역할을 한 것이다.[27]

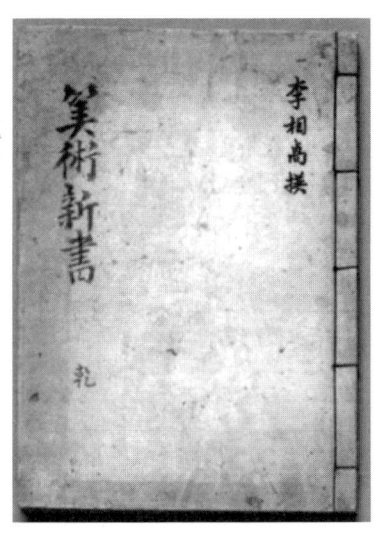

자료 1-3  이상설이 편찬한 산수 교과서 『산술신서』(1900년)
출처: 국립중앙박물관 소장

『수리』에 이어 이상설은 『산술신서』를 편찬하였다. 대한제국 학부에서 1900년 7월 초판 1천 권을 간행하여 교과서로 널리 이용하였다. 정부에서 편찬한 이 책은 저자가 명시된 최초의 수학 교과서가 되었고, 이후 1910년 경술국치 때까지 10년 동안 이 책을 모델로 60종 이상의 수학책이 출판되었다. 과학사나 수학 분야에서 이상설을 한국 근대 수학의 아버지

---

27   이상구, 「한국 근대수학 및 과학교육에 있어서의 보재 이상설선생의 역할」, 『이상설선생 순국 제100주기 전국학술대회』, (사)이상설선생기념사업회, 2017년 8월 14일, 75~76쪽.

로 부르는 이유가 여기에 있다.²⁸

『산술신서』는 주로 저본底本이 된 일본 『근세산술』의 체제에 따라 편찬하기는 했으나 부족한 점을 보완하고 불필요한 부분을 삭제하여 나름대로 체제를 갖추었다. 구체적인 내용을 보면 총론에서는 수·정수·공리 등 각종 수학용어의 개념을, 각론에서는 가감승제를 비롯하여 정수·소수·최소공배수·분수 등을 다루었다. 『근세산술』 가운데 문제가 복잡한 제4편과 제5편의 잡제雜題 등은 삭제했고, 이해가 어려운 제2편, 제4편, 제5편에 응용 예제를 새로이 추가하였다. 중간중간 예제를 두어서 학습자가 직접 문제를 풀어볼 수 있도록 하였다. 국한문 혼용을 원칙으로 하고 있으나 용어에서는 때때로 서양의 원어를 사용하는 경우도 있었다. 로마 문자와 아라비아 숫자는 그대로 사용하였다. 이와 같은 체제와 구성은 원어를 사용하는 데서 오는 편리함과 함께 후일 대수·기하학 등을 연구하는 데 예비적 지식을 제공하기 위한 것이었다.²⁹

이상설이 이처럼 근대 수학이 가지는 학문적 가치와 효용성을 깊이 인식하고 있었다는 사실은 특히 주목된다. 전통 유학을 공부한 처지였지만, 그는 한국이 선진국으로 발전하기 위해서는 서양의 과학, 특히 근대 서양 수학의 도입이 필요하다고 판단하였던 것이다. 이와 같은 의식과 생각이 그로 하여금 서양 수학을 독학으로 공부하게 하였고, 최초의 교과서 『산술신서』까지 간행하게 한 것이다.

한편, 이상설에게 영향을 받은 동생 이상익도 수학자가 되었다. 1899년 관립한성사범학교에 부교관으로 들어간 그는 교관으로 승진한 뒤 1905년 면직할 때까지 전후 6년 동안 후학 양성에 전념한 교육가였다.³⁰ 전후의

---

28  이상구, 「한국 근대수학 및 과학교육에 있어서의 보재 이상설선생의 역할」, 78쪽.
29  이상구, 「한국 근대수학 및 과학교육에 있어서의 보재 이상설선생의 역할」, 80쪽.
30  『승정원일기』 1899년 10월 12일(음)·1905년 11월 18일.

행적을 미루어 보면, 그가 한성사범학교에서 교수한 과목은 수학이었던 것 같다. 이곳 외에도 보성중학교 교감, 함북 경성의 함일학교咸一學校 교사, 공수학교工數學校 학감 등 다년간 교육계에 몸담았던 그는 1906년에 김유증金裕曾·정호면鄭鎬冕·윤정구尹貞求 등과 함께 서울 시내 익동益洞(현 익선동) 등지에 산술전문학교를 설립하고 학생들을 모아 수학 교육에 전념하였다.[31] 그 뒤 그는 휘문관徽文館에서 『초등근세산술』(1908)과 『근세대수近世代數』(1909)[32] 등 수학 관련 전문서적을 편찬하여 수학 교육과 보급에 힘썼다. 그 가운데 『초등근세산술』을 광고하는 문구에서는 "본서는 수학 대가 이상익 씨가 아국 수학계에 교과서가 결핍함을 유감히 여겨 내외국 각종 산술서를 박고정선博考精選하여 정수整數로부터 구적법求積法까지 간명히 편술한 것"으로 저자 이상익과 그 저술을 소개하고 있다.[33]

---

31  『황성신문』1906년 7월 5일, 「算術專門」.
32  이상익이 지은 『근세대수』는 성균관대학교 존경각(소장번호 C08B-0015)에 소장되어 있다.
33  『황성신문』1908년 7월 17일, 「광고」.

제2장

# 관인의 길

## 과거급제와 시권試券

이상설은 25세 때인 1894년(고종 31) 4월 조선왕조의 마지막 과거인 갑오문과 식년시의 전시殿試에 병과로 합격하여 관직에 나갔다.[34] 그 전년인 1893년 12월 26일 건청궁乾淸宮에서 왕세자가 참석한 가운데 시행한 별시 월과月課에서 임홍준任弘準 등 3명과 함께 합격하여 중간시험인 복시覆試를 치르지 않고 곧바로 전시에 나갈 수 있었다.[35] 그는 이때 응시한 월과 유생 가운데 장원급제한 것으로 짐작된다. 지은 시기는 알 수 없지만, 별시 합격 소식을 듣고 이를 축하한 위당 안숙의 다음 글에서 그러한 정황을 짐작할 수 있다.

> **직부直赴 급제한 보재에게 주는 축하의 글**
> 월중 계수나무를 꺾는 과거에 합격하여 대궐의 관원 명부에 올리게 됨을 기뻐하오. 도성에 오색구름 빛나는 글을 올려 이때 발표 게시관이 이름을

---

**34** 『국조방목』(한국학중앙연구원 장서각 소장) 1894년 4월 15일 文科殿試榜.
**35** 『고종실록』 고종 30년 12월 26일.

불렀소. 꽃비녀 안색에 일렁거리고 남색 도포 광채를 더하였소. 보재는 직부하여 용두龍頭(장원급제)가 되니 큰 명예 연이은 화려한 문벌이오. 한漢나라 가의賈誼가 1년에 벼슬이 뛰어넘어 승진하여 재주를 시행함이 있는 것 같고, 왕증王曾 재상이 삼장三場에 장원을 했어도 뜻이 옷이나 따듯하며 배불리 먹는 데에 있지 않은 듯이 하였소. 이에 붉은 머리싸개로 은혜를 입을 것이고, 소나무가 무성하면 잣나무가 기뻐하는 푸른 옷깃을 더욱 절실히 느끼오.[36]

안숙이 보낸 윗글의 축하 대상은 이상설이 장원급제 한 것으로 명기된 점으로 보아 전시 병과에 급제한 갑오문과는 아니었고, 1893년 별시였던 것으로 보인다. 이상설이 장원급제 한 것은 그의 탁월한 학문적 역량의 소산이었음은 어렵지 않게 짐작할 수 있다.

또 등과 후 강화학파 양명학의 대가인 당대의 명망가 이건창은 장문의 글을 보내어 그의 양양한 전도를 축하하며 힘찬 격려를 아끼지 않았다. 일찍이 이상설의 학문과 재능을 알아보고 대기大器를 예견하면서 율곡 이이의 뒤를 이을 인물로 이상설을 지목하였던 것이다.

이상설이 1894년 과거 급제 때 제출한 시권은 「지어지선止於至善」론論과 「의송군신하일하오색운견擬宋群臣賀日下五色雲見」 표表 등 2건이다.[37] 두 가지 가운데 25세 젊은 시절 이상설이 지닌 사상과 학문, 그리고 시대를 경륜하는 자세의 한 단면을 잘 보여주는 중요한 자료는 전자라 할 수 있다. 후자인 표문表文의 내용이 성군의 덕업을 칭송하는 덕치의 이상적 경지를 읊은 것인데 비해, 전자는 조선조 통치 이데올로기인 성리학에서 가장 중시하는 경전의 핵심 사상을 논한 것이기 때문이다.

---

[36] 안숙, 『선비 안숙 日誌』, 김영사, 2010, 261~262쪽.
[37] 외솔회 편, 『나라사랑』 20, 1975, 120~121쪽. 현재 이 시권은 이상설의 아우인 이상익의 손자(이관희의 아들) 이재승(미시간대 원자력공학과 교수)이 소장하고 있다고 한다.

**자료 1-4** 이상설의 호패
출처: 독립기념관 소장

'지어지선止於至善'은 명명덕明明德, 친민親民과 함께 『대학大學』에 나오는 세 가지 강령 가운데 하나이다. 곧 『대학』 경문經文의 첫머리에 나오는 "대학지도大學之道 재명명덕在明明德 재친민在親民 재지어지선在止於至善"의 구절이 그것이다. 사람의 당연한 도리를 체득하여 그것을 벗어나지 않으려고 최선의 노력을 다한다는 의미이다. 이상설은 과거 답안에서 이러한 '지어지선'에 대한 자기의 생각을 모두冒頭에서 다음과 같이 제시하였다.

> 하늘이 만물[物]에 명을 내린 것에는 반드시 변하지 않는 일정한 법칙이 있다. 그러므로 사람이 만사[事]에 응하는 데도 역시 변하지 않는 일정한 법칙이 있는 것이다. 만물과 만사[物事]가 있음에도 그 법칙이 없는 것은 있을 수 없고, 만물과 만사가 없음에도 그 법칙이 있는 경우 역시 있을 수 없다.[38]

---

[38] 李完熙, 「溥齋李相卨先生傳記抄」, 필사본; 외솔회 편, 『나라사랑』 20, 120쪽.

곧 이상설은 하늘이 만물과 만사에 변하지 않는 일정한 규칙을 제시하였기 때문에 인간은 하늘이 제시한 그 일정한 규칙에 따라 사물에 응해야 한다는 대원칙을 제시한 것이다. 이러한 대원칙에 입각하여 그는 나아가 아래와 같은 자기의 주장과 견해를 폈다.

> 무릇 귀[耳]의 법칙은 소리를 듣는 것이므로 듣는 것이 그 머무를 곳이다. 눈[目]의 법칙은 모양을 구별하는 것이므로 보는 것이 그 머무를 곳이다. 입[口]의 법칙은 맛보는 것이므로 먹는 것이 그 머무를 곳이다. 마음의 법칙은 지선至善이므로 홀로 그 머무를 곳을 알지 못한다. 지선은 사람이 태어날 때부터 가지고 나온 것으로 모자람도 없고 한쪽으로 기울어지거나 치우침도 없다. 마음의 지선은 시간과 장소를 가리지 않고 존재한다. 그것은 선천적으로 사람에게 주어진 것이기 때문이다. 그렇다면 마음은 어떻게 갈고 닦을 것인가. 이치는 만물 속에 흩어져 존재하지만 실로 내 마음을 주관하고 마음은 비록 만 가지 이치를 주재하지만 실제로는 밖에 있는 것이 아니다. 마음으로써 지선에 머무름을 구하고 달아나지 않도록 지선으로써 힘써 구해야 한다. (중략) 한숨만 쉬며 아들 노릇 하려는 자는 불효하는 것이요, 그렇게 신하 노릇 하려는 자는 불충한 것이다. 마음이 미혹되어 본성을 잃어버리고 무턱대고 행동하거나 허망한 지식을 추구하는 자는 진실로 도를 체득하기에는 부족하다.[39]

위 인용문의 요체는 위정자, 인간으로서 각자의 위치에서 하늘이 내려준 이치에 따라 살아가야 하는 곧 실천을 강조한 데 있다. 끝으로 그는 사람이 실천을 위해서는 하늘이 사물에 부여한 이치를 궁구해야 하는 당위성을 아래와 같이 역설하였다.

---

[39] 李完熙,「溥齋李相卨先生傳記抄」, 필사본; 외솔회 편,『나라사랑』20, 120쪽.

지선에 머물기 위한 공력은 실로 뒷날 유자들이 힘써야 할 급무이며 또한 공자의 문도가 마음에 새겨야 할 바다. 격물格物과 궁리窮理로서 앎에 이르고자 하는 자는 사물의 궁극적 법칙을 구하고 우리의 마음을 밝힘으로써 지선의 경지에 이르도록 하고, 성의誠意와 정심正心으로서 그 몸을 닦고자 하는 자는 우리 마음의 궁극적 법칙으로써 지선의 경지에 이르도록 사물에 응해야 한다. 명덕明德과 신민新民은 서로 본말이 되지만 지선이란 본말이 없고, 치지致知와 역행力行은 서로 시종始終이 되지만, 지선은 곧 시종이 있을 수 없으니, 명덕과 신민을 떠나서는 지선이라는 이름은 없는 것이다.[40]

곧 이상설은 만물은 저마다의 지선이 있고, 동시에 만사는 하나의 지선으로 수렴되며, 지선의 법칙은 중단없이 이어져 있다고 보았다. 우리가 공부해서 이루어야 할 최고의 경지도 지선에 머무르는 것이라고 하였다. 이처럼 지선에 머무르는 것이 그가 주장한 지어지선론의 요지이다. 지어지선론은 현대인들에게는 난해하지만, 조선시대 유학자로서 수련한 20대 중반의 청년 이상설의 학문과 사고 수준을 가늠할 수 있게 해준다는 점에서 주목되는 글이다.[41]

### 출사 후의 관력

이상설은 문과급제 후 그해 8월 탁지아문의 주사에 임명되었다. 갑오경장 때 신설된 탁지아문은 정부의 재정·조세·화폐 등 재무를 총괄하기 위해 만들어진 정부기구로, 수리와 계산에 유난히 밝았던 이상설은 관직 임

---

40 李完熙,「溥齋李相卨先生傳記抄」, 필사본; 외솔회 편,『나라사랑』20, 120쪽.
41 이민원,『신학문과 독립운동의 선구자 이상설』, 독립기념관 한국독립운동사연구소, 2017, 31~32쪽.

용 초기에 그 실무를 담당하는 주사에 임명된 것으로 짐작된다.

그 이듬해, 곧 1895년 4월에는 갑오경장의 일환으로 승정원을 개편한 비서감秘書監의 좌비서랑左秘書郎에 제수되었다. 이 자리는 국왕을 지근에서 보필하면서 국정에 간여할 수 있는 요직으로, 학문과 재능을 겸비한 그에게 적임이었다고 할 수 있다. 하지만, 그는 이 자리에 오래 머물러 있지 못하고 불과 한 달 뒤 면직되었다. 청일전쟁 도발과 함께 일제에 의해 강요당한 갑오경장으로 인해 야기된 긴박한 정국상황과 급변하는 시국이 막 관인의 길로 접어든 이상설에게 크게 충격을 주었을 것으로 짐작된다.

이상설은 1896년 1월 22일(음 1895.12.8)부터 2월 22일까지, 비록 1개월에 불과한 짧은 기간이지만, 성균관 교수 겸 최고 책임자인 관장에 임명되었다.[42] 이때 그의 나이는 27세였다. 조선 최고의 교육기관인 성균관은 비록 갑오경장으로 그 조직과 기능, 그리고 역할이 많이 바뀌었지만 그래도 그 권위는 여전히 남아 있었기 때문에 과거 대사성 자리에 해당하는 성균관장 직위는 매우 영예로운 자리였다. 이와 같은 성균관장 보임은 신구학을 겸비한 탁월한 학문 온축蘊蓄의 소산이라 할 수 있을 것이다. 그는 성균관장에 재임하는 동안 용인 죽리竹里의 친구인 여준과 고향의 지인인 안숙을 추천하여 성균관 직강에 임명하기도 하였다. 이때 안숙은 이상설을 사례하는 장문의 시를 지어 칭송하였다. 그 가운데 성균관장에 보임된 이상설의 뛰어난 재주와 개혁적 성향 등을 칭송하는 대목을 보면 다음과 같다.

| | |
|---|---|
| 보재는 지금 나라의 선비 | 溥齋今邦彦 |
| 기이하고 뛰어남이 짝할 이 없네 | 奇魁無匹儔 |

---

[42] 『비서원일기』 1895년 12월 8일(양 1.22) · 1896년 1월 10일(양 2.22).

| | |
|---|---|
| 용감히 귀족의 습성을 고쳐 | 勇革綺紈習 |
| 담박함이 가을의 푸른 갈대 같구나 | 澹泊碧蘆秋 |
| 혼탁한 풍속을 고행으로 힘써서 | 苦行厲俗濁 |
| 큰 명예 임금께 통하였네 | 大名徹紸旋 |
| 이미 선발 시험에 합격하여 | 既中澤宮試 |
| 이에 국자감 맡을 것을 명받았네[43] | 乃命掌國子 |

안숙은 나라를 대표하는 큰 선비라는 의미에서 '나라 선비'로 이상설을 일컫고, 사회개혁과 시대혁신으로 분위기를 일신하는 인물이라고 칭송하면서 이러한 역량을 인정받아 성균관장에 보임되었다고 한 것이다. 곧 뛰어난 학문과 재주를 바탕으로 개혁과 혁신의 상징적 인물로 이상설의 이미지를 설정하였다.

성균관장에 이어 이상설이 맡은 직책은 한성사범학교 교관이었다. 이 자리 또한 불과 한 달 만인 3월 25일에 그만두었다.[44] 그럼에도 불구하고, 이 직책은 여러 가지 면에서 비중 있는 의미를 가진 것으로 보인다. 소년 시절부터 다양한 방면에 걸쳐 체득한 신학문이 바탕이 되었기 때문에 주어진 자리였다고 할 수 있다. 곧 이상설이 축적한 신학문의 탁월한 역량을 단적으로 보여주는 한 단면이 된다. 이상설이 교관으로 부임한 관립 한성사범학교는 그 전년인 1895년에 초등교육기관인 소학교를 널리 보급할 계획하에 그 교원을 양성할 목적으로 설립한 학교였다. 이 학교는 또 우리나라 최초로 근대식 학교 관제에 따라 설립된 관학이기도 하였다. 당시 대한제국 정부에서 심혈을 기울이던 국민 초등교육을 상징하던 학교라는 점에서 그 역사적 의의가 크다. 학문과 교육에 큰 비중을 두던 이상설의 활

---

[43] 안숙, 『선비 안숙 日誌』, 96쪽.
[44] 『비서원일기』 1896년 1월 10일(양 2.22)·1896년 2월 12일(양 3.25).

동 성향을 염두에 둘 때, 그에게 주어진 한성사범학교 교관 자리는 그가 소원한 결과였을 것으로 자연스럽게 이해된다.

한성사범학교 교관에 이어 1896년 4월에 이상설은 탁지부 재무관에 임명되었다.[45] 탁지부는 전술한 대로 갑오경장 때 나라의 재정을 주관하는 부서로 설치한 탁지아문이, 그 이듬해인 1895년에 8아문이 7부로 개편될 때 명칭을 바꾼 것이다. 이상설이 등과 직후에 임명된 관직이 탁지아문 주사였던 점에 비추어 이때 주어진 탁지부 재무관 직책은 그의 탁월한 수학적 재능에 따른 재무능력을 인정받았기 때문으로 이해할 수 있다. 하지만, 이 직책도 오래가지 못하고 불과 두 달 뒤인 5월 10일(양 6.20)에 면직되고 말았다.[46]

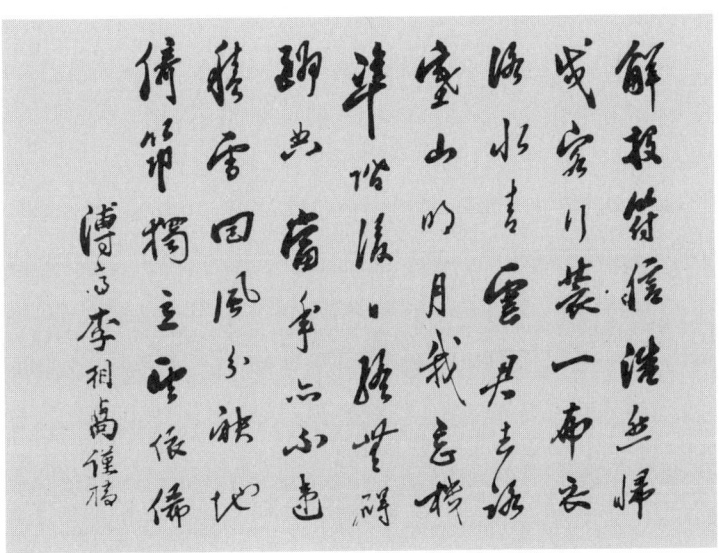

자료 1-5  이상설이 지은 한시
출처: 순천대학교박물관 소장

---

45   『비서원일기』 1896년 3월 7일(양 4. 19)·5월 10일(양 6. 20).
46   『비서원일기』 1896년 5월 10일(양 6. 20).

이후 이상설은 한동안 관직을 떠나 있었던 듯하다. 1900년 홍문관 시독 侍讀으로 다시 복귀할 때까지 관인 이력이 확인되지 않는 점으로 보아 짐작된다. 이상설이 한동안 관직을 떠나 있을 때 지은 것으로 짐작되는 아래 시는 이 무렵 그가 처한 현실과 의식의 한 단면을 보여 준다.

| | |
|---|---|
| 부신을 던지고 호연히 돌아오니 | 解投符信浩然歸 |
| 변방 나그네 행장은 옷 한 벌이라네 | 戍客行裝一布衣 |
| 낙수의 푸른 구름은 그대 떠난 길이요 | 落水青雲君去路 |
| 새산의 밝은 달은 나의 처세라네 | 塞山明月我忘機 |
| 원칙이 있으면 뒷날 막힘이 없고 | 準階後日終無碍 |
| 답례를 다하면 당년 역시 어김이 없으리니 | 酬典當年亦不違 |
| 쌓인 눈 회오리바람 이별한 그 자리에 | 積雪回風分袂地 |
| 지팡이 기대고 홀로 서서 어렴풋이 바라보네[47] | 倚筇獨立望依俙 |

이처럼 관직에서 멀어져 있었던 것은 이상설이 지닌 강직한 성품이나 장차 보여주는 항일 행로로 보아 청일전쟁 이후 노골적으로 드러나는 일제의 국권침탈 실상과 긴밀히 연계되어 있었던 것으로 보인다. 곧 이상설이 등과 후 관인의 길을 걷게 되는 시기는 무력을 앞세운 일제의 대한침략 야욕이 노골화되면서 국권침탈이 본격화되던 절박한 시국상황이 계기적으로 연속되던 때였다. 그런 만큼 그는 숙명적으로 일제침략을 극복하고 시대적 난관을 이겨내야 하는 참으로 어려운 과제를 안을 수밖에 없었다.

---

[47] 순천대학교박물관 편, 『만번 죽어도 변치 않는 마음 -독립운동가 유묵-』 강운 최승효 기증문화재 9, 2009, 102쪽.

# 제 2 부
# 국권 수호의 선봉

## 제1장

# 고난과 시련의 시기

### 건곤일척, 대한제국

　이상설이 태어나 성장하던 시기는 일제의 침략으로 인해 조선의 국권이 침탈당하던 민족 수난기와 맞물려 있었다. 1876년 강화도조약을 필두로 청나라와 군국주의 일본이 개입되는 1882년 임오군란, 1884년 갑신정변 등 대립과 갈등이 연속되는 혼란과 격변의 와중에 휘말렸고, 급기야 1894년 동학농민전쟁과 청일전쟁이 발발하기에 이르렀다.

　1876년 강화도조약을 강요하고 조선의 문호를 억지로 개방시킨 일제는 이후 침략의 결정적 기회를 노리고 있었다. 1894년에 일어난 동학농민전쟁이 그 빌미가 되어 일제는 조선에서 청나라 세력을 몰아내기 위해 청일전쟁을 도발하는 한편, 정치·군사 등 전방위에 걸쳐 입체적으로 침략을 감행하였다. 한민족은 유사 이래 최대의 민족사적 위기에 봉착하게 된 것이다.

　일제의 침략전쟁인 청일전쟁의 빌미가 된 사건은 동학농민전쟁이었다. 동학농민전쟁이 삼남 일대를 비롯해 전국을 휩쓸게 되자 무능한 조정에서는 청국에 원병을 요청하게 되었고, 이를 핑계로 일제는 조선에서 패권을 장악할 야욕을 갖고 대병력을 출동시키기에 이르렀다.

일제 침략군은 청일전쟁을 도발하기 직전인 6월 21일 경복궁을 무단 점거한 갑오변란을 일으켰다. 일본군 혼성여단 2개 대대가 이날 새벽 남산에 야포를 설치하고 경복궁을 기습 점거함으로써 침략 야욕을 만천하에 드러내었다. 갑오변란에 이어 일제는 한반도에서 청나라 세력을 몰아낼 목적으로 청일전쟁을 도발하였다. 재야의 유생들은 일본군이 경복궁을 유린하던 6월 21일 바로 그날 조선이 망했다고 통탄했을 정도로 갑오변란은 조야朝野에 큰 충격을 주었다.[1]

경복궁을 점거하고 청일전쟁을 도발한 일제는 김홍집金弘集을 총재로 하는 군국기무처軍國機務處를 설치하여 조선의 내정간섭을 감행하였다. 무력을 앞세우고 정치·사회·문화 등 다방면에 걸쳐 입체적으로 자행된 일제의 침략적 간섭으로 말미암아 한민족은 큰 충격을 받았다. 재야의 유생들은 군국기무처에서 주관하던 갑오경장을 역법·의제·관제·지방제도의 변경으로 총괄하고 이를 유사 이래의 '대변고'로 단정하였다.

1895년 8월에는 일본 공사 미우라 고로三浦梧樓의 지휘하에 일본 낭인들이 국모인 명성황후를 무참히 시해하는 을미사변이 일어나 전 민족의 공분을 자아냈다. 청일전쟁에서 승리한 일제는 침략세력을 제어할 목적으로 1895년 3월 러시아의 주도하에 독일·프랑스 등 세 나라가 일제로 하여금 청일전쟁의 결과로 획득한 요동반도를 청에게 반환토록 간섭하였다. 이러한 삼국간섭으로 인해 일제의 약점이 노출되자 조선 정부는 일제의 영향력을 배제하면서 친러정책을 실시하기에 이르렀다. 이에 일제는 8월 20일 반일세력의 정점인 명성황후를 무참히 시해하는 야만적 국제범죄를 일으켰다. 그리고 을미사변 이틀 뒤, 일제의 꼭두각시 친일 내각은 왕명으로

---

[1] 박민영, 『대한선비의 표상 최익현』, 역사공간, 2012, 97쪽.

'왕후를 폐위시켜 서인으로 삼는다'는 왕후 폐위 조칙까지 발표하여 전 국민을 기만하기에 이르렀다.

을미사변에 이어 민족자존에 치명상을 입힌 사건이 단발령 공포였다. 1895년 11월 15일, 친일 내각은 이틀 뒤인 17일을 기하여 음력에서 양력으로 역법을 바꿈과 동시에 단발령을 시행한다고 선포하였다. 곧 음력 1895년 11월 17일은 양력으로 1896년 1월 1일이 되는 날인데, 이날부터 공식적으로 양력을 쓰고 새해부터는 '양력을 세운다'라는 뜻을 가진 새 연호 '건양建陽'을 사용하도록 하였다.

당시 친일 정부가 단발령을 내린 표면적 이유는 '위생에 이롭고 작업에 편리하기 때문'이라는 것이었다. 그러나 유교 윤리가 일반 백성의 생활에 뿌리 깊이 자리매김하고 있던 조선사회에서는 "신체 · 머리털 · 살갗은 부모로부터 물려받은 것으로서, 감히 훼상하지 않는 것이 효의 시작이다[身體髮膚 受之父母 不敢毀傷 孝之始也]"라는 공자의 가르침 그대로 머리를 길러 상투를 트는 것이 인륜의 기본인 효의 상징이라고 여겼다. 그러므로 백성들은 단발령을 살아 있는 신체에 가해지는 심각한 박해로 받아들였고, 이 사건을 계기로 정부에 대한 반감은 절정에 달하였다.

을미사변에 이은 단발령 공포는 한민족의 반일감정을 격화시킨 결정적 기폭제가 되었다. 그 결과 전국 각지에서 항일의병이 일어났다. 특히 춘천의병(이소응) · 제천의병(유인석) · 강릉의병(민용호) · 진주의병(노응규) · 안동의병(권세연) · 홍주의병(김복한) 등이 단발령 직후에 봉기한 대표적인 의진이다.

단발령으로 야기된 혼란한 정국은 결국 2월 11일(음 1895.12.28) 국왕이 러시아 공사관으로 피신하게 되는 아관파천으로 귀결되었다. 이로 인해 그동안 기세를 떨쳐온 김홍집 친일 내각은 파국을 맞아 김홍집과 정병하는 종로 거리에서 피살되었고, 유길준 · 조희연 · 장박 등은 황급히 일본으로

달아났다. 단발령은 그날로 국왕이 칙령을 내려 정지되었다.²

강화도조약 이래 대조선 침략정책을 일관되게 추진하던 일제가 삼국간섭 이래 조선에 세력을 부식한 러시아의 강력한 견제로 주춤하는 동안, 1897년 10월에는 대한제국이 성립되고 칭제건원稱帝建元이 이루어졌다. 1876년 강화도조약 이래 조선 정부는 일제와 청국의 각축 속에 쇠퇴일로를 걸어왔다. 게다가 아관파천 뒤에는 러시아의 개입까지 야기되어 더욱 국력이 피폐하여 갔다. 그러한 상황에서 조선 정부는 대외적으로는 외교관계 다변화와 이권양여를 통한 외국의 지원을 모색하고, 대내외적으로는 '상징(물)의 조성'과 언론·집회의 지원을 통한 자주독립 의식을 환기함으로써 분위기를 일신하고자 하였다. 그러한 가운데 대한제국이 탄생하게 된 것이다.

자료 2-1 대한제국 황제 즉위식이 거행된 원구단

1897년 10월 12일, 회현방會賢坊 소공동계小公洞契에 설치된 원구단圜丘壇(현 조선호텔 자리)에서 황제 즉위식이 거행되었다. 다음날에는 '조선'이란 국호를 '대한'으로 변경하여 마침내 정부에서는 '대한제국'을 선포하였다. 국호를 대한으로 바꾼 것은 조선이라는 기존의 국호는 기자의 옛 봉지封地로서 자주성을 결여하였기에 타당하지 않고, 과거 마한·진한·변한 삼한을 아우르는 큰 한이라는 의미에서였다.³

---

2   박민영, 『대한선비의 표상 최익현』, 109쪽.
3   한국근현대사학회 편, 『한국근대사강의』(개정판), 한울, 2007, 210쪽.

대한제국은 1910년 경술국치 후 역사의 뒤안길로 사라졌다. 하지만 실제로는 러일전쟁에서 승리한 일제가 을사조약을 늑결勒結한 1905년 11월에 이미 국운이 다한 셈이었다. 곧 러일 간의 세력균형과 각축전이 벌어지던 대한제국의 전반부는 한정적 자주권을 행사할 수 있었던 시기였고, 러일전쟁 이후, 곧 대한제국의 후반부는 일제의 국권 독점으로 인해 나라는 형해화된 채 국명만 겨우 유지했을 정도였다. 을사조약 늑결 이후 대한제국의 운명은 이처럼 급전직하 몰락을 향해 치닫고 있었다.

## 러일전쟁 발발과 일본군의 침공

이상설은 1900년 6월 홍문관시독弘文館侍讀, 비서원랑秘書院郎 등에 연임되면서 다시 관력官歷에 올랐다.[4] 1896년 5월(음) 탁지부의 재무관에서 면직된 이래 4년 만에 복귀한 것이다. 앞에서도 언급하였듯이, 청일전쟁 이후 일제의 국권침탈이 가속화되고 그에 따라 정국이 격랑 속에 휘말리던 참담한 시국상황과 충분우국忠憤憂國의 정신으로 충만한 그의 거취 문제가 밀접하게 연관되어 있었을 것이라는 점은 충분히 짐작할 수 있다.

비서원랑을 거쳐 이상설은 1901년 11월 비서원승에 올랐고,[5] 1902년 시강원 부첨사를 거쳐[6] 1903년 1월에는 칙임관인 궁내부특진관이 되었다.[7] 그 뒤 일제가 1904년 2월 러일전쟁을 도발하고 난 뒤 얼마 동안 관직에 그의 성명이 보이지 않는다. 곧 이상설은 후술할 황무지개척권 요구 반대투쟁을 전개하던 1904년 중반에는 관직을 떠나 있었던 듯하다. 일제의 전방

---

4 『승정원일기』 1900년 5월 19일(양 6.15) · 5월 28일(양 6.24).
5 『승정원일기』 1901년 10월 11일(양 11.21).
6 『승정원일기』 1902년 2월 24일(양 4.2) · 3월 29일(양 5.6) · 9월 19일(양 10.20).
7 『고종실록』 1903년 1월 30일.

위적 국권침탈로 받은 충격의 여파가 아닌가 짐작된다.

1904년 일제가 러일전쟁을 도발하면서 동시에 자국의 군대를 동원하여 한반도를 군사적으로 점거하던 그 실상을 살펴보면 다음과 같다. 대한제국을 병탄하는 데 가장 큰 장애물인 러시아 세력을 구축하기 위해 일제는 1904년 2월 러일전쟁을 일으켰다. 일제는 전쟁 도발 직후인 2월 23일에 한일의정서韓日議定書를 강제로 체결함으로써 정치·군사적 간섭의 토대를 구축한 뒤, 5월 30일 자국의 각의에서 「대한방침對韓方針」, 「대한시설강령對韓施設綱領」 등으로 요약되는 대한침략 방침을 정책적으로 결정하였다. 한일의정서가 군사 전략상의 편의를 도모하기 위한 것이었다면, 「대한방침」과 「대한시설강령」은 정치·외교·경제 등 군사 방면을 제외한 제반 분야에서 대한제국의 국권 장악을 목표로 한 것으로, 장차 한국을 병탄하기 위한 장단기 계획안이었다.

일제가 한국을 침략, 병탄하는 데 가장 중요한 역할을 수행한 것이 이른바 일제의 무력, 곧 한국주차군韓國駐箚軍이었다. 자국 군대의 침략성을 호도하여 자의적·편의적으로 그렇게 이름한 것이다. 러일전쟁 도발과 함께 일본군이 '한국임시파견대'라는 이름하에 한반도를 침공·상륙하였고, 이것이 곧 영구 침공을 의미하는 한국주차군으로 이름을 바꾼 것이다. 한국주차군은 그 뒤 1910년 대한제국을 병탄한 후에는 주차조선군으로 개명하여 1945년 일제 패망 때까지 한반도에 존치되었다.

일본군 제12사단 보병 제14연대 제1대대와 제47연대 제2대대, 제24연대 제1대대, 제46연대 제2대대를 골간으로 하고, 그 부족한 수는 동 연대 내의 대대 인원으로 보충하여 편성하고, 처음에 한국임시파견대라 부르고 보병 제23여단장 육군소장 키고시 야스츠나木越安綱를 사령관으로 임명하였다.

1904년 2월 6일 사세보佐世保항을 떠나 인천으로 상륙한 일본군은 9일 키고시 사령관의 인솔하에 서울로 입성하여 위세를 떨치기 시작하였다. 일본군이 서울에 들어온 당일 오후에 일본공사 하야시 곤스케林權助는 광무황제를 알현하고는 "이번 러일의 개전과 일본군의 서울 입성은 한국의 황실과 국토를 보호하여 한국의 독립을 영구하게 하기 위한 의거"라는 상투적인 거짓말을 상주하여 광무황제의 배일 행동을 먼저 견제하였다.

　일본군은 후속부대가 그 후에도 계속 들어와 전국 각지에 주둔하면서 군사적으로 전토를 유린하였다. 특히 인천~서울 사이에는 일본군과 군수물자로 뒤덮였으며, 한국군 병영을 비롯해 관청과 학교, 심지어는 궁궐에 이르기까지 서울의 중요한 건물 대부분이 일본군에게 수용됨으로써 공포 분위기가 조성되고 있었다. 황현의 『매천야록』에는 일본군에 의해 서울이 유린당하던 상황을 다음과 같이 생생하게 기록하고 있다.

> 왜군이 인천에서 속속 입경入京한 자가 병사가 5만여 명이고 말이 1만여 필로서 창덕궁·문희묘·환구단·저경궁·광제원·관리서 등을 빌려 무릇 18곳에 연이어 군영으로 삼아 주둔하였으며, 서문 밖의 민가 수백 채를 사들여 헐어서 마구간으로 삼았다. 또한 5강(한강나루 5곳 - 필자주) 연안에 천막을 치고 잠자리를 만들었으며, 밥 짓는 연기가 수백 리에 뻗쳤다.[8]

　한반도를 강점한 일본군은 먼저 치안유지를 빙자하여 대한제국의 경찰권을 장악하였다. 1904년 일제의 이른바 한국주차군이라는 침략군이 한반도 전역에 걸쳐 주둔하면서 군사경찰제를 시행하였다. 곧 통감부 시기에 일제는 한민족을 군율로 다스리는 공포정치를 자행한 셈이었다. 그리

---

[8]　황현, 『매천야록』, 국사편찬위원회, 1955, 301쪽.

고 그 결정적 계기는 1904년 7월 일제의 황무지개척권 요구에 저항한 애국단체 보안회를 해체하고 한국민을 탄압하면서 한국민의 시위운동을 원천적으로 봉쇄한 것이 그 계기가 되었다. 나아가 이러한 군사경찰제는 1910년 경술국치 이후 1919년 3·1운동 발발 때까지 항일독립운동 탄압의 주역인 헌병경찰의 시초였다고 할 수 있다.

제2장

# 국권 수호투쟁

## 황무지개척권 반대투쟁

　이상설이 역사의 전면에 부상하게 되는 것은 1904년 러일전쟁 발발 직후였다. 러일전쟁 도발을 계기로 일제는 대한제국의 국권을 전방위적으로 점탈하였다. 자연한 결과로 일제에 대한 한민족의 저항도 그만큼 강렬해졌다. 이상설은 이 시기 한민족의 저항을 선도하면서 역사의 전면에 우뚝 부상하게 된 것이다. 이 무렵 그가 전개한 활동의 뚜렷한 공적으로는 두 가지가 있다. 병탄의 전 단계로 국토의 일부를 강점하려는 일제의 황무지개척권 요구에 반대한 투쟁, 그리고 망국조약인 을사조약을 규탄하고 5적 처단을 요구한 을사조약 반대투쟁이 그것이다.

　일제의 황무지개척권 요구는 1904년 6월 6일에 일본공사 하야시林權助가 이른바 대한식민지경영안인 「대한시설강령」의 제6항과 「대한시설세목」 제7항의 방안을 실천하기 위하여 한국 영토의 4분의 1이나 되는 전국의 황무지개척권을 요구하였다. 일제의 이러한 요구는 러일전쟁 개시 이래 억눌려 있던 한국민의 반일감정을 극도로 자극하여 격렬한 반대투쟁을 야기하기에 이르렀다. 전 국민은 집회활동을 비롯하여 상소투쟁, 언론투쟁을 통하여 일제의 침략 만행을 규탄하면서 황무지개척권 요구를 철회할 것을 강력히 주장하였다. 그 가운데서도 특히 7월 15일부터 서울에서 소집된 보안회는 민중구국운동으로 발전하였다.

이처럼 한국민의 총체적 저항에 직면한 일제는 7월 21일 일본공사를 통해 한국 정부에 대해 "일본의 군사 작전상 중요한 위치를 점한 한국의 치안을 유지"하기 위해서라는 명목하에 일본군이 한국의 치안을 담당한다고 일방적인 통고를 해왔다. 그리고는 일본군 헌병이 보안회를 탄압하여 해산시키고 한국민의 시위운동을 원천적으로 봉쇄하기에 이르렀다. 이것이 1919년 3·1운동 때까지 한민족 반일투쟁 탄압의 선봉에 섰던 헌병경찰의 시초였다.

러일전쟁 당시 일제는 대한제국 영토의 일부를 우선 강점할 계획을 세웠다. 그것이 바로 일본 대장성의 관방장관을 지낸 나가모리 도키치로長森藤吉郎를 앞세운 황무지개척권 요구이다. 앞서 언급하였듯이 일제는 러일전쟁을 도발한 직후인 1904년 5월에 무력을 앞세워 한국을 병탄하기로 하고 그를 위한 실질적 정책으로「대한시설방침」,「대한시설강령」등을 입안하기에 이르렀다. 이와 같은 병탄 정책을 확정한 일제가 이를 구현하기 위하여 최초로 추진한 침략정책이「대한시설강령」의 제6조에 명시한 "일본 농민을 다수 한국 내지에 들어가게" 하는 이른바 대한척식對韓拓殖의 방안이었다.[9] 일제는 그 목적을 달성하기 위해서 교활한 기만책을 썼다. 곧 일본인 개인의 명의로 한국의 황무지 개척, 경영권을 대한제국 정부로부터 불하받아 이를 일본 정부의 관리하에 두고 이주 일본인으로 하여금 이를 경영케 한다는 것이었다. 곧 개인의 명의를 앞세워 합법을 가장한 탈법으로 한국의 토지를 수탈하려 했다. 일제의 황무지개척권 요구의 침략적,

---

[9] 국사편찬위원회 편,『고종시대사』6, 탐구당, 1972, 1904년 5월 31일.

기만적 속성은 여기에 있다. 일본공사 하야시가 1904년 6월 6일 대한제국 정부에 정식으로 황무지개척권을 요구하는 공문과 10개 조항으로 된 '황무지개간권 요구 계약안'을 제시하였다. 그 계약안 가운데 중요한 내용을 보면 다음과 같다.

> 제1조. 대한제국 궁내부 어공원경御供院卿은 능陵·묘廟·사寺·금산禁山·분묘墳墓와 현재 궁내부 소유 및 관 소유에 속한 기 개간지와 민유지로 그 소유관계가 명백한 것을 제외하고 8도에 산재한 토지·산림·원야原野 기타 모든 황무지의 개간·정리·개량·척식 등 일체의 경영을 나가모리 도키치로長森藤吉郎에게 위임한다.
>
> 제2조. 경영 관련 자본금은 나가모리가 마련하고 궁내부 어공원은 자본을 지출할 의무가 전혀 없다. 나가모리가 전 항에 인하여 자본금을 지출할 때는 매번 금액과 사용 목적의 대강을 대한제국 정부에 통보한다.
>
> 제3조. 대한제국 궁내부 어공원은 전 조에 기재한 경영을 나가모리 외에는 물론 누구에게도 허가하지 못한다.
>
> 제4조. 앞에 제시한 토지를 개간·정리·개량한 후에는 나가모리는 때에 따라 쌀과 보리·콩 기타 농산물과 수목·과실 등을 심거나 목축·어렵漁獵을 하거나 기타 유용하게 사용할 권리가 있다.[10]

위 계약안의 핵심은 기 개간지 외 대한제국 전토의 황무지를 개간하고 이용하는 권리를 일본인 나가모리에게 독점적으로 위임한다는 것이다. 전 국토의 3할에 해당하는 땅을 무단 점거하는 '준병탄'을 추진하겠다는 셈이었다.

---

10 고려대학교 아세아문제연구소 편, 『구한국외교문서』 日案 7, 1967, 117쪽; 윤병석, 『이상설전』(증보판), 일조각, 1998, 26쪽에서 재인용.

황무지개척권을 요구한 주역으로 언급되는 나가모리는 일본의 대장성 관방장官房長을 지낸 인물로, 그해 1월 일본 정부의 밀명을 받고 한국에 와서 대한경영방안을 조사·연구하며 궁내부 측에 예비공작을 진행해 오고 있었다. 일제의 황무지개척권 요구는 일본 농민을 한국에 이주시켜 일본 내의 인구 과잉상태를 해소하려는 데 목적이 있었다. 이런 취지로 전국에 널려 있는 미개간지를 일본인 명의로 점거 개발하고 자국의 관리하에 두고자 하였다.[11] 곧 일제는 개인을 앞세워 합법을 가장한 탈법으로 대한제국 국토의 상당 부분을 우선 점거하려 한 것이다.

일제의 황무지개척권 요구는 러일전쟁 중에 식민지화를 위한 중요 침략정책의 일환으로 제시된 것이다. 한국의 영토를 아무 보상도 없이 강제 점탈하려는 야욕은 한국민의 반대에 부딪혀 철회되고 말았지만, 일제의 국권침탈 과정에서 간과할 수 없는 중요한 의미가 있다. 이 요구의 직접적인 동기가 일본인의 식민을 목적으로 다수의 자국민을 한국에 이주시키고, 아울러 한국의 농지를 개방시켜 그들의 식량 및 원료의 공급지로 삼으려는 데 있었기 때문에 일제의 침략성을 그대로 드러낸 사건이었다. 또한 일제는 여타 권리를 점거 강탈할 때보다 더욱 교활한 수단과 방법으로 관철하고자 했기 때문에 일제의 침략 수법을 이해하는 데 중요한 단서를 제공하고 있다는 점에서 그 역사적 의미를 간과할 수 없는 것이다.[12]

일제의 황무지개척권 요구, 곧 국토 점거 시도에 대해 무능한 정부는 대처방안도 마련하지 못한 채 허둥거렸고, 심지어는 그 요구를 들어주어야 한다는 대신까지 있었을 정도였다. 이에 비해 이 소식을 들은 민중은 격분

---

[11] 이민원, 『신학문과 독립운동의 선구자 이상설』, 독립기념관 한국독립운동사연구소, 2017, 61~62쪽.

[12] 윤병석, 「일본인의 황무지개척권 요구에 대하여」, 『역사학보』 22, 역사학회, 1964, 25~26쪽.

하여 격렬한 반대투쟁을 벌였다. 러일전쟁 개전 이래 주권이 점차 강탈당하던 상황에서 전 국토의 3할에 상당하는 황무지를 한 푼의 대가도 없이 강탈하려던 일제의 만행을 도저히 묵과할 수 없었다. 특히 전직 관리와 유생들이 앞장서서 통문을 돌리고 상소를 올렸다. 『황성신문』, 『대한매일신보』 등의 언론도 논설과 기사에서 일제의 요구를 격렬히 규탄하고 반대하였다. 또한 실업가와 일부 관리들은 농광회사農鑛會社를 세워 개간사업을 일본인에게 넘겨줄 것이 아니라 한국인 회사에서 경영해야 한다는 주장까지 폈다.

한국민이 전방위에 걸쳐 황무지개척권 요구 반대투쟁을 편 이유는 네 가지였다. 첫째, 이 요구의 이면에는 개간을 빙자하여 황무지는 물론 전 국토를 점탈하려는 일제의 음모가 숨어 있다. 둘째, 개간을 구실로 한국 전역에 일본인을 이주 식민하려는 의도가 있다. 셋째, 개간에 동원되는 일본인으로 말미암아 지방 치안이 문란해질 것이다. 넷째, 황무지를 양여하게 되면 실제 생활에서 한국민이 직접적으로 큰 타격을 입게 된다는 것 등이다.[13] 요컨대, 한국민은 일제의 황무지개척권 요구가 한국의 영토 점탈을 획책하는 동시에, 한국민의 삶의 원천적 조건까지 파괴하는 노골적 국권침탈이라는 사실을 명확히 간파하고 있었다. 이에 따라 전국 각지에서 일제의 요구에 반대하는 상소가 이어졌다. 상소투쟁은 6월 20일 의관 정기조鄭耆朝, 감찰 최동식崔東植 등 10여 명이 소청疏廳을 차리고 봉상사제조 정일영鄭日永을 소수疏首로 복합伏閤 상소를 올리면서 시작되었다. 이를 필두로 시종원경 이건하李乾夏, 유학 허식許式과 이만설李萬卨, 군수 홍필주洪弼周, 승지 이범창李範昌, 주사 이기李沂 등이 반대상소를 연이어 올렸다.[14]

---

13  유영렬, 『애국계몽운동 1 - 정치사회운동』, 독립기념관 한국독립운동사연구소, 2007, 212쪽.
14  윤병석, 『근대 한국민족운동의 사조』, 집문당, 1996, 103쪽.

이상설은 일제의 황무지 개척권 요구 문제가 제기되자 그 이면에 도사리고 있는 일제의 흉측한 침략 속성을 간파하고 이를 분쇄하는 데 누구보다도 앞장섰다. 그는 6월 22일 통정대부 박승봉朴勝鳳(1871~1933)과 연명으로 상소를 올렸다. 당시 그가 올린 상소는 이론적으로 가장 정치한 반대주장을 담고 있었다. 그 중요한 대목을 소개하면 다음과 같다.

토지라는 것은 국가의 근본으로 토지가 없으면 이에 국가도 없을 것이며, 재물이라는 것은 민생의 근본으로 재물이 없으면 이에 백성도 없을 것입니다. 토지라는 이름만 있고 그 실상이 없으면 토지가 없는 것과 같고, 재물의 근원은 있으되 다스릴 줄 모르면 재물이 없는 것과 같습니다. (중략) 엎드려 보건대, 수년 이래로 재원을 외인에 양여한 것이 너무도 많습니다. 참으로 일찍부터 어채漁採는 일본에, 산림은 러시아에, 철도는 미국과 일본에, 광산은 미국·일본·영국·독일에 모두 양여하여 유한한 우리의 귀한 자원을 모조리 저들에게 나누어 주었습니다. 신 등은 매번 한 번 양여하고 두 번 양여한다는 소리를 들을 때마다 미상불 놀랍고 통한해 했습니다. 나라가 본디 빈약하여 재원이 거의 없고 토지는 다했는데 저들의 요구는 장차 그침이 없으니, 어찌 구구한 우리 한국으로서 열강의 계학溪壑과 같은 욕심을 능히 채워줄 수 있겠습니까? 비록 오늘날 재력이 넉넉지 못하고 기술도 정밀하지 못하고 기계도 정교하지 못하고 영업이 진전하지 못하더라도 모름지기 삼가 지켜서 잃지 말고 다른 날을 기다릴 것이요, 가벼이 시행하여 함부로 허가하기를 이처럼 쉽게 해서는 안 될 것입니다. 그리고 이미 양여한 것은 비록 양여했지만 오히려 마땅히 돌려받기를 생각해야 하고, 양여하지 않은 것은 비록 요구하더라도 오히려 마땅히 지킬 바를 생각해야 할 것입니다. (중략) 신 등이 근래 신문의 기사를 인하여 듣건대 일본 공사가 그 나라 사람 장삼등길랑長森藤吉郎을 위하여 산림·천택·진황陳荒·원야原野의 개척권을 우리에게 요구하는바, 외부로부터 정부 및 궁내부에 조회한다 하니 지금 신중히 비밀리에 교섭 중이므로 허가 여부는 신 등이 미리 알 수 없지만, 진실로 이와 같다면 이것은 칼을 거꾸로 쥐고 자루를 남에게 내어주는 것이니 참으로 만만 불가합니다. 말하는 자는 혹 이르기를 "오늘날 허가하는 데 두 가지 이익이 있고 한 가지도 해로움은 없는 것이니, 먼저 그 보상을 받아서 국고를 채우는 것이 첫째 이익이고, 따라 배워서 슬기로운 기술을 본받는 것이 둘째 이익이며, 합의한 기간이 지난 뒤에 예전 그대로 되돌리는 것이니 한 가지도 해로움이 없다"라고 합니다. 이렇게 말하는 자는 나라를 파는 자입니다. (중략) 그윽이 생각건대, 정부 여러 신하의 노성 숙달로 민국 대계를 생각하여 반드시 굳게 거절하고 엄하게 물리치기에 겨를이 없을 것인데, 어찌 감히 전철을 두 번 밟고 그칠 줄 모르겠습니까? 자국 백성은 말리면서 외국인은 살찌게 하고 본국을 팔아서 외국에 아첨하니, 국민에게 죄인일 뿐 아니라 또한 우리 조종과 폐하에게 죄인입니다. (중략) 이에 감히 외람됨을 무릅쓰고 정성스런 마음으로 아뢰오니, 엎드려 빌건대 성명聖明께서는 깊고 깊게 생각하시어 빨리 이 소를 정부에 내리시고, 과연 이런 의론이 있거든 엄하게 물리쳐서 정부 여러 신하를 경계하고 두려움을 알게 하여 감히 못하도록 하신다면 국가도 매우 다행하고 생민도 매우 다행할 것인바, 신 등이 간절하고 격동되는 지극한 심정을 견디지 못하여 삼가 당돌함을 무릅쓰고 들려드립니다.[15]

이상설은 위 상소의 서두에서 어장·산림·철도·광산 등 전방위에 걸쳐 그동안 열강이 자행한 이권침탈의 실상을 언급한 뒤 제국주의 열강의 무한한 침략 야욕을 간파하고 이를 철저히 경계할 것을 환기하였다. 그리고 자본과 기술의 열세를 인정하면서도 후일을 위해 어떠한 이권도 열강에 절대 양여해서는 안 된다는 사실을 역설하면서, 아울러 이미 빼앗긴 이권도 빨리 회복할 수 있도록 노력을 기울일 것을 주창하였다. 곧 그가 나

---

15  윤병석, 『이상설전』(증보판), 27~29쪽. 이 책에는 이상설이 올린 상소문의 원문이 전재되어 있다.

가모리를 내세운 일제의 황무지개척권 요구의 부당성을 지적한 것은 일제가 우리의 생존권을 박탈하려는 음모를 분쇄하기 위한 것이었다. 그러므로 그는 이러한 요구를 수용하자는 주장을 '칼을 거꾸로 쥐고 자루를 넘겨주는 것'이라고 성토하였고, 또 그 요구를 수용하자는 사람을 나라를 파는 매국노, 국민과 종사의 죄인으로 규정할 수 있었다.

위 상소에서 이상설과 함께 연명한 박승봉은 본관이 반남潘南으로 서울의 명문가에서 태어나 1895년 법무아문에서 관직을 시작하여 민영익·홍영식 등이 이끈 견미사절단의 일원으로 미국에 건너갔던 인물이다. 이후 주미공사관에서 3년간 근무하면서 개화사상을 받아들였고, 귀국 후에는 개화파로 활동한 관인이다. 하지만, 그는 경술국치 이후 중추원 찬의, 참의를 지냈고, 함경남도와 평안남도의 참여관을 지내는 등 이상설과는 다른 친일의 길을 걸었던 인물이다.[16]

이상설의 상소 후 조야에서 반대투쟁이 이어졌다. 특히 서울에서는 황무지개척권 요구 철회를 위한 투쟁을 조직적으로 전개하기 위해 보국안민輔國安民을 기치로 내걸고 보안회輔安會, 保安會가 결성되었다. 송수만宋秀萬·심상진沈相震 등에 의해 종로의 백목전에서 7월 13일 결성된 애국단체 보안회는 '국가의 존망이 달린 것이므로 한 치의 땅도 양여할 수 없다'는 내용의 통문을 돌리고 규탄운동을 전개하였다.

광무황제는 전국민의 격렬한 반대투쟁과 항일여론을 등에 업고 일제의 요구를 거절할 수 있었다. 이때 황제는 반대논리가 가장 정연했던 이상설의 상소를 기꺼이 받아들였다고 하여 '광무가지光武嘉之'란 말이 전한다.[17]

---

16  『조선총독부 관보』 1924년 5월 3일; 『동아일보』 1927년 6월 4일·1933년 6월 4일.
17  송상도, 『기려수필』, 국사편찬위원회, 1955, 115쪽. 이 상소의 원본은 그해 9월 황제의 명으로 승정원에서 되돌려 주었다고 한다. 그 뒤 아우 이상익과 그의 아들 이관희를 거쳐 현재는 이관희의 아들인 재미학자 이재승이 이를 소장하고 있다고 한다.

이상설은 보안회의 후신으로 그해 9월에 결성된 대한협동회大韓協同會의 회장으로 선임되어 항일투쟁을 계속하였다. 일제는 황무지개척권 요구를 철회하는 대신에 보안회를 해산시켜 반일여론을 억압하고자 하였다. 이후 보안회의 정치·사회 활동은 일제의 강력한 탄압과 간섭으로 지속되지 못한 채 위축되어 갔다. 이러한 형편을 고려하여 보안회의 후신으로 대한협동회를 결성하였다. 러일전쟁을 수행하던 일제가 다방면에 걸쳐 자행하던 국권침탈을 방어하기 위해 새로운 항일단체가 요구되던 시대상황을 반영한 것이다. 곧 보안회는 과거 만민공동회를 열었던 독립협회를 방불케 하는 구국결사로서 대한협동회를 결성하고 항일구국운동을 벌이게 되었다. 이상설이 회장에 선임된 것은 상소투쟁 등으로 황무지개척권 반대투쟁을 전면에서 선도했던 그의 지도력과 권위를 인정받은 결과라 할 수 있다. 회장 이상설 아래 부회장은 뒷날 헤이그사행에 동반하게 되는 이준李儁이 맡았고, 그 아래 총무 정운복鄭雲復, 평의장 이상재李商在, 서무부장 이동휘李東輝, 편집부장 이승만李承晩, 지방부장 양기탁梁起鐸, 재무부장 허위許蔿 등이 선임되었다.[18] 일제 통감부의 기관지로 창간된 친일 주구 『성성일보』의 주필을 맡는 등 부일배로 악명을 떨친 정운복을 제외한 이들 간부 대부분은 국내외에서 항일독립운동을 이끌어간 저명한 인물들이었다.

대한협동회의 활동 실상에 대해서는 이준 열사의 사위 유자후柳子厚가 지은 『이준선생전李俊先生傳』 외에는 잘 드러나지 않는다. 이 단체의 활동이 당시 강압적 분위기에서 오래 지속될 수 없었기 때문으로 짐작된다. 러일전쟁을 일으킨 광포한 기세로 한인들의 항일활동을 강력히 탄압하던 일제의 제약과 간섭으로 말미암아 대한협동회는 미구未久에 해산당하지 않을 수 없었다.

---

18 유자후, 『이준선생전』, 동방문화사, 1947, 103쪽.

이상설이 선도한 일제의 황무지개척권 요구 반대투쟁은 민중의 구국투쟁을 선도함으로써 전 민족의 항일의식을 고양시켜 구국계몽운동 뿐만 아니라 의병전쟁 등 무장투쟁을 선도하는 데 중요한 전기를 마련한 셈이었다.

## 을사조약 파기 투쟁과 5적 처단 요구

이상설은 황무지개척권 요구 반대투쟁을 전개할 때 관직을 떠나 있었던 것으로 보인다. 1904년 6월 황무지개척권 요구 반대 상소를 올릴 때 성명 앞에 관직명 없이 '종2품 가선대부'라고 품계만 쓴 것으로 보아 짐작할 수 있다. 그가 관직에 복귀하는 것은 그해 10월 무렵에 가서였다. 일제의 황무지개척권 요구를 분쇄한 다음인 1904년 10월 27일 관제이정소官制釐整所의 의정관議正官에 선임된 사실이 확인된다.[19]

이상설을 비롯하여 의정부 참정 신기선申箕善, 찬정 민병석閔丙奭, 법부대신 김가진金嘉鎭, 탁지부대신 민영기閔泳綺 외 각부 대신, 궁내부 특진관, 궁내부 회계원경, 그리고 탁지부 고문 메가다目賀田種太郎와 농상공부 고문 가토加藤增雄 등 16명의 의정관으로 구성된 관제이정소는 이 시기에 이른바 재정정리, 시정개선 등의 미명 아래 식민지화를 향해 가던 도정에서 자행된 일제의 내정장악 일환이었다. 일제의 강요에 의해 설치된 이 기구가 탁지부 고문 메가다에 의해 실질적으로 운영되었던 것은 그러한 맥락 때문이었다. 의정관으로 이상설이 수행한 역할과 업무에 대해서는 명확히 알 수 없지만, 이 기구가 지닌 부일 매국적 속성으로 미루어 구국혈성의 투혼을 불사르던 이상설이 여기에 깊숙이 관여할 수 없었을 것이라는 사실만은 넉넉히 짐작할 수 있다.

---

19 『대한제국 관보』 광무 8년 10월 29일.

이상설은 관제이정소 의정관에 보임된 지 이틀만인 10월 29일 외부 교섭국장에 올랐다.²⁰ 러일전쟁 개전 후 일제의 간섭과 압박으로 인해 대한제국의 대외관계가 극도로 위축되어 가던 상황에서 그에게 주어진 이러한 직책은 아마도 큰 시련으로 와 닿았을 것으로 짐작된다. 이상설이 외부 교섭국장 자리에서 언제 물러났는지는 확인되지 않는다. 그렇지만 대체로 이듬해 2월 이전에는 전임된 것으로 보인다. 1905년 3월 16일 자로 성재 이시영이 외부 교섭국장에 임명되는 것으로 보아 그러한 정황을 알 수 있다.²¹ 이상설과 막역한 사이였던 이시영은 그 뒤 1905년 을사조약이 늑결勒結되던 당시까지 이 직책을 맡고 있다가 조약이 늑결되자 이에 항거하여 즉시 사직하였다.

외부 교섭국장에 이어 이상설은 1905년 9월 학부협판에 임명되었다.²² 곧 대한제국의 교육을 관장하는 학부의 차관을 담당하게 된 것이다. 이어 다음달인 9월 21일에는 법부협판으로 전임되었다.²³ 이렇게 본다면, 러일전쟁이 일어나 풍전등화와 같은 국가 위난기에 이상설은 외부 교섭국장, 학부협판, 법부협판의 중임을 연이어 맡았던 셈이다. 이러한 요직 다음으로는 을사조약 당시 국정을 총괄하던 실무를 담당한 의정부참찬에 보임되었다. 이상설은 곧 일제가 국권을 침탈해 오던 정국의 상황을 누구보다 절실하게 피부로 느끼는 자리에 있었다고 할 수 있다.

법부협판으로 재임 중이던 이상설은 1905년 10월 2일 법부 소속의 법률기초위원장法律起草委員長을 겸임하게 된다.²⁴ 각종 법제의 연구와 기초작업을 위해 특설되었던 법률기초위원회는 8명의 위원과 서기 등으로 구성되

20  『고종실록』 1904년 10월 29일; 『승정원일기』 1904년 9월 21일(양 10. 29).
21  『승정원일기』 1905년 2월 11일(양 3. 16).
22  『승정원일기』 1905년 8월 8일(양 9. 6).
23  『승정원일기』 1905년 8월 13일(양 9. 11).
24  『승정원일기』 1905년 9월 4일(양 10. 2); 『대한제국 관보』 광무 9년 10월 5일.

었고, 주로 법부칙임관이 그 위원장을 맡았다. 이때 이상설은 학부협판 이준영李準榮의 후임으로 법률기초위원장을 겸임하였다. 그리고 그는 11월 2일 최후의 관직이 된 의정부참찬議政府參贊에 임명되었다. 법부협판에서 민형식의 후임으로 이 직책에 전임된 것이다.[25]

종2품 가선대부 이상설이 마지막으로 맡았던 관직인 의정부참찬 자리는 국정 전반을 총괄하는 실무 최고의 직책이었다. 휘하에 참서관 4인, 주사 14인을 두고 의정부 회의에 관련된 모든 사무를 총괄하는 자리였다. 이상설은 광무황제와 의정대신, 그리고 각부 대신 사이에서 조정의 안건에 대해 연락하고 회의를 준비하는 중책을 수행하였다. 당시 모든 법률과 칙명은 의정대신과 각부 대신의 열람과 서명을 거치게 되어 있었고, 국제조약 및 중요한 국제관계의 문제는 의정부 회의를 거친 뒤 황제에게 상주하여 재가를 청해야 했다.[26] 공교롭게도 그는 조약 체결을 논의하는 대신회의를 총괄하는 실무 책임자로 재임 중 통한의 조약 늑결을 맞고 말았다.

황무지개척권 요구 반대투쟁을 전개한 뒤, 곧 1904년 하반기 관직에 복귀한 이상설이 위와 같이 관인으로 활동하는 동안, 러일전쟁의 와중에 강포强暴와 협박으로 일제는 대한제국의 국권 강탈의 강도를 점차 높여가고 있었다. 우선 일제는 대한제국에 대해 이른바 고문정치를 강요하였다. 러일전쟁 중인 1904년 8월 22일 대한제국 정부를 강요하여 체결한 한일협정서韓日協定書(제1차 한일협약)는 고문정치를 시행하기 위한 토대를 마련하는 것이었다. 일제는 이에 근거하여 한국의 정치·외교에 대해서 고문이라는 이름의 간섭을 통하여 재정권·외교권을 박탈하였다. 그 결과 1904년 10월에는 재정고문으로 일본인 메가다 타네타로目賀田種太郎가 왔고, 12월에는

---

25  『승정원일기』 1905년 10월 6일(양 11.2).
26  이민원, 『신학문과 독립운동의 선구자 이상설』, 독립기념관 한국독립운동사연구소, 2017, 72쪽.

외교고문으로 미국인 스티븐스D. W. Stevens가 부임하였다. 일제는 그 밖에도 정부 각 부처에 일본인 고문관의 채용을 강요하여 궁내부·군부·경찰·학부에 각각 일본인 고문을 두게 되었다. 이로써 한국 정치의 실권은 일본인의 손으로 넘어간 것이나 다름없는 상태가 되었다.

이와 같은 토대 위에서 일제는 다음 단계로 을사조약을 강요하였다. 국제조약은 열강의 이해관계가 복합적으로 작용하기 때문에, 을사조약을 강제하기 위해서는 열강의 사전 승인이 요구되었다. 국제 열강과의 사전 협상·교섭 작업은 러일전쟁에서 승기를 잡아가는 추이와 맞물리면서 진행되었다. 1905년 7월 '태프트—가츠라 협정Taft-Katsura Agreement'에 의해 미국의 승인을 얻은 데 이어 8월에는 제2차 영일동맹의 체결로 영국으로부터도 지지를 얻었다. 일본을 방문했던 미국 육군장관 태프트W. H. Taft(1857~1930)와 일본 수상 가츠라桂太郎(1848~1913) 사이에 이루어진 비밀협정의 내용은, 일본은 필리핀에 대해 하등의 침략의도를 품지 않고 미국의 지배를 확인할 것, 동아시아 평화를 유지하기 위해 미국·영국·일본 3국은 실질적으로 동맹관계를 확보할 것, 러일전쟁의 원인이 된 한국은 일본이 지배할 것 등을 승인한다는 것이었다. 이로써 일본은 미국으로부터 실질적으로 한국에 대한 보호권 확립을 위한 조약 체결이나 나아가 그 이상의 주권침탈 행동도 취할 수 있다는 보장을 받게 되었다. 그리고 제2차 영일동맹은 "일본은 한국에서 정치상·군사상·경제상의 탁월한 이익을 갖기 때문에 영국은 일본이 이 이익을 옹호·증진하기 위하여 정당하고 또한 필요하다고 인정되는 지도·감리·보호의 조치를 한국에서 행할 권리를 승인"한다는 내용으로 조인된 것이다.[27]

1905년 9월 포츠머스강화조약으로 러시아를 제압하고 미국과 영국으로

---

[27] 윤병석, 「을사오조약의 신고찰」, 『국사관논총』 23, 국사편찬위원회, 1991, 34쪽.

부터도 대한제국 병탄을 위한 우월적 지위를 인정받는 등 국제적 승인을 확보한 상황에서 일제는 10월 27일 각료회의에서 구체적인 이행과 실천 방안을 마련한 뒤 조약의 초안을 작성하는 등 제반 준비를 마무리하였다.

일시 일본에 체류하던 하야시 공사는 11월 2일 서울에 돌아와 한국주차군사령관 하세가와 요시미치長谷川好道와 협력하며 이토 히로부미伊藤博文가 도착하는 즉시 조약을 늑결하기 위한 만반의 준비를 하였다. 매국단체 일진회가 조약에 찬성하는 선언서를 사전에 발표하게 하여 여론을 조작하는 한편, 매국적 이완용 등을 사전에 매수하여 조약에 찬성하도록 하였다. 또한 일본군을 서울 요로要路, 특히 궁궐 내외에 배치하여 삼엄한 경계망을 폈다.

조약 늑결 작업을 총지휘할 이토는 일왕의 친서를 가지고 11월 9일 서울에 들어왔다. 그는 다음날 광무황제를 알현하고, "짐이 동양평화를 유지하기 위하여 대사를 특파하오니 대사의 지휘를 한결같이 따라서 조치"하라는 일왕의 친서를 전하면서 황제를 위협하였다. 이토는 11월 15일에도 황제를 다시 알현하고 조약의 원안을 제시하며 체결을 강요하였다.

16일에는 하야시 공사가 외부대신 박제순을 일본공사관으로 불러 조약에 찬성할 것을 강요하였고, 이토는 원로대신 심상훈 등 나머지 대신들을 강박하였다.

의정부참찬의 직책에 있던 이상설은 자신의 소임을 다해 이와 같은 망국조약의 체결을 막고자 혼신의 힘을 다하였다. 앞서 11월 9일 이토가 한국에 들어오고 하세가와 사령관, 하야시 공사 등이 조약 체결의 목적을 달성하기 위해 사전에 철저히 준비하고 대신들을 상대로 여러 가지 협박과 강요를 하면서 압박을 가해 오자, 이상설은 망국조약 체결을 위한 공작을 분쇄하기 위해 동분서주하였다. 국운이 걸린 절박한 상황에서 그가 구상한 방안은 우선 광무황제가 사직을 위해 죽을 각오로 반대하게 하고, 그 아래 참정대신 이하 각부 대신들이 나라를 위해 죽을 결심으로 끝까지 일제의 국권강탈 조약에 항거하도록 한다는 것이었다. 독립운동 전열에 참여했던 이관직은 을사조약 강박에 즈음하여 이를 막기 위해 이회영과 이상설이 보인 노력과 행동, 그 실상을 아래와 같이 술회하였다.

이때 선생(이회영 - 필자주)이 이상설을 찾아가 말하였다. "(중략) 이토 히로부미가 이번에 온 것은 우리나라에 어떤 조약을 제시하려는 것이 분명하다. 만약 그 조약이 체결된다면 그것은 망국의 조약이 될 것이니, 이젠 우리가 국가 존망의 위급한 때에 처한 것이다. 그러니 우리가 시급히 그 대응책을 마련해야 한다. 그대(이상설 - 필자주)는 의정부참찬의 직을 띠고 있으니 참정대신 한규설과 미리 잘 의논하고, 이토 히로부미가 조약을 제시하고 날인을 요구하더라도 뜻을 굳게 가지고 큰 용기를 내어 지난날의 청음淸陰 김상공金相公을 본받아 조약문을 찢어버리고 이등을 꾸짖으라고 그에게 권하라. 그리고 계정桂庭 민영환에게 가서 말하되, 그가 시종무관장을 맡아 항상 폐하를 지척에서 모시고 있으니, 만약 이토 히로부미가 어전에 조약문을 제시하더라도 폐하께서는 어보를 허락하지 마시도록 상주하라고 하라. 나는 아우 시영이 외부 교섭국장을 맡고 있으니 그에게 외부대신 박제순을 만나 한규설에게 같은 말로 권고하도록 말하겠다" 이리하여 이상설은 민영환을 찾아갔다. 그리고 이토 히로부미가 우리나라에 화란을 일으킬 마음을 품고 왔으리라는 것을 서로 얘기하며 이에 대한 대책으로 민영환이 황제폐하께 주청하여 줄 것을 요청하고, 한규설과 박제순에게도 이렇게 권고하겠다고 말하였다. 그러자 민영환이 쾌히 승낙하며 말했다. "나도 한, 박 두 대신에게 정위 오상근吳祥根을 비밀리에 보내 권고하겠으니. 참찬 그대도 한, 박 두 대신에게 주마가편 격으로 이토 히로부미에 대한 대책을 설명하고 국사를 그르치지 말라고 강력히 권고하라. 폐하께는 내가 세세히 주품奏稟하겠다" 보재 이상설이 또 한, 박 두 대신에게 이토 히로부미에 대하여 이러이러하게 대응할 것을 자세하고 충분하게 말하니 두 대신이 모두 그러겠다고 응낙하였다. 이상설은 선생(이회영 - 필자주)을 내방하여 말하였다. "민영환·한규설·박제순 세 분에게 모의한 것이 다 뜻대로 되었다"[28]

위 인용문을 통해 이상설이 동지 이회영과 함께 사전에 망국조약을 막기 위해 분투한 정황을 짐작할 수 있다. 이들은 인맥을 동원하고 직위를 이용하여 광무황제 이하 참정대신 한규설과 외부대신 박제순 등 조약을 의제로 하는 중신회의에서 가장 영향력이 큰 인물들을 대상으로 개별적으로 접촉하여 그들로 하여금 조약에 끝까지 반대하도록 설득작업을 벌였다. 이상설은 특히 민영환을 통하여 광무황제에게 이토 히로부미의 조약안을 끝까지 거절할 것을 권유하도록 하고, 나아가 한규설 참정대신과 박제순 외부대신에게도 조약에 항거할 것을 주문하여 그 내락을 받았다는 것이다. 이상설의 양가 종제인 이상직 李相稷(1878~1947)이 뒷날 조약 늑결 당시에 광무황제가 조약을 비준하지 않고 참정대신 한규설도 끝까지 반대한 것, 그리고 민영환이 조약 늑결에 항거하여 자결 순국한 것 등 모두가 이상설과 무관하지 않다고 술회한 것은 이런 배경과 이유가 있기 때문이다.[29] 이상설이 이회영 등과 함께 조약을 막기 위해 이처럼 처절한 노력을 기울였음에도 불구하고 조약은 늑결되고 말았다.

---

[28] 이관직, 『우당 이회영선생 실기』; 이정규·이관직, 『우당 이회영 약전』, 을유문화사, 1985, 124~126쪽.

[29] 윤병석, 『이상설전』(증보판), 34쪽. 이상설을 입양한 이용우의 조카 이상직은 어려서 백부 이용우의 집에서 자랐는데, 종형 이상설과 숙식, 공부를 같이하면서 지냈다고 한다. 1916년에 이상설과 깊은 관계를 맺었던 한계 이승희가 작고하자 만사를 지어 조문했으며(『한계유고』 8, 317쪽), 1919년 3·1운동 때는 진천 만세시위를 주도하였고, 이어 1925년 미국 하와이에서 범태평양회의가 열리자 여기에 보내는 독립청원서에 서명하는 등 독립운동에 참여하였다. 독립운동 관련 『한말잡보』라는 야사체의 기록물을 남겼다. 한편, 『충북산업지』, 206쪽에 나오는 진천 일제 강점기 보통학교 학무위원과 군참사를 지낸 실업가로 1920년 사이토 총독으로부터 표창을 받은 인물과는 동명이인으로 보인다.

자료 2-2 을사조약 늑결 장소인 경운궁 수옥헌

협박과 강요 등으로 인해 분위기가 험악한 가운데 17일 드디어 덕수궁 수옥헌漱玉軒에서 중신회의가 열렸다. 궁궐 안팎에는 소위 한국주차군 사령관 하세가와 거느리는 일본군이 완전 무장한 채 몇 겹으로 둘러싸고 있었으며, 회의장에도 착검한 헌병경찰들이 다수 포진해 있었다. 오후 3시부터 밤 8시까지 회의가 계속되었지만, 조약에 찬성하는 이가 단 한 명도 없었다. 이에 하야시 공사는 억지로 회의를 속개하여 이튿날 0시 30분까지 공포 분위기를 조성하면서 대신들에게 조약의 체결을 강요하였다. 마침내 을사오적으로부터 조약 찬성을 받아낸 이토와 하야시는 황제의 윤허도 받지 않고 스스로 외부外部의 관인官印을 탈취하여 조약문에 멋대로 조인하였다. 이처럼 을사조약은 무력적 공포 분위기 속에서 협박으로 강제했을 뿐만 아니라, 최고통치권자인 광무황제의 승인과 서명, 그리고 국쇄의 날인을 받지 않고 체결된 명백한 불법 조약이었다. 조약 전문을 보면 다음과 같다.

한국 정부와 일본국 정부는 양 제국을 결합하는 이해 공통의 주의를 확고하게 함을 원하여 한국의 부강의 실상을 인정할 수 있게 될 때까지 이 목적을 위하여 아래 조관條款을 약정함.

제1조. 일본국 정부는 재동경 외무성을 경유하여 금후에 한국이 외국에 대한 관계와 사무를 감리, 지휘함이 가하고 일본국의 외교 대표자와 영사는 외국에 있는 한국의 신민과 이익을 보호함이 가함.

제2조. 일본국 정부는 한국과 타국 간에 현존하는 조약의 실행을 완수하는 책임에 당하고 한국 정부는 금후에 일본국 정부의 중개를 거치지 아니하고 국제적 성질을 갖는 하등의 조약이나 약속을 하지 않기로 상약相約함.

제3조. 일본국 정부는 그 대표자로 하여금 한국 황제폐하의 궐하에 1인의 통감을 두되 통감은 전적으로 외교에 관한 사항을 감리함을 위하여 서울에 주재하고 친히 한국 황제폐하를 내알하는 권리를 가짐. 일본국 정부는 또한 한국의 각 개항장과 기타 일본국 정부가 필요로 인정하는 곳에 이사관理事官을 두는 권리를 갖되 이사관은 통감의 지휘하에 종래 재한 일본영사에게 속하던 일체 직권을 집행하고 아울러 본 협약의 조관을 완전히 실행하기 위하여 필요로 하는 일체 사무를 관리함이 가함.

제4조. 일본국과 한국 간에 현존하는 조약과 약속은 본 협약 조관에 저촉하는 것을 제외하고 모두 그 효력을 계속하는 것으로 함.

제5조. 일본국 정부는 한국 황실의 안녕과 존엄을 유지함을 보증함.

회의에 참석한 대신 가운데 참정대신 한규설을 비롯하여 탁지부대신 민영기, 법부대신 이하영은 끝까지 불가를 주장하였다. 나머지 학부대신 이완용을 비롯하여 내부대신 이지용, 외부대신 박제순, 군부대신 이근택, 농상공부대신 권중현 등 을사오적은 책임을 광무황제에게 미루면서도 찬성의 뜻을 밝혔다.

을사조약의 늑결로 대한제국은 외교권을 빼앗기고 일제의 이른바 보호국으로 전락하고 말았다. 조약 늑결은 한국민을 분노의 도가니로 몰아넣어 거족적 항일투쟁을 촉발한 결정적 계기로 작용하였다.

	조약의 늑결 소식을 전국 각지로 신속히 전파하면서 반대투쟁을 선도한 것은 서울에서 간행되던 신문이었다. 당시 언론은 엄격한 일제의 검열에 의해 통제당하고 있었음에도 불구하고 반대의 선봉에 나서서 국민 여론을 환기시켰다. 특히 『황성신문皇城新聞』은 주필 장지연張志淵(1864~1921)이 조약 늑결의 전말을 상세히 보도하고, 「시일야방성대곡是日也放聲大哭」이라는 유명한 논설을 실어 '돼지, 개보다 못하다'고 을사오적을 맹렬히 규탄하고 전 국민의 공분을 대변하였다.[30] 『황성신문』 외에도 『제국신문帝國新聞』, 『대한매일신보大韓每日申報』 등도 조약 늑결의 실상과 각지 반대 여론을 상세히 보도하고 그 무효화를 주장함으로써 거국적 항쟁을 선도하였다.

	을사조약에 반대한 투쟁은 충분忠憤한 전·현직 관료와 유생이 주도하였고, 그들이 올린 상소는 모두 조약 무효화와 5적 처단을 주창하였다. 조약 늑결을 막기 위해 서울에 모인 전국의 유생들은 13도 유약소儒約所를 차려놓고 조약 늑결 전에 이미 일본공사 하야시와 이토에게 공함을 보내어 일제의 무신無信을 규탄하고 각성을 촉구해 왔다. 이들은 조약이 늑결되자 11월 21일 광무황제에게 상소를 올려 조약 파기를 주장하였고, 이어 24일에는 전 홍문관 시강 강원형姜遠馨과 함께 다시 상소를 올려 조약의 철회를 위해 투쟁하였다. 이로 인해 강원형은 경무청에 구금되어 고초를 겪고 다음 해 3월 18일 석방되었다.[31]

	전술하였듯이 조약을 의제로 소집된 대신회의 자리에 이상설은 참석하

---

30   『황성신문』 1905년 11월 20일.
31   국사편찬위원회 편, 『한국독립운동사』 1, 정음문화사, 1968, 95~97쪽.

지 못했다. 이를 총람하는 의정부참찬의 직책을 가지고 있었으므로 당연히 그 자리에 배석했어야 함에도 일본군의 저지에 의해 회의에 참석할 수 없었다. 회의가 끝난 뒤 궁성에서 풀려나온 한규설과 함께 통곡하는 일 외에 조약을 저지할 방도가 없었다.

을사조약 늑결 때 이상설은 다음 두 가지를 유감스럽게 생각했다고 한다. 한 가지는 그동안 조약에 결사반대하기로 맹약했던 대신들이었지만, 막상 마지막에 가서는 단 한 사람의 자결 순국자도 나오지 않았다는 점이다. 특히 참정대신 한규설조차도 최후까지 '부否' 자만 고집하였을 뿐 순국할 기회를 잃고 일본군에게 감금당해 나라를 구하는 데 큰 힘이 되지 못한 점을 애석해하였다. 다른 한 가지는 과감하고 충성심이 깊은 시종무관장 민영환이 그 회의에 참석하지 않았던 점이다.[32] 조약이 늑결될 때 민영환은 전 부인인 정경부인 안동 김씨의 산소 이장 문제로 용인군 수지면 토월리에 내려가 있었다. 장지연의 『민충정공영환전』에 따르면 조약 늑결 소식을 들은 다음 날 서울로 올라와 어머니 서씨에게 절하고, 여러 아들을 불러 앞으로 오게 하여 등을 어루만지면서 말하기를 "어찌 너희가 성장하는 것을 볼 수 있겠는가?" 하고, 바로 대궐로 달려갔다고 한다.[33]

사전에 조약 늑결을 막으려 했던 계획과 시도가 무산되자, 이상설은 직접 광무황제에게 상소를 올려 조약을 파기하고 5적을 처단할 것을 강력히 주창하였다. 조약에는 5대신만이 서명하였을 뿐 아직 황제의 인준 절차를 밟지 않았기 때문에 황제가 이를 강력히 거부하면 무효화 할 수 있을 것으로 믿었다.

광무황제에게 결사 순국의 결단으로 조약에 반대할 것을 주장한 이상설의 상소는 다음과 같다.

---

32   윤병석, 『이상설전』(증보판), 38쪽.
33   조재곤, 『대한제국의 마지막 숨결 민영환』, 역사공간, 2014, 173쪽.

엎드려 아뢰옵니다. 신이 어제 새벽 정부에서 일본과 약관을 체결하여 마침 조인까지 했다는 소식을 듣고 이르기를 천하 대사를 다시 어찌할 수 없구나 하고 사제私第에 돌아와 다만 슬피 울고 힘써 자정自靖하기를 도모하고자 상소 진정하여 면직을 바랐습니다. 이제 듣자오니 그 약관이 아직 주준奏准을 거치지 않았다 하니 신의 마음에 위행慰幸이 가득하고 국가를 위해 계책을 아직 세워볼 만하다고 기뻐했습니다. 대저 약관이란 인준을 해도 나라는 망하고 인준을 하지 않아도 나라는 또한 망합니다. 이래도 망하고 저래도 망할 바에야 차라리 '사직을 위해 죽는다[殉社]'는 뜻을 결정하고 단연코 거부하여 역대 조종祖宗이 폐하에게 맡기신 무거운 임무를 저버리지 않는 것이 낫지 않겠습니까. (중략) 폐하께서 만약 신의 말이 그르다 여기시거든 곧 신을 베어서 여러 도적에게 사과하시고 신의 말이 옳다고 여기시거든 곧 여러 도적을 베어서 국민에게 사과하소서. 신의 말은 이뿐이니 다시 더 말할 바를 모르겠나이다.³⁴

이상설은 위 상소에서 조약이 아직 비준되지 않은 상황인 만큼 황제가 비준을 단호히 거절함으로써 조약을 무효화 할 것을 주문하였고, 나아가 황제가 비준을 거절할 수 없는 입장이라면 차라리 사직을 위해 자결하라고 요구한 것이다. 여기서 나아가 그는 황제가 만약 자신의 요구와 주장을 수용하지 않는다면 먼저 자신을 처단하여 매국적의 편에 설 것을 주문하였다. 곧 이상설이 광무황제에게 '순사殉社' 할 것을 요구한 주장과 간언은 자기의 목숨을 담보로 한 것임을 스스로 밝힌 것이다.

『대한매일신보』는 이처럼 강경하고도 단호한 상소에 대해 다음과 같이 극찬하면서 이를 널리 알리고자 하였다.

---

34  윤병석, 『이상설전』(증보판), 39쪽에서 재인용.

예부터 신하가 국가 위란의 기회를 맞아 말을 다하기를 꺼리지 않는 자를 어찌 한하리오마는 사직을 위해 순사殉社하라는 뜻으로 그 군주에게 고한 자가 과연 있었는가? 이와 같이 큰 충성과 의리는 오로지 이참찬에게만 보이는도다. 만일 한황폐하의 명확하신 성단聖斷이 아니시면 어찌 이와 같은 충언을 들을 수 있으리오. 그 맺음말에 가로되 "신의 말이 틀렸다고 여기시면 원컨대 신을 참하여 여러 도적에게 사과하시고, 신의 말이 옳다고 여기시면 원컨대 여러 도적을 참하여 국민에게 사과하옵소서" 하였으니 그 말씀의 늠름함이 추상과 같을 뿐만이 아니로다. 내가 번역하여 읽음에 만만 흠앙 탄식을 이기지 못하기에 어제 신문에 게재하여 보도하고 또 이렇게 찬양하여 내외국의 인사들에게 알리노라.[35]

곧 역사상 국가 위기상황에서 무수한 간언 상소가 있었지만, 사직을 위해 황제가 목숨을 끊어 자결할 것을 권유한 신하는 오직 이상설뿐이라고 하면서, 자신의 생명을 담보로 한 상소의 가치를 찬양하고 이를 내외에 널리 홍보하기 위해 그 상소문을 싣고 이어 그 소감을 게재한다는 것이다. 이 기사는 을사조약 반대투쟁 와중에 나온 글 가운데 이상설의 상소가 당시 일반 민중의 격앙된 반일정서를 가장 잘 대변하고 나아가 반대투쟁의 이론적 논거를 가장 명확하게 제시하고 있음을 방증해준다.

광무황제에게 죽음으로 일제에 항거할 것을 요구한 위 상소는 11월 19일 올린 것이다. 이상설은 이 상소를 포함하여 전후 모두 다섯 차례에 걸쳐 상소를 올려 항거하였다. 조약이 늑결된 이튿날, 곧 11월 18일 즉시 상소하였고, 이어 같은 달 19·22·24일, 그리고 12월 8일 연이어 상소하였다.[36] 이들 상소에서는 한결같이 조약 파기와 5적 처단을 주장하고 또 자

---

35 『대한매일신보』 광무 9년 11월 24일, 「讀李參贊疏」.
36 윤병석, 『이상설전』(증보판), 40쪽.

신의 의정부참찬 사직을 요구하였다. 이처럼 한정된 기간에 연이어 다섯 차례나 상소한 것은 이상설이 당시 실질적 국망이 가시화되던 처절한 상황을 얼마나 긴박하게 인식하고 있었는지를 알려주는 증좌라 할 수 있다.

이때 이상설이 올린 상소 가운데 11월 24일 의정부참찬을 사직하며 시국을 성토한 상소의 주요 내용을 보면 다음과 같다.

> 신의 생각에는 이번에 체결된 조약은 강요에 의해서 맺어진 것이니 이치상 무효로 되어야 마땅하고 회의에서 동의한 여러 흉적들은 나라의 역적이니 법에서 용서할 수 없는데도 지금까지도 성토하는 소리가 잠잠하여 수일 동안 아무 말도 들리지 않습니다. 폐하가 무효를 극력 주장하고 준절히 따지고 엄하게 물리쳐야 하는데, 역시 주벌誅罰을 단행하여 빨리 사람들의 마음을 위로하였다는 말은 들리지 않고 도리어 나라를 팔아먹은 역적 두목을 의정대신의 대리로 임용하여 신으로 하여금 그의 아래 반열에 애써 나가도록 하니, 신은 울분의 피가 가슴에 가득 차고 뜨거운 눈물이 눈가에 넘쳐흘러 정말 당장 죽어버려 모든 것을 잊어버렸으면 합니다. 폐하가 만약 역적을 비호한다면 무엇이 아끼워서 신을 그냥 두며, 또 신을 그냥 둔다면 무엇이 두려워 역적을 등용합니까? 아, 장차 황실이 쇠하고 종묘가 무너질 것이며 조종조의 유민遺民이 서로 이끌고 들어가 남의 신하와 종으로 되어버릴 것입니다. 신도 사람입니다. 어찌 치욕을 머금고 수치를 참으며 천연덕스럽게 다시 더러운 역적들과 함께 같은 관청에 드나들 수 있겠습니까? 신의 마음은 이미 결정되었고 신의 말도 이미 다 아뢰었습니다. 이후로 열 번 상소문을 올려서라도 벼슬에서 반드시 교체되기를 힘써서 삼가 엄한 처단을 기다릴 뿐이니 특별히 가엾게 여겨주시기를 바랍니다.[37]

요컨대, 이상설은 조약 파기와 5적 처단 요구를 받아들이지 않고 오히

---

37 『고종실록』 1905년 11월 24일.

려 친일 매국노들을 비호하는 정세를 성토한 뒤 울분과 격정을 가누지 못해 자결을 결심한 심경을 토로하였고, 끝으로 역적들과 함께 관직에 있는 것은 수치이기에 즉시 사직시켜 달라고 요구한 것이다. 연이은 사직 항거 상소의 결과 이상설은 마침내 12월 8일 올린 5차 상소로 의정부참찬에서 면직되었다.

야인으로 돌아간 이상설은 조약 파기를 위한 거국 투쟁을 추진하였다. 동지 여규형呂圭亨, 이용직李容稙 등과 함께 백관의 상소항쟁과 유생의 연명 상소를 도모한 것이 그것이다. 노구를 이끌고 가평에서 상경하여 백관을 거느리고 상소투쟁을 벌였던 원임대신 조병세趙秉世, 그리고 조병세 자결 순국 후 그 뒤를 이어 백관들을 이끌고 복합 상소투쟁한 민영환 등이 모두 이상설의 조약 반대 동향과 일정한 관계를 갖고 있었던 것도 결코 우연이 아니다. 이상설과 긴밀한 교분을 지녔던 조완구는 일찍이 그러한 정황을 다음과 같이 기록하였다.

> 조약이 억지로 체결되었다는 소문을 듣고 공은 분통이 터지고 마음이 끓어올랐다. 다시 구할 방도를 생각해보니 거국항쟁을 벗어나지 않았으니, 먼저 조정 신하를 따라 여론을 일으키기로 하였다. 드디어 조병세·민영환과 더불어 상의하였고, 조공趙公은 향리로부터 올라와 궁궐에 나아가 소청을 두고 글을 올려 조약을 폐기하고 역적을 주살誅殺할 것을 청하였으니, 당시 상소하는 일은 모두 이상설이 주축이 되었던 것이다.[38]

위 인용문에서 보듯이 우선 백관의 복합상소를 이끈 인물은 원로대신 조병세였다. 경기도 가평 향리에서 신병을 요양하고 있던 그는 늑약의 변을 듣고 통곡하며 말하기를 "나라가 이미 망하였으니 내 세신世臣으로 따

---

[38] 송상도, 『기려수필』, 115쪽.

라 죽는 것이 마땅하다"고 하고 신병을 무릅쓰고 상경하여 광무황제에게 알현을 청하고 5적 처단과 조약 파기를 요구하는 충절의 상소를 올렸다.[39]

조병세는 11월 26, 27일 백관을 거느리고 입궐하여 상소하였다. 그 상소의 주된 내용은 불법적 5조약의 파기와 적신賊臣의 처형을 요구하는 것이었다. 또한 일본공사에게도 글을 보내 독립 보전을 약속했던 일제의 배신행위와 폭압으로 외교권을 강탈한 불법행위를 규탄하고 조약 파기를 통해 국제적 신의를 지킬 것을 요구하였다. 이상설도 조병세가 거느린 이러한 백관의 복합 상소투쟁에 동참하였다.[40]

조병세에 이어 백관의 상소 투쟁을 이끈 사람이 민영환이었다. 조병세의 뒤를 이어 그는 백관을 거느리고 궁내부에 들어가 조약 폐기를 주장하는 상소를 올렸다. 이때 황제가 물러갈 것을 명하자 민영환은 "죽더라도 감히 복명할 수 없다" 하고 물러서지 않았다. 이때 일제의 압박으로 인해, 복합상소에 참여한 관인들이 평리원에 일시 구금되는 사태까지 벌어지기도 하였다. 이상설도 그들 가운데 한 사람이었다.

조병세와 민영환이 앞장선 백관의 복합상소 항거 외에도 관인들의 항의상소가 이어졌고, 이들은 일제 헌병대로 압송되는 수모를 당하였다. 조복朝服 차림의 대신이 마치 개처럼 끌려가던 당시의 참혹한 광경을 두고 『대한매일신보』에서는 '조정을 욕보였다[有辱朝廷]'라는 기사로 일제의 무례한 처사를 규탄하였다.[41]

이상과 같이 조병세·민영환 이하 백관의 조약 규탄 상소가 이어지자 종로 거리에 있던 육의전도 일제히 휴업에 들어가 매국조약 늑결에 항거하였다. 또한 도성 내 상가도 역시 차례로 철시하여 일제의 침략과 적신의

---

[39] 국사편찬위원회 편, 『한국독립운동사』 1, 100쪽.
[40] 국사편찬위원회 편, 『한국독립운동사』 1, 100~101쪽.
[41] 『대한매일신보』 1905년 12월 10일, 「有辱朝廷」.

매국행위를 규탄하였다. 그뿐만 아니라 도성 내 각급 학교의 학생들도 늑약에 항거하여 동맹휴학을 결행하고 조약반대투쟁에 합류하였다.

조야의 민심이 격분한 가운데 민영환이 11월 30일 조약에 항거하여 자결 순국하였다. 이상설은 그 소식을 듣고 종로 거리로 달려 나와 군중 앞에서 통곡하며 연설하였다. 『대한매일신보』에서는 그 소식을 다음과 같이 보도하였다.

> 의정부참찬 이상설 씨가 대소 신료와 함께 복궐상소하고 그저께 평리원으로부터 나와 민보국閔輔國(민영환 - 필자주)의 자결함을 듣고 어제 아침 종로에 이르러 인민을 대하여 통곡 연설하여 가로되 "우리 정부 대관 등이 근일에 이르러서도 오히려 안일하게 살려는 망상을 가진 고로 전일 사대事大의 관습으로 강국에 의뢰하면 자기 생명을 능히 보전할 줄로 오해함이라. 현금 시대는 국가가 자립지 못하고 타국 보호하에 귀착하면 국가가 전복할 뿐 아니라 전국 인종이 모조리 멸망하나니, 아! 우리 한국 동포 인민은 이를 깊이 생각하라. 이제 민보국의 자진한 날이 곧 우리 전국 인종이 멸망한 날이니, 나는 민보국 한 사람의 죽음을 위해 조상하는 것이 아니라 우리 전국 인민이 멸망할 정경을 위해 조상하노라"하고 통곡하며 돌아갔다더라.[42]

『대한매일신보』의 이 기사는 백암 박은식의 『한국통사』에도 거의 그대로 전재되어 있다.[43] '민영환 한 사람을 조문하는 것이 아니라 전 민족의 멸망을 조문한다'는 연설 구절이 당시 이상설의 절규를 생생히 대변해 준다. 매천 황현과 깊이 교유하였고 국망 때 서간도로 망명한 이건승李建昇은 종로 연설 당시 이상설의 처절한 광경을 다음과 같이 묘사하였다.

---

42 『대한매일신보』 1905년 12월 1일, 「참찬연설」.
43 朴殷植, 『韓國痛史』, 中國 上海, 大同編輯局, 1914, 106쪽.

이상설은 종로에 나아가 시민 행인들에게 호소하기를 "지금 이 조약은 지난날의 병혁兵革과는 다른 것이다. 나라가 망했는데도 백성이 깨닫지 못하니 통곡하지 않을 수 없다. 조약이 한번 이루어짐에 나라는 망하고 사람이 이에 따라 멸종하게 될 것이다"라고 하고는 종일 미친 듯이 울부짖고 피를 토하고 옷을 찢고 발을 굴렸다. 일본 순사가 잡으려 하자 손을 들어 내리치니 순사가 미친 것으로 여겨 그만 두었다. 마침내 혼절하여 길거리에 쓰러지고 말았다.[44]

위에서 기술한 대로 비분강개한 연설을 마친 이상설은 울분을 이기지 못해 땅에 뒹굴면서 옷을 찢고 미친 사람처럼 혼절하였다. 종로 연설 후 유혈이 낭자해진 당시의 처절한 정경을 조완구는 또 아래와 같이 묘사하였다.

머리를 땅에 부딪쳐 피를 흘리고 혼절하였다. 전 도성의 인심은 방금 민공이 순국하여 비분이 가득한데 또 이상설 공이 이렇게 된 것을 보니 통곡하고 울부짖지 않을 수 없었다. 어깨에 메고 표훈원에 도착하니 이때 상소에 참여하기 위해 모인 여러 사람이 (중략) 방금 민공의 유서를 읽고 정신을 잃고 있던 차에 이공이 또한 죽었다고 듣게 되니 모두가 전신에 피가 솟구쳤다. 시민들이 이공을 메고 문밖에 이르렀다. (중략) 공을 들것에 메고 한 방에 이른즉 얼굴과 눈은 깨지고 사지가 굳어서 거의 죽은 것과 다름없었다. 겨우 가슴에 약간의 온기가 있기에 여러 사람이 응급 처방하여 겨우 살려내었다. 목숨을 가벼이 말고 책임이 막중하니 죽음을 미룰 것을 간절히 권하였는데, 공은 울기만 하고 말이 없었다. 여러 사람이 호송하여 사제私第로 데려갔다.[45]

---

44  이건승, 『海耕堂收草』; 윤병석, 『이상설전』(증보판), 45쪽에서 재인용.
45  송상도, 『기려수필』, 115쪽.

위의 조완구 기록에서는 연설을 마친 이상설이 격분을 못이겨 머리를 찧어 피투성이가 된 채 혼절하였고 급기야 죽음 직전까지 간 것으로 사실적으로 기록하였다. 이처럼 이상설이 혼절했다는 기록은 황현의 『매천야록』에도

> 땅에 몸을 던져 돌에 부딪쳐 넘어졌는데 머리가 깨져 피가 넘쳤다. 이로 인해 혼절해서 깨어나지 못해 사람들이 들것에 들고 돌아갔는데, 달포가 지나서야 겨우 살아났다.[46]

라고 하여 비슷하게 나온다. 이상의 여러 정황으로 보아 이상설은 조약 늑결에 큰 충격을 받고 격분한 상태에서 또 민영환의 자결 순국 소식을 듣게 되었고, 이에 사람들이 모인 종로 거리에서 조약 파기와 5적 처단을 요구하는 격한 군중연설을 하였다는 것이다. 그리고 끝내 격분과 죄책감을 이기지 못해 머리를 찧는 등 자해, 자결을 시도하여 선혈이 낭자하고 혼절했으며, 이로 인해 심지어는 한때 그가 죽었다는 소문이 나돌았다.

백범 김구도 조약에 항거하는 상소를 올리기 위해 서울에 왔다가 마침 자살을 시도하여 유혈이 낭자한 이상설의 처참한 모습을 목격하고 그 사실을 『백범일지』에 다음과 같이 기록해 놓았다.

> 이날 민영환이 자살하였다 하므로 나는 몇 동지와 함께 민 댁에 가서 조상하고 돌아서 큰길에 나서니 웬 40세나 되어 보이는 사람 하나가 맨상투 바람으로 피 묻은 흰 명주 저고리를 입고 여러 사람에게 옹위되어서 인력거에 앉아 큰 소리를 내어 울며 끌려가고 있었다. 누구냐고 물어본즉 참찬 이상설이 자살하려다가 미수한 것이라고 하였다.[47]

---

46  황현, 『매천야록』, 358쪽.

이상설이 자해를 시도한 당시의 처참한 광경을 직접 목격한 백범의 위 기록은 이상설이 을사조약 늑결로 인해 입었던 정신적 충격이 얼마나 컸는지를 생생하게 보여 준다. 목숨까지 담보했을 만큼 이상설은 일제의 강요로 늑결된 을사조약의 침략적 속성을 확실히 간파하고 있었다. 이 사건을 계기로 이상설은 독립운동에 직접 투신하게 되었고, 국권 회복이라는 투쟁 목표가 그가 살아있을 이유나 조건이 되었다고 해도 과언이 아니었다. 곧 을사조약은 크게 보아 그의 생애를 전기와 후기로 양분하는 사건이 되었고, 또 독립운동이라는 새로운 형태의 삶을 추구하는 계기로 작용하게 되었다.

한편, 위에서 보았듯이 민영환의 자결 순국과 이상설의 자결 기도를 시작으로 펼쳐진 거족적 저항은 전 의정 조병세, 평양의 상등병 김봉학, 학부주사 이상철, 그리고 산림 송병선 등의 자결 순국으로 이어졌을 뿐만 아니라, 민종식의 홍주의병, 최익현의 태인의병, 정환직·정용기 부자의 산남의진 등을 비롯하여 전국 각지에서 대소 의병부대가 편성되어 항일전을 전개하는 계기가 되었다.

---

**47** 김구, 『백범일지』, 서문당, 1973, 164쪽.

제 3 부
# 선구자의 꿈,
# 서전서숙

제1장

# 국외 독립운동의 신천지, 용정

## 북간도의 한인사회

을사조약 늑결 후 이상설은 국외망명을 결심하고 이를 결행하였다. 1906년 음력 4월 18일 양부 이용우의 제사를 모신 뒤 석오石吾 이동녕李東寧(1869~1940)과 함께 비밀리에 조국을 떠나 중국 상해上海를 거쳐 러시아 연해주 블라디보스토크로 갔다.¹ 그곳에서 황달영黃達永·정순만鄭淳萬·김우용金禹鏞 등 동지들과 만나 함께 크라스키노(연추)를 경유하여 목적지인 북간도 용정龍井으로 들어갔다. 연추에서는 러일전쟁 후 그곳으로 망명하여 항일투쟁을 벌이던 전 간도관리사 이범윤李範允을 만나 함께 독립운동의 방략을 협의하기도 하였다.

북간도의 용정은 당시 국외 한인사회 가운데 한인들이 가장 많이 거주하던 곳으로, 독립운동의 새로운 근거지로 삼기에 적합한 곳이었다. 이동

---

1  이관직, 『우당 이회영선생 실기』. 이상설의 망명 경로에 대해서는 이설이 있다. 곧 서울에서 부산으로 내려간 뒤 해로로 원산으로 가 그곳에서 다시 혼춘으로 북상한 다음 블라디보스토크로 갔다가 용정으로 이동했다는 것이다(이완희 및 강상원의 기록). 그러나 여러 가지 정황으로 보아 상해를 경유하여 연해주로 건너간 것이 더 사실에 가깝다고 생각된다.

녕 등 동지들과 함께 용정촌에 도착한 이상설은 사재를 들여 천주교 회장 최병익崔秉翼의 집을 빌렸다. 그곳에서 규모가 가장 컸던 그 집을 학교 건물로 고쳐서 한인 청년자제를 모집하여 학교를 열었다. 민족교육의 요람이 되는 서전서숙瑞甸書塾은 이렇게 탄생한 것이다.

을사조약 늑결 후 이상설이 북간도로 망명한 것은 당시 자연한 추세에 따른 것이다. 뜻있는 민족지사 대부분이 망국조약을 계기로 국내에서는 더 이상 구국투쟁이 불가능하다고 판단하고 장기지속적 독립운동을 전개하기 위해 새로운 근거지를 찾아 러시아 연해주, 서북간도, 미주 등 국외로 탈출하던 것이 당시 일반적인 추세였다. 정치적 동기로 망명한 이주민 가운데는 이상설과 같이 민족의식이 투철하고 국내에서 정치·경제·사회적으로도 비중 있는 지위를 가진 인물 상당수가 포함되어 있었다.

1905년 11월 을사조약 늑결 전후부터 한인의 간도 이주는 경제적인 면에서뿐만 아니라 정치·사회적인 면에서도 상당한 변화를 가져왔다. 일제에 의한 국권침탈과 경제수탈이 가중되는 상황에서 국권회복을 도모하고 일제의 탄압을 피하기 위한 정치적 망명자, 곧 항일독립운동자의 이주가 급격히 늘어났기 때문이다. 즉 일제의 한국 식민지화 정책이 가시화되는 1905년 을사조약 늑결 이후로 1910년 경술국치에 이르기까지 국내에서 활동하던 항일운동자들은 일제의 탄압을 피해 간도와 연해주 등지로 망명하여 새로운 활동 방향과 근거지를 모색하지 않을 수 없었다. 이와 같은 정치적 동기에서 망명 이주한 한인들은 확고한 민족의식을 가지고 있었을 뿐만 아니라 상당한 비중과 명망을 지닌 인물들이었다.

1894년 청일전쟁 이후부터 국내에서 항일전을 수행하던 의병세력의 북상과 도강渡江은 독립운동의 국외확대인 동시에 무장투쟁의 새로운 국면 전환이었다. 서북간도와 연해주를 향한 의병의 북상은 일제의 탄압이 가중되는 1908년 하반기 이후 더욱 증가하는 추세를 보였다. 국내에서 활동하던 의병은 일제군경의 탄압을 피하고 새로운 항전 근거지를 구축하기 위해 북상하지 않을 수 없었으며, 결국 압록강과 두만강 너머 서북간도로 건너가 장기 지속적인 투쟁방략을 모색하게 되었다. 이처럼 북상 망명한 항일의병은 특히 연해주 일대에서 활발한 항일전을 벌였다. 1909년 10월 26일 대한침략의 원흉 이토 히로부미를 하얼빈역에서 처단한 안중근의 하얼빈 의거는 연해주의병의 피날레를 장식한 민족적 쾌거라 할 수 있다.

1907~1908년간에 활동한 관북지방 의병의 경우, 그와 같은 북상 망명 추세를 뚜렷이 보여주는 대표적 사례로 파악된다. 이남기李南基와 최경희崔瓊熙를 비롯해 김정규金鼎奎·지장회池章會 등 함북 경성의병鏡城義兵의 핵심인물들은 국내 항전을 종료한 뒤 북간도와 연해주 등지로 대거 망명하면서 새로운 활동방안을 모색하였다.[2] 또 함남의 북청·삼수·갑산 등 개마고원 주변에서 영웅적인 항일전을 수행하던 홍범도洪範圖와 차도선車道善 등 산포수의병들도 전력이 고갈되어 서북간도와 연해주 일대로 넘어와 각지를 전전하며 항일활동을 지속하며 재기항전의 기회를 노리고 있었다. 그 밖에도 양서지방에서 항일전을 수행하던 이진룡李鎭龍과 조맹선趙孟善, 중부지방에서 활동하던 박장호朴長浩 등의 의병장도 경술국치 전후 새로운 항전 근거지를 찾아 북상도강을 결행하게 된다. 이처럼 망명한 항일의병은 1919년 3·1운동 이후 무장항일전에 의한 독립전쟁론 구현 분위기가 급속하게 확산하자 각처에서 새로운 형태의 독립군단을 편성하였다. 서간도의 대한독립단, 북간도의 대한독립군과 대한의군부 등이 그와 같은 범주에 들어가는 대표적인 독립군단이라 할 수 있다.

한편, 국내에서 애국계몽운동을 벌이던 민족운동자들도 을사조약 늑결

---

2    박민영, 『대한제국기 의병 연구』, 한울, 1998, 277~282쪽.

이후 대거 망명 이주하게 된다. 국외 각지에 독립운동 근거지를 건설하려던 계획은 이들의 망명 행로와 밀접한 연관을 가지고 있었다. 이상설을 비롯하여 이동녕·정순만·여준 등은 1906년에 북간도 용정촌을 독립운동 근거지로 건설하기 위해 망명하였다. 독립운동기지 건설을 위한 이상설 등의 선발대가 북간도로 망명한 이후 1910년을 전후한 시기에 용정촌은 물론 북간도 각지로 민족지사들의 망명 이주가 이어졌을 뿐만 아니라, 빈민들의 이주도 더욱 증가하는 추세를 보였다. 참고로 1912년 3월 조선총독부에서 조사한 한 통계에 의하면 경술국치 직후인 1910년 9월부터 1911년 12월까지 1년 3개월 동안 북간도로 이주한 한인수는 17,753명으로 집계되었다.³

이 무렵 대종교大倧敎 계열의 지사들도 대거 북간도로 망명하여 무장항일전의 기반을 구축하는 데 전력을 기울였다. 대종교의 창시자인 나철羅喆을 비롯하여 그 중요 임원인 서일徐一·계화桂和·박찬익朴贊翊·백순白純·현천묵玄天黙 등이 국치 전후에 북간도 연길·화룡·왕청 일대로 망명하여 새로운 활동 근거지로 삼았다. 이들은 화룡현 삼도구 청파호青波湖에 대종교 북도본사北道本司와 하동河洞에 남도본사南道本司를 세워 선교하면서 왕청 덕원리德源里를 비롯해 풍락동風樂洞과 청파호 등지에 한인학교를 설립하여 민족교육에 심혈을 쏟았다.

이상과 같이 1860년대 이래 영세 궁민窮民들의 이주로 형성된 대규모 한인사회를 바탕으로 1905년 을사조약 늑결 이후 다양한 계열의 민족운동자들이 북간도로 망명하였다. 민족운동자들의 망명은 결국 이 지역의 대규모 한인사회를 규합하여 민족운동의 전력을 극대화하려 한 구상과 계획에 따른 것이었다. 곧 망명지사들은 조국광복과 민족해방을 이룩하기 위

---

3   한국독립유공자협회 편, 『중국 동북지역 한국독립운동사』, 집문당, 1997, 57~58쪽.

해 일제와 독립전쟁을 결행하는 것을 지상최대의 과제로 삼았다. 이를 위해 그 기반이 되는 교육·종교·실업 등 각 방면에 걸쳐 열성적인 노력을 경주하고 있었다.

북간도에서 활동하던 지사들도 다양한 형태의 민족운동을 전개하고 있었다. 그 가운데서도 이들이 가장 심혈을 기울인 사업은 한인 자제들의 항일민족의식을 고취하고 이를 바탕으로 독립운동 지도자를 양성하기 위해 실시한 민족교육이었다. 1910년대가 되면 북간도 각처에 한인마을이 형성된 곳 어디에나 규모와 정도의 차이는 있으나 한인학교가 들어섰던 것은 이런 이유 때문이다. 그 결과 연길·화룡·왕청·혼춘·안도 등 북간도 5개 현에 1916년까지 존치된 여러 형태의 한인학교는 총 158개교에 재적 학생 수가 3,879명에 이르렀다. 북간도 민족주의교육의 요람인 서전서숙을 비롯하여 명동학교明東學校(화룡현和龍縣 명동촌明東村), 광성학교光成學校(연길현延吉縣 지인향志仁鄕), 정동학교正東學校(화룡현和龍縣 자동滋洞), 대전학교大甸學校(왕청현汪淸縣 나자구羅子溝), 북일학교北一學校(혼춘현琿春縣 대황구大荒溝) 등이 북간도 민족주의 교육기관 가운데 두드러진 예이다.

## 용정, 독립운동의 근거지

1906년 봄 이상설은 국외 독립운동의 중심 근거지를 개척하기 위해 북간도 용정촌으로 망명하였다. 이상설과 함께 독립운동 근거지를 건설하고 경영하는 데 참여한 인물로는 이동녕과 이회영·정순만·여준·황달영 등이 었다. 이상설이 북간도를 향해 길을 떠난 구체적 경위에 대해 이관직은 다음과 같이 기술하고 있다.

단기 4239년 병오(1906) 여름에 선생(이회영)이 광복운동의 원대한 뜻을 실행함에 국내에서만 행하는 것이 불리한 줄 각오하셨다. 선생(이회영)은 이상설·유완무·이동녕·장유순 등 여러 선생과 깊이 밀의하시고 광복운동을 만주에 전개키로 하고 만주 택지擇地와 도만渡滿 인물을 논할새 북간도 용정촌은 교포가 이주하여 교육하기 가장 좋고 노령이 북쪽으로 통하여 외교가 편리하고 내지와 한 물줄기를 격하여 왕래가 또한 양호하니 택지는 용정촌으로 정했으나 도만渡滿 인물을 고르기가 어렵도다. 요컨대 동지 중에 명예·지식·도량·절개·인내 등을 겸비한 인물이라야 한만인韓滿人의 모범이 되어서 기초를 착실히 다지고 사업의 성공을 가히 기약할지로다. 보재 이상설 선생이 개연히 말씀하시되 (중략) 조국과 민족이 중대한지라 이제 이험夷險을 어찌 선택하리오, 내가 불민하나 만주에 나아가 운동을 열고자 하노라 하신대 여러 사람들이 보재 선생의 기개를 다 절찬하시더라. 이에 보재 선생이 행장을 초초히 수습하시고 만주 장도에 오를새 비밀리에 왜적의 금망禁網을 벗어나 고국을 떠나게 되신지라 몇몇 동지 밖에는 친척 친구가 다 알지 못하더라. 우당 선생이 성의 모퉁이에 서서서 만 리 절역絶域에 홀로 행하시는 벗을 멀리 보내시니 뚫어지게 바라보는 시야에 한강수가 드넓도다. 보재 선생은 웃는 얼굴로 선생(이회영)을 이별하시고 인천항에 이르러 중국인 상선에 올라 상해를 몰래 항해하여 거기서 블라디보스토크를 경유하여 용정촌에 안착하셨다. 보재 선생은 용정촌에 거주하시고 이곳에 서전의숙瑞甸義塾을 설립하여 교포자제를 교육하시며 비밀리에 선생(이회영)과 기맥을 통하여 광복의 뜻을 펴시도다.[4]

곧 전반부에서는 을사조약이 늑결된 이듬해인 1906년 여름에 이상설과 이회영, 이동녕 등 여러 지사가 국외로 나아가 독립운동을 펼칠 것을 논의하여 이주 동포가 많이 살고 러시아에 가까운 북간도 용정촌을 그 활동 근

---

[4] 이관직, 『우당 이회영선생 실기』; 이정규·이관직, 『우당 이회영 약전』, 을유문화사, 1985, 130~131쪽.

거지로 택한 사실을 기술하였다. 이어 후반부에서는 용정촌 독립운동 근거지 개척의 적임자를 선발할 때 그 임무를 자원한 이상설을 선정한 경위와, 인천에서 출발하여 중국 상해와 연해주 블라디보스토크를 거쳐 용정촌에 도착하기까지의 여정, 그리고 그곳에 서전서숙을 건립하여 민족교육을 시행한 사실 등을 기록하고 있다. 위 기록으로 미루어 국외 독립운동 근거지로 용정촌을 선택하기까지의 과정과 경위는 위에서 언급한 특정한 인물 한 두 사람의 견해나 주장이 아니라 이상설과 이회영을 비롯하여 이동녕·정순만·황달영·김우용·홍창섭·여준·박정서 등 여러 동지의 합일된 의견이었음을 짐작할 수 있다.

제2장

# 민족교육의 요람, 서전서숙

## 서전서숙의 설립

　이상설은 민족교육의 요람으로 평가되는 서전서숙을 창설한 주역이다. 민족교육은 국치 전후 독립운동가들이 가장 중요한 역점사업 가운데 하나로 삼아 진력하고 있었다. 장차 독립운동을 지도할 인물을 배양하는 교육사업은 향후 독립운동의 성패를 결정할 만큼 중요하게 여겨 이 사업에 심혈을 기울였다. 국치 전후 독립운동사의 중심을 관통하는 민족주의 교육사업의 효시가 되는 서전서숙을 개숙開塾한 역사적 의의를 결코 간과할 수 없는 이유가 여기에 있다.

　이상설이 용정촌에 도착하여 서전서숙을 개숙하던 상황은 서전서숙에서 공부했던 윤정희尹政熙라는 인물이 1968년 12월 문재린 목사에게 보낸 서한에 다음과 같이 생생하게 기록되어 있다.

> 　병오년(1906) 가을 (음력) 8월에 단발한 사람 5, 6명이 말 한 필에 다소의 여장旅裝을 싣고 용정에 도착하여 조선 가옥 한 동만 매입하겠다고 청하니 그때 내가 추수 관계로 용정에 머물던 때라 32, 3호 되는 중 최병익崔秉翼의

집을 매입하여 가격은 요구에 응하니라. 이튿날부터 수리하여 학교로 사용하려 하니 수일이 지나지 않아 개학이라.[5]

60여 년이 지난 뒤에 회고한 내용이지만, 서전서숙이 설립되는 과정을 실제로 지켜본 인물이 남긴 기록이라는 점에서 그 자료적 가치는 크다. 위의 내용에 따르면 이상설 등을 상정한 것으로 인정되는 5, 6명의 민족 지사들이 용정에 도착한 뒤 한인 최병익의 가옥 한 채를 매입하여 교사校舍로 삼아 수일 후 즉시 개교하였다는 것이다. 서전서숙이 개숙하던 당시 주변의 한인 가호의 규모를 32, 3호 정도로 회고한 점으로 미루어 당시 소규모 마을이 서전대야瑞甸大野에 형성되어 있었음을 짐작할 수 있다. 학교가 자리 잡은 용정 일대의 너른 들판을 서전대야로 불렀기 때문에 서전서숙이라 이름한 것이다.

자료 3-1  이상설이 세운 서전서숙

---

5   김성준, 「3·1운동 이전 북간도의 민족교육」, 『3·1운동50주년기념논집』, 동아일보사, 1969, 48쪽에서 재인용.

윤정희는 위 기록에서 이상설이 용정촌에 도착하여 서전서숙을 개숙한 시기를 1906년 음력 8월이라고 하였다. 그런데 서전서숙의 개숙 시기는 기록에 따라 약간씩 다르게 나타난다. 일제 측 기록인 통감부 간도파출소장인 육군중좌 사이토 스에지로齋藤季治郎의 서전서숙 조사보고서에는 1906년 12월로 기록되었고, 역시 통감부 경시로 간도파출소에 파견 근무하던 김해룡金海龍이 조사한 서전서숙 관련 기록에서는 "광무 10년 10월에 이상설 등이 동지 6, 7인을 대동하고 용정촌에 학교를 건축하고 생도 80여 명을 모집하여 교육을 확장했다"고 하여 1906년 10월 서숙을 개숙한 것으로 파악하였다. 이런 여러 기록과 정황으로 보아 서전서숙은 이상설이 용정에 도착한 직후인 1906년 10월 정도에 개숙한 것으로 인정된다.[6]

이상설이 서전서숙을 개숙할 때 함께 참여한 인물로는 이동녕·여준·정순만·박정서·김우용·황달영·홍창섭 등이 확인된다. 간도와 연해주 일대에서 이상설과 늘 함께 활동했던 이동녕은 1917년 이상설이 작고한 뒤 중국 관내지방으로 건너가 1919년 3·1운동 후 상해에 건립된 대한민국 임시의정원의 의장을 지낸 독립운동계의 원로이다. 정순만은 그 뒤 연해주로 건너가 그곳 한인사회의 지도자가 되어 최초의 한인신문『해조신문海朝新聞』을 간행한 인물이다. 또 어려서 이상설과 함께 수학한 여준은 서전서숙 참여 이후 서북간도 각지에서 독립군 양성과 민족교육에 이바지하였다. 그리고 박정서는 서전서숙 폐숙 후 김약연과 함께 명동서숙을 세워 그 숙장塾長으로서 서전서숙을 정신적으로 계승한 인물이다.

서전서숙의 운영 경비 대부분은 이상설이 부담하였다. 교원의 월급을 비롯하여 교구재, 지필묵 구매에 이르기까지 모든 경비를 자담하여 학생

---

6  金海龍,『間島在住韓人의 親族慣習及其他』, 필사본(한국학중앙연구원 도서관 하성문고 소장).

들에게는 무상교육을 시행한 것이다. 이처럼 이상설이 서숙 운영 경비를 전담한 정황을 보여주는 자료는 다수이다. 현규환은 『한국유이민사』에서 서전서숙의 유지경비는 이상설이 사재를 털어 부담하였다고 하였다.7 또 앞에 든 간도파출소장 사이토의 서전서숙 조사보고서에서 "운영비, 이상설 일인이 부담한다고 하고 혹은 각 직원의 합자로서 이상설은 5천 원, 전공달(황달영)·왕창동(정순만)은 각 5백 원, 김동환(김우용)은 3백 원, 홍창섭은 1백 원을 준비하여 그 자금에 충당하였다고도 한다. 그리고 김동환은 자금 조달에 대하여는 오로지 각자의 자산에서 지출하고 결코 다른 원조를 받지 않았다고 진술하였다"8라고 한 기록도 그러한 정황을 알려준다.

이상설은 상당한 자금을 가지고 망명길에 올랐던 것으로 보인다. 교사校舍 구입과 학교 운영에 필요한 비용의 대부분은 그 자금에서 충당했던 것 같다.9 서전서숙은 폐교되는 이듬해 9, 10월경까지 약 1년간 운영되었는데, 특히 최대 70여 명에 이르는 학생들의 기숙에는 많은 경비가 들었다. 최근의 연구성과에 의하면, 이상설은 상당한 규모의 토지 등의 자산을 가지고 있었고, 이를 매각함으로써 독립운동의 경제적 기반을 확보할 수 있었다는 것이다.

이상설은 서울에서 관직생활을 하며 부재지주로서 고향 진천에 상당한 토지를 소유하고 지주 경영하고 있었다. 그런데 그에 대한 고향 경주 이씨들의 평판은 그다지 좋지 않았다. 그 까닭은 그가 '나랏일'에 쓰기 위해 돈이 떨어질 때마다 고향의 전답을 처분하여 모두 없애버렸다고 생각했기

---

7 현규환,『한국유이민사』상, 어문각, 1967, 405쪽.
8 「용정촌에 설립된 한인학교 서전서숙에 관한 통감부 파출소장의 보고 송부의 건」,『간도의 판도에 관한 청한 양국 紛議一件』제2권(1907.10.1, 일본 외무성 기록),『일본의 한국침략사료총서』2, 한국출판문화원, 1989, 875~876쪽.
9 박걸순,『한국독립운동과 역사인식』, 역사공간, 2019, 134쪽.

때문이다. 이상설 소유 토지는 진천군의 남변면·북변면·초평면·월촌면 등 4개 면에 걸쳐 분포하고 있었다. 무려 19.7정보를 소유한 이상설은 당시 진천군 상위 18위에 해당하는 대지주였다. 또 이상설은 1906년 서울 중구 저동 73통 2호에 77칸 규모의 기와집을 가지고 있었다. 이 집은 이상설이 1906년 2월 19일 이세직李世稙으로부터 매입하였다가 이듬해 6월 팔았다고 한다. 이 집은 당시 건축물 규모로도 대단하지만, 대지가 약 500평으로 현 시가로 1,500억 원을 호가하는 엄청난 규모이다. 그 당시와 오늘날의 환금가치를 단순 비교할 수 없겠지만 상당한 재산 규모였음에는 틀림이 없다. 그가 망명한 직후 이를 매각한 것으로 보아 그 자산도 독립운동 자금으로 전용되었을 개연성이 크다.[10] 이러한 자금이 모두 이상설의 독립운동 자금으로 전용되었을 것으로 짐작된다.

### 서전서숙의 민족교육

서전서숙 숙사의 규모는 70평 정도였고, 처음에는 인근에서 22명의 청소년을 모아 개숙하였다. 신교육에 대한 이해가 없던 이주민들을 대상으로 학생들을 모집하는 것은 결코 쉬운 일이 아니었다. 처음에는 교직원들이 주변의 한인마을을 돌아다니면서 학생들의 입학을 권유했으며, 때로는 두만강을 건너 회령·종성·온성 등 멀리까지 다니면서 한인 자제들의 입학을 권유했을 정도였다. 유학자 출신으로 뒷날 명동학교 교장이 되는 김약연金躍淵이 자신에게 한문을 배운 제자 2명을 보내왔던 것도 이 무렵의 일이다.[11]

처음에는 학생들을 갑반, 을반으로 나누어 학습 정도와 수준에 따라 수업을 진행하였다. 갑반은 고등반이고 을반은 초등반이었는데, 갑반 학생

---

10   박걸순, 『한국독립운동과 역사인식』, 138~139쪽.
11   이지택, 「북간도 서전서숙」, 『중앙일보』 1972년 10월 17·19일.

중에는 20세 전후의 청년도 있었다. 재학생 수는 그 뒤 꾸준히 늘어나 이 듬해 학교 문을 닫을 무렵에는 갑·을·병 등 세 반으로 나누어 수업을 진행하게 되었다. 당시 갑반에는 20명, 을반에는 20명, 병반에는 34명 등 모두 74명의 학생이 재학 중이었다고 한다. 서전서숙의 졸업생 가운데는 갑반에서 수학한 인물로 해방 후 『간도개척사』라는 중요한 기록을 남긴 윤정희尹政熙도 있었다. 그는 서전서숙에서 공부했던 동학들 가운데 17명의 성명을 다음과 같이 기억하였다.[12]

**갑반**

윤정희尹政熙 이병징李炳徵 윤규한尹圭漢 김정문金鼎汶 남세극南世極
채우석蔡禹錫 이근용李瑾鎔 구자승具滋昇 구정서具貞書

**을반**

김학연金學淵 박일병朴一秉 오병묵吳秉黙 이정휘李庭徽 박효언朴孝彦
구자익具滋益 박세호朴世豪

**반을 알 수 없음**

남위언南葦彦


서전서숙에서 가르치는 교과목은 신학문의 다양한 분야에 걸쳐 있었다. 역사와 지리는 물론 수학·국제공법·헌법 등이 그 중요한 이수과목이었다. 이상설을 비롯하여 서숙을 개창한 인물들이 직접 학생들을 가르쳤다. 교원 면모와 담당 교과목을 구체적으로 살펴보면, 서숙을 대표하던 숙장 이상설은 자신이 저술한 『산술신서算術新書』를 교재로 수학을 가르쳤다. 황달영은 역사와 지리, 김우용은 산술, 여준은 한문·정치학·법학 등을 가르쳤다.[13] 그리고 이동녕과 정순만은 학교 운영을 맡았다. 서숙에서

---

12  현규환, 『한국유이민사』 상, 466쪽.

특히 역점을 둔 교육 방향과 정신은 곧 민족의식 함양을 통한 항일투쟁, 독립의식 고취에 있었다. 이런 점에서 서전서숙은 독립운동의 지도자를 양성해 낸다는 뚜렷한 목적이 있었다고 할 수 있다.

자료 3-2  일제가 간도 점탈을 위해 용정에 세운 통감부 임시간도파출소

항일민족의식에 기반한 서전서숙의 학풍을 짐작게 하는 사례로 아래 일화를 소개한다. 1907년 초에 일제 통감부는 장차 만주 침략의 전초기지를 세우고자 북간도의 한인을 보호한다는 구실로 그곳에 통감부 임시간도파출소를 설치하고자 후보지 물색 등 현지 조사를 위해 육군중좌 사이토 스에지로와 식민지 어용학자 시노다篠田治策를 밀파한 일이 있었다. 이들 일행은 상인으로 가장하고 용정촌의 서전서숙을 찾아갔다. 마침 산보를 하려고 문을 나서던 이상설이 이들을 보고 찾아온 목적을 물었다. 사이토 일행은 상업 시찰 중 들린 것이라고 변명하고 마침 점심 도시락을 먹기 위해 더운물과 식기를 빌려달라고 요구하였다. 그러자 교직원들은 빌려줄

---

13  尹政熙, 『間島開拓史』, 필사본, 1954; 『한국학연구』 3 별집, 인하대 한국학연구소, 1991; 「용정촌에 설립된 한인학교 서전서숙에 관한 통감부 파출소장의 보고 송부의 건」, 『간도의 판도에 관한 청한 양국 紛議一件』 제2권(1907.10.1, 일본외무성기록), 『일본의 한국침략사료총서』 2, 한국출판문화원, 1989, 876쪽.

수 없다고 냉정히 거절하였고, 특히 이상설은 일언반구 대꾸도 없이 나가 버렸다. 이에 그들은 하는 수 없이 냇가에 가서 냇물로 목을 축이면서 식사를 할 수밖에 없었다고 한다. 이상설 이하 교직원들이 일제에 대해 품었던 반감의 정도를 알 수 있게 해주는 대목이다.[14]

그로부터 1년 뒤인 1907년 8월에 사이토 중좌는 일본군 기병대를 거느리고 서전서숙이 자리 잡은 용정촌으로 들어가 통감부 임시간도파출소를 개설하여 일제의 만주 침략 전진기지로 삼았다. 이 무렵 그는 통감대리 하세가와 요시미치長谷川好道를 통하여 자국의 외무대신 하야시 다다스林董에게 서전서숙을 정탐한 결과를 보고하였다. 비교적 장문이지만 서전서숙의 설립과 교육 상황을 알려주는 중요한 자료라 할 수 있으므로 그 전문을 소개하면 다음과 같다.

용정촌에 한인이 설립한 학교가 있어 이를 서전서숙이라 부르며, 설립자의 경력, 설립의 목적 및 자금의 출처 등에서 시국상 의심할 점이 있어 조사한 사실을 다음과 같이 보고한다.

1. 서전서숙의 설립: 서전瑞甸이란 당지, 즉 용정촌 지방의 총칭이다. 이 서숙의 설립자는 이상설·이량李亮(이동녕)·전공달田共達(황달영)·홍창섭·왕창동王昌東(정순만)·김동환金東煥 6명으로서 그 주창자는 이상설이다. 1906년 5월경 이상설은 이량과 함께 서울을 출발하여 상해를 거쳐 블라디보스토크에 들어왔다. 또한 별도로 동년 6월경 전공달·왕창동·김동환의 3명은 시찰視察이라 칭하고 함께 블라디보스토크에 이르러 그곳에서 이상설·이량 등과 회합하고 이에 서숙 설립의 협의를 하고 7월경 5명과 함께 간도로 향하여 출발 도중 홍창섭과 만나 일행 6명이 용정촌에

---

14  현규환, 『한국유이민사』 상, 466쪽.

도착하고 작년(1906) 12월 서숙의 성립을 보기에 이르렀다.

2. 설립의 취지: 설립의 취지는 그 발표한 바에 의하면 간도의 땅이 변경문화邊境文化의 낙후됨을 근심하여 이의 개발을 주지로 한다고 말한다.
3. 중요한 직원 및 경력: 숙장 이상설은 서울 저동苧洞 출신. 금년 38세가량으로 전에 법부협판을 한 사실이 있고 불어에 통한다고 말한다. 본년 5월 서숙의 사무를 그만두고 블라디보스토크에 나가 평화회의에 사행하는 특명을 받고 한국 황제의 밀사에 가담하였다. 이량李亮은 충청도 회인懷仁 출신으로 8월 중 당지를 떠났다. 현재 김동환 한 사람만이 잔류하여 숙무塾務에 종사하고 있다. 본인은 평양 출신으로 조금 일본어를 통한다.
4. 자금: 이상설 한 사람이 부담한다고 말한다. 혹은 각 직원의 회비로서 이상설은 5,000원, 전공달·왕창동은 각 500원, 김동환은 300원, 홍창섭은 100원을 각각 준비하여 그 자금에 충당하였다고 말한다. 그리고 김동환은 자금의 출처에 대하여 순전히 각자의 자산에서 지출하고 결코 다른 사람의 원조를 받은 것이 아니라고 진술한다.
5. 교과목 및 생도수: 산술·습자·독서·지리·법률 등으로서 약간 중학 정도에 비교된다. 생도는 당촌 및 부근 촌락에서 모이고 서숙 내에 기숙시켜 일시 70여 명이 있을 때가 있었으나 이상설 이하 사퇴와 함께 점차 쇠미해져 현재 생도 수는 겨우 20명에 지나지 않는다.
6. 시국에 대한 직원의 태도: 한국 황제 양위의 소식이 한번 이 지방에 이르자 교직원과 나이 든 생도 등은 누구나 비분하고 그 중 왕창동은 의관을 찢고 이를 땅에 던지며 강개하였다고 한다.
7. 서숙의 장래: 서숙은 숙장인 이상설을 잃었기 때문에 점차 생도가 줄어들고 자금 또한 결핍하고, 또 시국의 변천에 따라 장래 유지하기 어렵다고 생각하여 가까운 장래에 폐교하기로 하고 숙사塾舍의 매각을 바라고 있다.

이상의 사실에서 그들이 발표한 설립의 목적, 자금의 출처 등에 대하여 다소 의문점이 없지 않다. 또 이상설은 당시 블라디보스토크에 이르러 전 군부대신 이용익 및 상해에 있는 전 서울주재 러시아공사 바파로프 사이를 왕복한 형적이 있다는 설이 있다. 생각건대 그도 또한 이용익 집단에 소속되어 금회 밀사에 참여하였다고 믿어진다. 특히 당 파출소가 설치되자 곧 자금의 결핍으로 폐교하고, 그 직원 등이 각자 귀향하려고 하는 것과 같은 상태로서 다소의 의미가 있다고 인정된다.[15]

위 보고서는 사이토 중좌가 건립경위와 운영, 그리고 향후 전망 등 서전서숙과 관련된 전반적 사안들을 심도 있게 조사한 것이다. 그 내용과 논지를 보면, 민족주의 교육기관으로 들어선 서전서숙의 설립목적과 그 역사성에 대해 어느 정도 사실에 부합하게 파악하였음을 알 수 있다. 서숙 설립 이듬해, 즉 숙장 이상설이 헤이그로 사행한 뒤에 이루어진 조사보고이기 때문에 재학생이 겨우 20명에 지나지 않고 폐교를 결정했다고 할 만큼 서숙의 운영이 크게 위축되던 정황이 생생하게 드러나 있는 것이다. 특히 "당 파출소가 설치되자 곧 자금의 결핍으로 폐교하고 그 직원 등이 각자 귀향하려고 하는 것과 같은 상태"라고 한 대목은 일제의 만주 침략 전진기지로 용정촌에 들어선 통감부 임시간도파출소로 말미암아 그 부근에 있던 서전서숙이 운영상 크게 제약을 받았던 정황을 구체적으로 확인시켜 준다. 또 위 기록에서 1907년 7월 광무황제 강제폐위 소식을 듣고 교직원과 학생들이 격분했다고 한 대목은 서전서숙이 표방한 민족교육의 한 단면을 보여 준다.

---

15 「용정촌에 설립된 한인학교 서전서숙에 관한 통감부 파출소장의 보고 송부의 건」, 『간도의 판도에 관한 청한 양국 紛議一件』 제2권(1907.10.1, 일본외무성기록); 『일본의 한국침략사료총서』 2, 한국출판문화원, 1989, 871~879쪽.

## 명동학교, 서전서숙의 계승

서전서숙은 설립된 이듬해인 1907년 9, 10월경 문을 닫았다. 위에서 언급하였듯이 숙장 이상설이 1907년 4월에 헤이그 사행으로 이동녕·정순만과 함께 연해주의 블라디보스토크로 떠난 뒤 재정고갈 등으로 더 이상 학교를 운영하기가 어려웠고, 또 부근에 들어선 일제의 통감부 임시간도파출소가 서숙의 운영에 제약을 가했기 때문이었다. 국운을 건 사행이기에 이상설은 그 사실을 비밀에 부치고 중러 국경의 혼춘琿春 방면에 학교를 하나 더 세운다고 말하고 용정촌을 떠났다고 한다. 이때 이상설과 함께 떠났던 이동녕은 얼마 뒤 이상설의 아우 이상익李相益을 데리고 다시 명동촌으로 왔다.

이상설이 떠난 뒤 일제의 간도파출소는 서전서숙이 자금난을 겪게 되자 운영 보조금 지급을 제의하면서 회유공작을 폈다. 그러나 서전서숙은 끝까지 이에 응하지 않고 교사를 매각하고 차라리 폐교함으로써 올곧은 민족정신을 끝까지 지켜냈다.

한편, 서전서숙의 폐숙과 관련하여 러시아 연해주에서 간행되던 한글신문 『해조신문海朝新聞』에서 그 경위를 기록한 아래 기사가 주목된다.

> 해아海牙 만국평화회의로부터 거절되었다는 흉보가 아교我校(서전서숙 - 필자주)에 달하자 전교의 교사·생도는 통곡하였다. 전국의 동포 누가 통분하지 않을 것이냐. 연이나 비록 비분의 열루熱淚만으로써 아我 원수를 토멸하기 난難하여 익일부터 재차 학업을 수授하였다. (중략) 그 뒤 학교는 드디어 일본군 때문에 점령되어 드디어 폐교하지 않을 수 없기에 지至하였다. 오호라, 홀연 야만의 악습을 천행擅行하는 일본은 한국 삼천리의 강토를 탄呑하고 북간도의 학교를 병탄하였다. 문명으로써 연호然乎아, 강성强盛으로써 연호然乎아. 교육은 문명의 근본이다. 학교는 사회라고 한다. 금일 일본인은 교육의 원수이다, 학교의 도적이다.[16]

위 기사는 서전서숙의 교사·학생들이 숙장 이상설이 헤이그 사행에서 평화회의 공식 석상에 참석하지 못했다는 소식을 듣고 전부 통곡했다는 사실을 알려주고 있다. 그런데도 국권회복의 결의를 다지고 실력을 양성하기 위해 그다음 날부터 수업을 속개했다는 것이다. 이어 서전서숙이 문을 닫지 않을 수 없었던 결정적 이유에 대해 '학교는 드디어 일본군 때문에 점령되어 드디어 폐교하지 않을 수 없기에'라고 규정하여 용정촌에 통감부 임시간도파출소가 들어섬으로써 일제의 직접적 탄압을 받게 된 사실을 명기하였다. 나아가 일제는 삼천리 강토를 삼켰을 뿐만 아니라 북간도의 민족학교인 서전서숙까지 병탄하였기에 '교육의 원수' '학교의 도적'이라고 성토, 규탄하기에 이르렀다. 격정적 언사로 기술된 위 기록은 한편에서는 서전서숙이 지향한 민족교육의 가치를 매우 소중하게 평가하였고, 다른 한편에서는 국권과 교육을 침탈한 일제를 강하게 성토한 것이다.

이상에서 보았듯이 1906년 10월 설립된 서전서숙은 이듬해인 1907년 9, 10월경 폐숙되고 말았다. 존속기간이 1년에 지나지 않았지만, 서전서숙은 독립운동, 민족운동사상 중요한 역사적 의미가 있다. 이 학교는 일반적인 신교육 기관이 아니라 장기 지속적인 독립운동의 방략을 구현하기 위한 민족주의 교육기관의 효시로서 출범한 것이기 때문이다.

서전서숙이 폐숙된 뒤 이 학교가 지향한 민족교육의 역사와 정신은 명동학교로 계승·발전되었다. 규암圭巖 김약연金躍淵(1868~1942)을 비롯하여 정재면鄭載冕·박정서朴禎瑞 등이 용정촌 남쪽 외곽의 명동촌에다 명동서숙明東書塾을 건립하여 서전서숙의 전통을 이어간 것이다. 서전서숙과 명동서숙 양자 간의 긴밀한 연계성은 서전서숙의 건립과 운영에 참여했던 인사들이 명동서숙의 임원과 교사로 활동하였다는 사실을 통해 충분히 짐작할 수

---

16 『해조신문』 1908년 5월 26일, 「寄書」.

있다. 서전서숙에서 가르쳤던 박정서가 명동서숙의 명예숙장을 맡았고, 역시 서전서숙의 교원이던 여준이 명동서숙에서도 교원으로 활동하였다. 또한 서전서숙에서 수학한 김학연金學淵과 남위언南葦彦 등이 명동학교에서는 교원이 되었다.

명동서숙의 건립 주역인 김약연은 원래 함북 회령 출신의 덕망있는 한학자였다. 그는 1899년경 문치정文治正과 함께 이주민을 거느리고 용정촌에서 40리 남쪽의 화룡현 장재촌長財村에 자리 잡고 황무지를 개간하여 한인촌을 만들고 그곳에 규암재圭巖齋라는 서당을 열어 한인 자제들에게 한문을 가르쳤다. 이 무렵 서전서숙이 폐숙되자, 그를 계승할 교육기관으로 규암재를 발전시켜 1908년 4월 명동서숙을 세웠다. 신교육기관으로 개숙한 명동서숙의 숙장은 김약연이 맡았으며, 박정서가 명예숙장, 문치정이 재무를 맡았다. 그리고 김약연의 사촌 동생인 김학연과 서전서숙 출신의 남위언을 비롯하여 김하규金河奎, 여준呂準 등의 애국지사들이 부임하여 42명의 학생을 가르치기 시작하였다.[17]

1909년 명동서숙은 국내 신민회에서 파견된 정재면을 단장으로 하는 북간도교육단과 합심하여 명실상부한 민족주의 교육기관으로 성장해 갔다. 북간도교육단의 중요임원은 종교에 기독교 전도사 배상희裵尙禧, 의무醫務에 평양 제중병원 의사 한봉의韓鳳儀, 재무에 유기연柳基淵, 고문에 이동녕과 이동휘로 구성되었다. 이들은 원산항에서 배로 출발, 용정을 거쳐 명동촌으로 가서 그곳의 명동서숙을 발전시키는 데 힘썼다. 특히 교무주임을 맡은 정재면은 규암재 당시의 구식교육 체제를 완전히 쇄신하고 교육 이념을 독립정신에 두는 민족교육을 시행하는 데 앞장섰다. 그러한 교육 이념을 구현하기 위해 역사에 황의돈黃義敦, 윤리에 박태항朴兌恒, 한글에 장

---

17  연변정협문사자료위원회 편, 『연변문사자료』 5, 1988, 83쪽.

지영張志暎, 체육에 김홍일金弘一 등이 차례로 국내외에서 교사로 초빙되어 항일민족의식을 고취하는 데 진력하였다.[18]

명동서숙은 1909년 4월 다시 명동학교로 교명을 변경하였고, 1910년에는 중학부까지 증설하였다. 궁극적으로 명동학교의 교육이념은 민족의식 고양을 통한 구국인재 양성에 있었다. 명동학교의 교세는 날로 팽창되어 북간도 각지에서는 물론 국내와 러시아 연해주로부터도 학생들이 모여들었을 정도였다. 이 무렵의 학생 수를 보면 중학부 160명을 비롯하여 소학부의 보통과에 121명, 고등과에 159명, 그리고 여학부에는 65명이 등록되어 있었다.[19]

명동학교의 항일민족교육은 1920년 일본군의 간도 침공 후 일본군에 의해 학교 건물이 소각당할 때까지 꾸준히 계속되어 수많은 애국인재가 배출되었다. 이 학교의 졸업생들은 그 뒤 도처에 세워진 여러 민족주의 교육기관의 교사로, 1920년대 만주 독립군으로, 그리고 다양한 민족운동을 주도하는 항일투사로 활약하게 되었다.

이상에서 보았듯이, 서전서숙의 민족교육의 정신과 전통은 명동학교로 상징되는, 북간도 각지의 한인사회에서 왕성하게 일어난 구국교육의 큰 흐름으로 발전되었다. '사방자四方子'라는 필명을 쓴 계봉우桂奉瑀는 북간도 민족교육의 발전상황을 언급하면서 그 연원으로서 서전서숙이 지닌 역사적 위상과 역할을 아래와 같이 기술하였다.[20]

---

18  현규환, 『한국유이민사』 상, 466~467쪽.
19  연변정협문사자료위원회 편, 『연변문사자료』 5, 84쪽.
20  四方子, 「북간도 그 과거와 현재」, 『독립신문』 1920년 1월 1일. 계봉우는 또 그 뒤 1940년대에 집필한 자서전 『꿈속의 꿈』에서도 이상설이 세운 서전서숙의 민족교육과 그 역사적 의의를 아래와 같이 평가하였다. "우리에게 있어서는 명동, 호천개, 와룡동, 붉은 양창 그 네 지방에 학교가 설립되었다. 그 학교들은 다 예수교회에서 설립한 것인데, 그 교사의 대부분은 서전서숙에서 수업하던 청년들이었다. 그 서숙은 보재 이상설 등 몇 사람이 용정에 설립한 것이라는데, 그가 만국평화회의에 참가할 밀사로 떠난 그 후에

교육의 진흥. 거금 13년 전(1906년)에 이상설·이동녕·정순만·박무림(박정서 - 필자주) 제씨가 (을사) 5조약이 체결된 끝에 국권의 타락됨을 분탄憤歎하여 용정촌에 와서 서전서숙을 세우니 이는 간북墾北(북간도 - 필자주) 교육의 기원이다. 참담한 경영으로 80여 명의 청년자제를 모집하여 철혈적鐵血的 정신으로 교도하다가 불행히 왜 통감부파출소가 들어온 결과로 8개월 넘지 못한 단기교육이나 후일 간북 교육에 큰 성공이 되었다. 그 다음 간민교육의 설력設力으로 다수한 학교가 도처 설립되는 그때에 서전서숙 학생의 노적勞績이 가장 불소不少하였다. 금일까지 13년간에 선각자 된 우리 동지가 어떻게 고심노력한 실증을 두어 가지 말하리라. 김립金立·문경文勁 양씨가 어떤 촌중村中에 가서 학교 설립을 권고하다가 수백 명 인민의 구타를 당하야 상신傷身 유혈한 일도 있었다. 교사라 하면 문명국에서는 극존경하여 수상의 귀貴로도 항심배굴降心拜屈하는 일이 있건만 10년 전 간도는 그렇지 못하여 교사는 호구책이 없어서 교육을 의탁한 줄로 알고 냉대한 곳이 있어서 속반토장粟飯土醬도 완전치 못하고 이말履襪까지 없이 지내는 적이 있었다. 이리하는 동안에 명동明東·광성光成·창동昌東·정동正東·북일北一 등 중학교로 차제次第로 기起하고 나자구羅子溝에는 대전학교大甸學校라는 양무적養武的 기관도 설립되어 80여 건아를 교양하다가 시세의 불리로 중도에 닫았지만, 현금 중아 양령에 위국헌신하는 청년은 그 가운데서 나온 자 최다수이며 학교교육 뿐 아니라 사회교육이 아울러 홍진하여 일반 민지가 부지불각중에 비변丕變됨으로 지금은 교사에게 예경禮敬만 배중倍重할 뿐 아니라 상당한 월은月銀도 있게 되었다. 목하 80여 학교에 학생의 사상계를 보면 지식보다 정신이 도리어 배가倍加하다. 이것은 교육자가 복수주의로 정신상에 최전력最專力함이다.

---

인차 폐지되었다. 만 일개 년이 못 되는, 그 짧은 기간에 교양한 그 효력도 적지 않다는 것을 말하게 된다. 나는 여기에 대하여 이런 말을 중복하고 싶었다. '땅에다가 뿌린 씨는 거저 없어지지 아니한다. 언제든지 나는 법이다. 나기만 하면 열매가 맺힌다' 이 말을 누가 부정할까? 보재의 뿌린 씨가 이런 열매를 맺게 하였다" (계봉우, 『꿈속의 꿈』, 필사본; 독립기념관 한국독립운동사연구소 편, 『북우 계봉우 자료집』 1, 1996, 146쪽)

이상설이 세운 서전서숙의 역사적 위상과 성격을 단적으로 보여주는 평론이다. 망국조약인 을사조약 늑결을 계기로 이상설이 동지들과 함께 간도로 망명하여 서전서숙을 세워 항일민족교육의 요람이 되었고, 그 정신과 전통이 파급된 결과 북간도 각지에 학교가 설립되고 전역에서 민족교육의 기세가 왕성하게 일어날 수 있었다는 논지이다. 그 범주에 들어가는 대표적인 교육기관으로 명동학교를 비롯하여 광성학교·창동학교·정동학교·북일학교 등을 예거하였고, 무관양성을 표방하고 설립된 왕청현 나자구의 대전학교까지 언급하고 있다.

이상설이 표방한 서전서숙의 교육이념과 정신은 북간도 외에도 서간도, 러시아 연해주까지 널리 파급되었다. 서간도에서는 경술국치 이듬해인 1911년에 이동녕·이회영·김창환·이상룡 등이 신흥강습소를 세워 신흥무관학교로 발전시키면서 많은 독립군을 양성해 낸 것은 널리 알려진 사실이다. 학교 설립과 운영의 중심인물들만 보아도 쉽게 짐작할 수 있듯이 신흥학교는 서전서숙의 교육이념과 정신을 계승한 것이었다. 1906년 이상설과 함께 망명하여 서전서숙을 같이 경영했던 이동녕은 물론이요, 이회영과 뒷날 신흥무관학교 교장을 지내게 되는 여준 등은 이상설의 죽마고우이고, 김창환도 이상설과 함께 서전서숙을 세운 인물이었다. 서간도의 신흥학교 외에도 연해주의 계동학교, 북만주 밀산 한흥동의 한민학교 등도 모두 이와 같은 범주에 들어가는 학교였다고 할 수 있다.[21]

---

21  윤병석, 『이상설전』(증보판), 일조각, 1998, 55~56쪽.

제 4 부
**구국의 혈성,
헤이그 사행**

제1장

# 머나먼 헤이그

## 유럽의 전운과 헤이그 평화회의

　세계 역사상 최초의 국제회의 성격을 가진 모임이 1899년 네덜란드 헤이그에서 열린 만국평화회의였다. 이 회의는 지난 한 세기, 19세기에 들어와 가속화된 열강의 군비확장으로 인해 인류평화가 크게 위협을 받는 현실적인 문제가 대두된 것이 시대적인 배경으로 자리잡고 있었다. 곧 군비확장을 억제하고 평화를 수호하는 것이 당시 유럽에서 시대적 과제로 부상되었다.

　전 유럽을 전란의 소용돌이로 몰아넣은 나폴레옹 전쟁이 끝나고 1815년 빈회의Congress of Vienna가 개최된 뒤 제1차 세계대전이 일어나는 1914년까지 유럽은 근 100년 동안 오랜 평화를 누렸다. 중간에 이탈리아, 독일이 통일을 이룩하는 과정에서 몇 차례 국지전이 일어났을 뿐이었다. 평화의 세기가 지속되는 동안 열강의 군비는 경쟁적으로 성장하였다. 통일된 독일과 이탈리아는 새로운 영토를 방어해야 한다는 이유로, 주변의 인접 국가는 새로운 제국의 침략 위협으로부터 자국을 방위해야 한다는 이유로 서로 경쟁적으로 군비를 확장하는 가운데 소위 '무력 평화'의 분위기가 형성되었다.

독일과 프랑스 두 나라는 특히 경쟁적으로 군사력을 확충하였다. 통일 독일은 프로이센의 강력한 군국제도를 이어받아 새로운 강대국으로 국제 무대에 등장하여 전통 강국인 영국과 프랑스의 자리를 엿보기 시작하였다. 1870~1871년 프랑스와 독일의 전쟁 결과, 독일이 알사스·로렌지역을 점령하여 양국은 적대관계가 되었다. 이로 인해 열강간의 힘의 균형이 무너졌고, 상호 경쟁과 모순이 심화되어 갔다.

1882년에 독일·이탈리아·오스트리아 제국은 '삼국동맹'을 맺었다. 1890년대 초에 프랑스는 러시아를 끌어들여 '삼국동맹'에 반대하는 양국동맹을 맺었다. 그것을 더 강화하기 위해 '세계 금융자본국'이라고 불렸던 프랑스가 러시아에 차관을 제공해 주었다. 1907년 헤이그회의가 끝난 직후까지 '영예로운 고립'이라는 대외노선을 추구하던 영국이 가담함으로써 양국동맹은 '삼국협상'으로 변모하였다. 산업혁명으로 촉발된 과학기술의 진보는 끝없는 무기의 양산을 부추겼고, 삼국동맹과 삼국협상 두 진영은 각각 군사력의 우위를 점하기 위해 서로 경쟁하였다. 20세기에 들어와 발발한 1차 세계대전(1914~1918)은 결국 삼국협상과 삼국동맹이라는 두 진영 간의 세력이 대립·충돌함으로써 야기된 것이다.

군사블럭이 형성되고 동시에 군국주의가 확대됨에 따라 역설적으로 군국주의를 반대하고 평화주의를 주창하는 평화운동도 드세게 일어났다. 톨스토이와 같이 평화주의를 전파하는 개인 활동가들도 있었고, 반전 평화운동을 주창하는 여러 사회단체도 나타났다. 평화주의 단체들이 국제모임을 결성하고 각국의 대표들이 모여 평화 유지 문제를 논의하였다. 1899, 1907년 헤이그에서 두 차례 만국평화회의가 개최된 것은 당시 절실히 대두되던 시대적 과제를 해소하기 위함이었다. 하지만, 결과적으로 평화 구축을 위한 협의가 제대로 결실을 거둘 수 없었기 때문에 1차 세계대전이라는 인류 공멸의 미증유 참화가 필연적으로 야기될 수밖에 없었다.[1]

이 무렵에 전쟁의 공포를 예견하는 책이 나와 전 유럽에 퍼졌다. 러시아 경제학자 블로흐Ivan S. Bloch가 1898년에 발간한 『이제 전쟁은 불가능한가?』라는 책이 그것이다.[2] 전 6권으로 된 방대한 이 책은 출간되자마자 크게 주목을 받아 불어·영어·독어로 번역되어 전 유럽에서 읽혔고 전쟁 공포가 확산되었다. 이 책에서는 미래의 전쟁이 대량파괴를 수반할 것이고, 이로 인해 가장 큰 피해를 보게 될 나라는 당시 가장 큰 규모의 육군을 보유하고 있으면서도 재정적으로 거의 파산상태에 놓였던 러시아가 될 것이라는 예언을 하였다. 러시아 관료들은 그 주장을 심각하게 받아들였고, 국제적으로도 전쟁을 막아야 한다는 공감대가 형성되고 있었다. 당시 제정러시아의 재무상으로 있던 위테Sergei Witte(1849~1915)는 평화회의의 필요성을 처음으로 구상하여 이를 외무상 무라비예프M.N.Muravyov(1845~1900)에게 제안하였고, 무라비예프로부터 건의를 받은 황제 니콜라이 2세가 이를 채택함으로써 회의가 열릴 수 있었다고 한다.[3] 결국 니콜라이 2세는 당시 자국의 군비 확충에 소요되는 막대한 자금을 줄이고 군사적 안전도 도모할 방책으로 평화회의 개최를 선창하게 된 것이다.[4]

헤이그 만국평화회의는 제1회 대회가 1899년 5월 18일부터 7월 30일까지 72일 동안 개최되었다. 러시아 황제의 주창으로 세계 26개국 110명의

---

[1]   T. Simbirtseba, 「1907년 헤이그 평화회의의 개최과정과 성격」, 『헤이그특사와 한국독립운동』, 독립기념관 한국독립운동사연구소, 2007, 67~71쪽.
[2]   이 책의 영어판 제목은 *Is War Now Impossible?*이며 '기술·경제·정치 관계로 보는 미래전쟁(Being an Abridgment of the War of the Future in Its Technical, Economic, and Political Relations)'이라는 부제가 달려 있다.
[3]   T. Simbirtseba, 「1907년 헤이그 평화회의의 개최과정과 성격」, 72쪽.
[4]   「이준열사의 헤-그 행적」, 『이준열사 95주기 추모 학술발표』 2002년 5월 21일, 이준평화기념관, 12쪽.

대표가 네덜란드 헤이그에 모여 회의를 연 것이다. 26개 참가국 가운데 20개국이 유럽 국가였을 만큼 유럽대륙의 비중이 절대적으로 컸다. 유럽 외에 아시아 국가로는 터키·일본·중국·태국(샴) 등이 참가했고, 미주대륙에서는 미국과 멕시코가 참석하였다. 태국·룩셈부르크·몬테네그로 등을 제외하고 참가국 대부분은 당연히 러시아와 외교관계를 맺고 상트페테르부르크에 외교관을 파견한 나라들이었다.

제1회 헤이그 만국평화회의의 의장은 러시아 단장이었던 스탈Staal(1822~1907) 백작이었다. 참가국 대표들은 네덜란드 왕실의 4대 왕궁 중 하나인 '하우스 텐 보스Huis Ten Bosch'('숲속의 집'이라는 뜻)라는 왕궁에 모였다. 이들은 전 세계적으로 큰 부담이 되는 군비를 억제하는 일이 인류의 물질적·정신적 복지 증진에 기여한다는 큰 원칙에 합의하고 공동선언을 하였다.

그러나 제1회 헤이그 만국평화회의에서는 군비축소를 희망한다는 공동선언문을 채택한 외에 실질적인 군축문제에 대해서는 거의 진전이 없었다. 회의의 결과는 군비 축소 또는 억제에 무게를 두기보다 전쟁을 초래할 수 있는 국제분쟁을 중재에 의하여 평화적으로 해결하려는 상설 국제재판소의 설치와 운영에 집중되었다. 지금까지 활동 중인 국제중재재판소ICA, International Court Arbitration는 이 회의에서 비롯된 것이다.[5]

현재 평화운동가들은 제1차 헤이그 회의가 국제법 발전에 큰 영향을 미쳤고 군비축소와 전쟁억제에 관한 규정을 정하는 의식적인 시도였다고 평가한다. 전쟁의 위험성에 대해 전 인류에게 경각심을 환기했으며 많은 사람이 평화운동에 호응하게 했다는 것이다.[6]

---

5 「만국평화회의의 약사」, 『헤이그에서 본 이준 열사』, 네덜란드 헤이그, 이준평화기념관, 2000.
6 T. Simbirtseba, 「1907년 헤이그 평화회의의 개최과정과 성격」, 72쪽.

## 제2회 헤이그 만국평화회의

제1회 회의에 이어 미국 대통령 루스벨트T. Roosevelt(1858~1919)는 평화운동가들의 호소에 따라 2차 평화회의를 1904년 미국에서 개최하기 위해 안건을 의회에 상정하였다. 그러나 러일전쟁이 일어나 큰 전란에 휩싸이게 되자 그 계획은 미뤄질 수밖에 없었다. 러시아가 연기를 요청했고 독일도 참가에 동의하지 않았다. 러일전쟁 종료 직후 러시아는 미국과 협의를 거친 결과 평화 증진을 도모한다는 명분으로 제2회 평화회의 개최를 주도하게 되었다. 이 회의를 통해 러시아는 전후 자국과 관련된 국제문제를 해결하려는 의도가 강하게 내포되었다.

자료 4-1  제2회 헤이그 만국평화회의 개최 장소 '기사의 성Ridderzaal'

이상설 등 대한제국 특사가 사행한 제2회 헤이그 만국평화회의는 시내 비넨호프 중앙 '기사의 성Ridderzaal(리데르잘)'에서 1907년 6월부터 10월까지 45개국 대표 239명이 모인 가운데 개최되었다. 1차 회의 때는 참가국이 26개국에 불과했으나 2차 때는 45개국으로 대폭 늘었다. 제2회 회의를 미국이 선창했던 관계로 특히 미주 대륙의 여러 나라들이 적극 참여하였다. 미주대륙 21개국 가운데 제1회 회의에는 미국과 멕시코 2개국만이 참가한 데 반해 1907년 제2회 회의에는 온두라스와 코스타리카 두 나라만 불참하고 나머지 19개국이 모두 참가하였다.

제2회 회의는 1907년 6월 15일 '전쟁 법규에 관한 협정'을 주의제로 개막되었다. 의장에는 제1회 때와 마찬가지로 러시아 대표단 단장인 파리 주재 러시아 대사 넬리도프Aleksandr Nelidov(1835~1910) 백작이 선임되었다. 회의에서 다룬 중요한 의안은 국제중재재판소의 운영문제를 비롯하여 육·해상전 규정, 중립국의 지위, 전리품 처리 등에 관한 제반 문제 등이었다. 회의 결과 해전법전을 비롯하여 13개의 각종 협정이 체결되었다.[7] 그 가운데 무엇보다 중요한 것은 1차 회의에 이어 2차 회의에서도 의무적인 중재 원칙을 만장일치로 결의하고 헤이그에 세계평화를 구현하기 위하여 상설 국제중재재판소와 국제사법재판소를 실제로 운영하게 된 것이다.

두 차례에 걸쳐 개최된 헤이그 만국평화회의는 각국의 첨예한 이해관계의 대립과 자국 이익을 앞세우는 제국주의 속성이 가진 여러 내재적 한계로 인해 예견된 대로 괄목할 성과를 거둘 수는 없었다. 3차 평화회의를 염원하고 이를 개최하기로 결의하였음에도 불구하고 끝내 무산된 점과 2차 회의가 끝나고 불과 7년 만인 1914년 미증유의 대재앙인 제1차 세계대전이 발발한 사실이 만국평화회의가 가진 한계를 명백히 드러내는 것이다. 그런데도 이 회의가 고조되는 전쟁 위기를 감지하고 이를 막고자 노력하였고, 나아가 인류의 평화 애호와 증진을 위한 노력의 일단을 보여주고 이를 실천하고자 했다는 점에서는 세계사적 의의를 확인할 수 있다. 제2회

---

[7]  Peter van den Dungen, 「제2차 헤이그평화회의의 역사적 의의」, 『이준열사 95주기 추모 학술발표』, Yi Jun Peace Museum, 2002.

회의를 성사시키기 위해 니콜라이 2세의 특명을 받아 독일·영국·프랑스·이탈리아 등지를 순방했던 러시아 외교관 마르텐스F. F. Martens(1845~1909)가 자신의 회고록에서 평화회의에 대해 다음과 같이 밝힌 소감도 이런 맥락에서 이해할 수 있을 것이다.

> 제2회 평화회의가 끝났다. 나는 간교함, 어리석음, 질투 등을 극복하면서 여러 민족이 다 같이 평화를 누리기 위한 기초를 마련하려고 최선을 다해 노력하였다. 이것은 나에게 큰 보람이었다. 이제 난 마음을 놓고 눈을 감을 수 있다. 내가 죽어도 러시아와 다른 나라는 국제법을 발전시키기 위한 나의 노력을 잊지 않을 것이다. 이보다 더 좋은 보상을 바랄 수 없다.[8]

### 만국평화회의와 대한제국

광무황제가 제2회 헤이그 만국평화회의에 특사를 파견한 것은 전술한 을사조약 이후 망국을 향해 치닫는 절박한 상황에서 국권회복을 위해 절대 통치권자로서 결행할 수 있던 마지막 단안斷案인 동시에 절규였다. 사실 제국주의 열강을 상대로 일제의 국권침탈 실상과 대한제국의 참담한 현실을 호소함으로써 열강의 동정, 지지, 원조에 힘입어 국권을 회복하겠다는 외교전략은 현실적으로 실현 가능성이 거의 없었다고 해도 과언이 아니다. 미국과 영국, 러시아 등 열강이 대한제국에 대한 일제의 독점적 지위를 이미 공인한 상황에서 일제와 국익을 공유하고 역사성을 같이하는 제국주의 열강을 향해 일제의 침략 성토와 대한제국 지지를 호소한다는 것 자체가 이미 한계와 모순을 드러내는 것이었다. 그런데도 대한제국의 절박한 운명과 광무황제의 고단한 처지를 생각해 본다면, 국제정치 환경

---

8   T. Simbirtseba, 「1907년 헤이그 평화회의 개최과정과 성격」, 83쪽.

에 어둡고 무능한 광무황제의 오판 또는 단견의 소치 등으로 헤이그 사행을 일방적으로 매도할 수 없을 것이다. 그만큼 대한제국의 형세가 처절했음을 반증해준다.

러일전쟁 발발 이후 대한제국의 국권 수호를 위한 광무황제의 노력은 주로 열강을 상대로 하는 특사 파견과 같은 외교활동에 집중되었다. 열강 중에서도 특히 러시아와 미국이 주된 교섭대상이 되었다. 이들 나라에는 광무황제의 측근이나 신임할 수 있는 서울 주재 외국 공관원을 비롯한 외국인 등을 지속적으로 파견하여 황제 자신의 친서를 전달하며 대한제국의 독립을 지원해 줄 것을 호소하였다.

대한제국 정부가 헤이그 만국평화회의에 참가하기 위해 관심을 두고 그 준비에 착수한 시기는 1902년 초로 거슬러 올라간다. 광무황제의 칙명에 따라 그해 2월 6일 자로 외무대신 박제순 명의로 제1회 만국평화회의 명예의장인 네덜란드 외무장관 보포트W. H. Beaufort에게 앞으로 개최될 만국평화회의에 참석하기를 원한다는 공문을 보냈다. 이어 다음 해 3월에는 제1차 평화회의에서 가결된 2개의 협약에 대해 주불공사 민영찬閔泳瓚(1874~1948)을 통해 서명케 하여 대한제국도 가입하였다.[9]

광무황제는 1905년 후반 무렵에 이미 헤이그에서 제2회 만국평화회의가 열릴 것을 알고 있었다. 이에 일제의 국권침탈에 대응하여 국제열강의 지원을 모색하던 광무황제는 헤이그에서 열리는 국제회의에 특사를 파견하고자 하였다.

---

9  송창주, 「1907, 헤이그에서의 한국독립운동」, 『이준열사 순국 100주년 국제학술회의』, 이준아카데미, 2007, 18~21쪽. 주불공사를 지낸 민영찬은 선혜청당상 겸 병조판서 민겸호의 아들로 민영환의 동생이기도 하다. 일제강점기에는 총독부 중추원참의 등으로 일제통치에 적극적으로 협력한 공로로 1928년 일제로부터 소화대례기념장(昭和大禮記念章)을 받은 친일반민족행위자이다.

대한제국 정부는 러시아 정부의 주도로 제2회 만국평화회의가 준비되던 1905년 10월부터 그 회의에 대표를 파견하기 위해 각별한 노력을 기울였다. 러시아도 일제가 러일전쟁을 도발하였고 또 전시 중에 대한제국의 국권을 명백히 유린한 만큼 포츠머스강화조약에서 대한제국의 독립을 유지하기 위해 노력하였다. 그러나 전승국인 일제의 강요와 미국 대통령의 중재 개입으로 소기의 성과를 거둘 수 없었다. 그러므로 러시아는 자국이 추진하는 제2회 헤이그 만국평화회의에서 포츠머스강화조약 때 미처 해결하지 못한 러일 간의 현안을 해결하는 한편, 극동지역에 대한 자국의 외교정책상 필요에 의해 대한제국의 독립을 지지해야만 하는 입장에서 그 명분을 확보하려는 의도로 대한제국을 평화회의에 초청한 것으로 인정된다. 러시아 정부는 1905년 10월 3일 주러공사 이범진李範晉(1853~1911)을 통해 헤이그 만국평화회의에 대한제국 대표의 참석을 요청하는 초청장을 보내왔다.

자료 4-2 헤이그 사행의 가교 역할을 한 이범진 주러공사
경술국치 이듬해에 순국하였다.

러시아의 공식 초청을 받자, 광무황제는 제2회 만국평화회의 수석대표로 러시아 상트페테르부르크에 주재하던 이범진 공사를 선임하였다. 그 후 러시아는 회의 개최준비를 서둘러 1906년 4월에는 대한제국이 포함된 초청 47개국 명단까지 만들어 통지하였다. 초청 대상국은 개최국인 네덜란드 정부에도 통지되어 회의를 준비하게 하였다.

한편, 일제는 헤이그 평화회의에 혹시 있을지도 모를 대한제국 대표의 참가를 미연에 방지하기 위해 외교적 노력을 기울였다. 특히 러시아에 대해서는 회의가 열리기 1년 전인 1906년 6월 13일 자로 이미 러시아 주재 일본 대사를 통하여 러시아 외무대신 이즈볼스키Aleksandr Petrovich Izvokkii에게 대한제국이 외교권을 상실한 상황을 상기하면서 평화회의에 초청하지 말도록 압박을 가하였다. 나아가 일제는 평화회의가 개최되는 네덜란드 정부에도 대한제국의 불참을 사전에 통지하여 특사의 본회의 참가를 처음부터 봉쇄시켜 놓았다.

러시아는 포츠머스강화조약 전후에 주일공사를 지낸 친일인사 이즈볼스키를 1906년 초에 외무대신으로 기용하였다. 취임 후 그는 그동안 견지해온 대한제국을 우선시하는 외교정책에서 벗어나 대일외교정책의 기조를 친일유화책으로 바꾸는 큰 변화를 일으키는 제반 조치를 하였다. 이와 같은 외교 노선의 선회는 러시아가 당면한 고도의 국가 이익과 직접적인 관련을 가진 문제 때문이었다. 당시 러시아는 특히 만주와 몽골에서 러시아가 확보한 우월한 지위를 유지하기 위해 '일제의 한국 침탈에 방해하지 않는 대신 일제는 한국에서 러시아를 최혜국으로 우대한다'는 취지로 러일 간 비밀협상을 추진하고 있었다.[10] 또한 대한제국에 대한 이른바 보호권 문제를 일제에 양보하더라도 일본 및 대한제국과 접해 있는 변경지대의 군사적 안정문제도 해결해야 할 입장이었다. 더욱이 러시아는 그동안 잠재적 주적으로 간주하던 영국과의 대립관계를 해소하고 새로운 동맹관계를 수립하는 큰 틀의 외교전략을 추진 중이었다. 그것은 영국·프랑스·일본 3국의 동맹체제에 대립하지 않고 오히려 이들과 함께 우호적 관계를

---

10  박종효, 『러시아 국립문서보관소 소장 한국관련문서요약집』, 한국국제교류재단, 2002, 776쪽.

수립하려는 러시아의 외교혁명이라고도 할 수 있다.

이상과 같이 대한제국의 국제정치 참여를 봉쇄하려는 일제의 방해책동과 현실적 국익을 앞세운 러시아의 외교노선 변화로 말미암아 헤이그 평화회의를 통한 대한제국의 구국외교는 실행 전부터 이미 그 한계를 분명히 드러내고 있었다. 이로 인해 네덜란드 정부에서 1907년 4월 8일 자로 발급한 제2회 헤이그 평화회의 공식 초청 대상국에는 대한제국이 제외된 채 45개국만 포함되었다.[11]

### 헤이그 특사단의 정사正使

이상설이 필생 전개한 구국투쟁의 최고봉은 1907년 6월 헤이그 사행이었다. 광무황제의 특명으로 이루어진 헤이그 사행은 곧 대한제국의 비극적 운명을 극명하게 보여준 슬픈 역사의 한 단면인 동시에 구국의 항일독립운동을 격화시킨 기폭제가 되었다. 한국근대사의 전개과정에서 이상설이 지닌 커다란 비중과 육중한 무게감은 이러한 사실에 기인하기도 한다.

대한제국 정부는 1905년 10월 헤이그 평화회의에 처음 초청을 받고 주러공사 이범진을 수석대표로 임명하였다. 하지만 참가국들의 사정으로 회의가 연기되자, 그 구체적 경위는 알 수 없지만, 연해주 블라디보스토크에 망명 중이던 친러파의 거두 이용익李容翊(1854~1907)이 다시 수석대표로 선정되었다는 소문이 나돌았다. 그러나 그는 1907년 2월 망명지에서 급서하고 말았다.[12]

앞에서 보았듯이 이상설은 이동녕 등과 함께 1906년 북간도 용정촌에 망명 이주하였다. 을사조약 이후 국망을 예견하고 장기 지속적인 독립운

---

11  *The Independence Movement of Korea in the Hague*, 1907, 『이준열사 순국 100주년 국제학술회의』, 네덜란드 헤이그, 이준아카데미, 2007, 17쪽.
12  윤병석, 「만국평화회의와 한국특사의 역사적 의미」, 『헤이그특사와 한국독립운동』, 독립기념관 한국독립운동사연구소, 2007, 39쪽.

동을 전개하고자 국외에 근거지를 개척하려는 원대한 이상과 포부를 지닌 장도였다. 그런데 그의 북간도 망명이 곧 헤이그 만국평화회의 사행을 염두에 둔 여정이었을 개연성도 있다. 곧 이상설은 광무황제와 사전 교감을 갖고 가까운 장래에 열릴 헤이그 만국평화회의 참석을 위해 미리 망명길에 올랐다는 것이다. 여러 정황으로 보아 그러한 개연성이 충분히 인정되는데, 그의 국외 망명은 국제회의에 대표를 파견하려던 광무황제의 구국외교 구상, 계획과 밀접한 관계를 갖고 이루어졌다고 볼 수 있다. 당시 신문에서 1906년 망명 전에 이미 광무황제로부터 인수印綬를 받았다고 보도한 기사나 이상설 관련 단편적인 자료 등에서 그러한 정황을 짐작게 하는 내용이 기록되어 있다.[13] 또 이상설을 숭모崇慕하여 한때 그의 전기를 쓰고자 했던 위당 정인보가 지은 장문의 추도시의 다음 구절도 이러한 정황을 알려준다.[14]

| | |
|---|---|
| 구중과 비밀리 연락하니 | 九重連密勿 |
| 하늘 밖 헤이그를 가리키네 | 天外指海牙 |
| 뜬 구름 어느 곳에 사라지나 | 浮雲何處沒 |
| 춘삼월 선인께 제사지내고 | 季春祭先人 |
| 제사 후 서서히 걸어나왔네 | 祭罷徐步出 |

곧 정인보는 위 시에서 이상설이 헤이그 사행과 관련하여 광무황제와 비밀리에 연락을 취하여 교감을 가진 뒤에 망명길에 오른 것으로 간주하였다. 하지만 망명과 특명 양자 간의 시기적 선후관계는 현재 더는 명확하게 단정할 수 없다.

---

13  『대한매일신보』 1907년 7월 9일 자; 유자후, 『이준선생전기』, 동방문화사, 1946, 306~307쪽; 주요한, 『추정 이갑』, 민중서관, 1964, 20쪽.
14  정인보, 『담원문록』 상, 연세대학교출판부, 1967; 최기영 편, 『헤이그특사100주년기념자료집』 1, 독립기념관 한국독립운동사연구소, 2007, 158쪽.

자료 4-3 헤이그 세 밀사
정사 이상설(가운데)과 부사 이준(왼쪽), 이위종(오른쪽)

이상설은 헤이그 특사단의 대표인 정사正使였다. 그리고 이준李儁(1859~1907)과 이위종李瑋鍾(1887~?)이 부사로 함께 사행하였다. 이들 외에 광무황제가 별도로 파견한 미국인 헐버트H. B. Hulbert(1863~1949)가 특사단의 활동을 도왔다.

부사 이준은 일찍이 일본에 유학한 바 있고 대한제국 법관양성소를 졸업한 뒤 최초로 임명된 검사 중 한 사람이었다. 특히 국제법에 밝았던 그는 전덕기 목사가 담임하던 서울 상동교회를 기반으로 기독교청년회장을 역임하며 청년회 활동에도 주력한 인물이다. 러일전쟁 당시 일제 측이 황무지 개척권을 요구하자 보안회에서 이를 저지하는 투쟁을 벌일 때 그 주역을 담당하였다. 이후 공진회·신민회·헌정연구회·국채보상연합회 등 다양한 구국운동단체에서 활동했고 기독교청년회YMCA에서 명연설로 이름을 날렸다. 특사단의 일원으로 그가 선발된 데는 이러한 활동 이력과 해박한 국제법 지식도 한 요인으로 작용하였다. 헤이그 세 특사 가운데 국내에서 출발한 유일한 인물이 이준이었다. 사행 당시 49세로 세 사람 가운데 가장 나이가 많았다.

광무황제가 이준을 특사로 발탁한 것은 출중한 실무적 역량 외에 잘 알려지지 않은 황제의 측근이었다는 사실과 무관하지 않다고 생각된다. 1904년 12월 공진회共進會 활동을 전개하면서 일진회 해산을 시도하던 광무황제와 연결되었던 것으로 보인다. 그리고 1907년 2월 평리원 검사로 있으면서 진행된 일련의 사건을 통하여 광무황제는 강직한 성품의 이준을 더욱 신뢰하게 되었을 것이다.

광무황제로부터 1907년 3, 4월경 사행의 밀명을 받은 이준은 4월 22일 서울을 떠나 4월 말 러시아 연해주 블라디보스토크에 도착하였다. 이때 그와 동행한 인물은 공진회에서 총무를 맡아 같이 활동했던 나유석羅裕錫이었다. 그곳에서 이준은 이상설을 만나 연해주 한인사회의 지도자인 차석보車錫甫의 아들 차 니콜라이를 데리고 5월 21일 블라디보스토크를 떠나 러시아의 수도 상트페테르부르크로 향하였다.[15]

이준과 함께 부사였던 이위종은 사행 당시 21세에 불과한 열혈청년으로 주로 특사단의 통역을 맡았다. 전주 이씨 세도가문 출신으로 그의 조부는 흥선대원군의 두터운 신임을 받았던 포도대장 이경하李景夏였고, 주미공사를 거쳐 사행 당시 러시아 상트페테르부르크에 상주하던 주러공사 이범진이 그의 부친이었다.

이위종은 부친을 따라 1896년 미국으로 건너가 어린 시절을 보냈고, 프랑스와 러시아에서 중등학교를 다녔으며 군사학교도 마쳤다. 외국에서 오래 생활하면서 영어와 러시아어, 프랑스어 등 3개 국어를 익혀 이를 능숙하게 구사할 수 있었다. 이범진이 주러공사로 전임되어 러시아 수도 상트

---

15 최기영, 「한말 이준의 정치, 계몽활동과 민족운동」, 『헤이그특사와 한국독립운동』, 독립기념관 한국독립운동사연구소, 2007, 193~194쪽.

페테르부르크로 가게 되자, 그도 러시아로 가서 주러공사관에서 참서관參
書官으로 함께 근무하였다. 그가 그리스정교회에 입교하고 러시아 귀족 놀
켄 남작의 딸과 결혼한 것은 러일전쟁이 종료된 후인 1905년 말이었다.[16]
그 뒤 을사조약 늑결로 외교권이 박탈됨에 따라 각국 주재 대한제국 공사
관이 폐쇄되고, 일제 측의 종용으로 외국에 주재한 외교관의 소환령이 내
려졌다. 그러나 부친 이범진은 광무황제의 밀명에 따라 본국으로 귀환하
지 않고 현지에 체류하면서 외교활동을 계속하고 구국투쟁을 벌여 나갔
다. 본국에서 멀리 떠나온 헤이그 사행을 중도에서 현지 실정에 맞게 지휘
감독하면서 전진기지 역할을 수행한 곳도 상트페테르부르크 주재 공사관
이었다. 결국 이위종은 부친의 구국 외교활동과 혼연일체가 되어 있을 만
큼 밀접한 관계를 맺었다. 후술하겠지만, 일제침략의 실상을 폭로하고 대
한제국의 독립을 열강이 지지해 주기를 호소한, 평화회의 제출 문건인 「공
고사控告詞」도 상트페테르부르크에서 불어로 작성한 것이다. 이위종은 헤
이그 현지에서 외국 언론인과 인사들이 모인 자리에서 수차 구국연설을
하였으며, 특사단이 외국 언론 또는 대표들과 면담을 할 때도 통역을 담당
하여 국권수호를 위해 혼신의 노력을 기울였다.[17]

이상설과 이준, 이위종 등 세 특사 외에 헤이그 사행에 참여한 인물로
미국인 헐버트가 가장 특기할 만하다. 헤이그 사행 전년인 1906년 6월에
광무황제는 미리 헐버트를 영국과 미국·프랑스·독일·러시아·오스트리
아-헝가리·이탈리아·중국·벨기에 등 대한제국과 수교한 9개 나라에 파
견하는 '특별사절'로 임명하여 헤이그 평화회의 등에서 구국외교를 통해

---

16 박종효 편역, 『러시아 국립문서보관소 소장 한국관련문서 요약집』, 한국국제교류재단, 2002, 165쪽.
17 박민영, 「이범진 주러공사의 독립운동과 상트페테르부르크 기념관 건립 제언」, 『한국독립운동사연구』 62, 독립기념관 한국독립운동사연구소, 2018, 262쪽.

대한제국의 국권회복을 도와주도록 조치하였다. 곧 그로 하여금 헤이그 만국평화회의에 파견할 대한제국 특사단을 지원케 함으로써 평화회의에서 일제의 포악한 국권침탈의 실상을 폭로하고 나아가 국제사법재판소에 한국 문제를 제소하여 국권회복을 도모하려 한 것이다. 이때 헐버트가 받은 광무황제의 신임장은 그 이듬해 헤이그 특사에게 부여한 신임장의 취지와 거의 동일하다. 그 전문은 아래와 같다.

> 짐은 헐버트를 미국·영국·프랑스·독일·러시아·오스트리아-헝가리·이탈리아·벨기에 및 중국 정부에 특별사절로 임명한다. 차제에 그에게 전권을 부여하여 짐과 또 대한제국의 제반관계를 위해 열거한 제국 정부에 대표케 한다. 동시에 짐은 그에게 한국의 정치현황에 관한 문서를 각국 정부에 전달케 하고 본국 정부와 일본 정부 간에 야기된 여러 가지 문제를 헤이그 평화회의에서 현 사태의 조정을 담당하도록 특별사절의 자격을 부여한다.[18]

위 위임장의 내용을 통해 광무황제는 헐버트에게 열강과의 교섭 때 한국 문제에 관한 모든 권한을 위임하였음을 알 수 있고, 헐버트가 헤이그 만국평화회의에 참여케 하여 구국외교에 동참하도록 명기해 놓았다. 헐버트는 그러한 역할을 하겠다는 양해하에 임무를 수락하고 헤이그 사행에 참여하였다. 후술하겠지만 그가 1907년 5월 서울에서 헤이그를 향해 장도에 오를 때는 한국에서 영구히 철수한다는 각오로 가재도구를 매각하고 자신의 식구 전부와 한국인 부부 2명을 종자로 데리고 떠났다. 그의 동향을 주시하던 통감부에서는 총무장관 츠루하라鶴原定吉가 헐버트의 여정과 동향에 관한 정보를 외무차관 친다珍田捨己에게 보고하면서 헐버트가 헤이

---

18　윤병석, 『이상설전』(증보판), 일조각, 1998, 99~100쪽.

그의 만국평화회의를 이용해 각국 위원들과 접촉하여 한일관계를 저해하려 한다는 소문이 있다고 덧붙이면서 이러한 정보를 자국 대표인 츠즈키 게이로쿠鄒筑馨六 대사에게 통보해달라고 당부하였다.[19] 헐버트가 헤이그에 도착한 것은 세 특사가 도착한 지 보름이 지난 7월 10일이었다.

헐버트 외에 미국에 거주하던 윤병구尹炳求(?~1949)와 송헌주宋憲澍(1880~1965)도 특사단의 활동을 도운 인물들이다. 헤이그 현지 활동을 도와줄 인물을 보내달라는 연해주 정순만의 부탁을 받고 박용만의 추천으로 7월 초 헤이그로 간 것이다. 윤병구는 경기도 양주 출신으로 기독교 선교사의 자격으로 미국에 건너가 1905년 하와이에서 감리교 신도들과 신민회를 조직해 한인사회의 단결과 독립운동 지원을 적극 홍보하는 한편,『시사신보』를 창간하여 재미 한인들의 애국심 고취에 힘썼다. 그는 헤이그 평화회의 기자단의 국제협회에서 한국의 독립을 주제로 연설을 하기도 했다. 윤병구와 동향 출신인 송헌주는 서울에서 관립영어학교를 졸업한 뒤 하와이 이민길에 올라 1905년 감리교 한인교회 목사로 있으면서『한인기독교회보 Korean Christian Advocate』를 발간하고 한인상조회를 조직하여 그 회장으로 활동하면서 하와이 한인사회의 자치에 힘썼다. 이후 미국 본토로 건너가 버지니아주에서 대학을 다니던 중 헤이그에 갔던 것이다.[20]

## 헤이그를 향한 여정

4월 22일 이준이 서울을 떠나 사행의 장도에 오를 때 그를 배웅해 준 인물은 이갑李甲·안창호安昌浩·이종호李鍾浩 등이었다. 나유석과 함께 남대문

---

19 한철호,「헐버트의 만국평화회의 활동과 한미관계」,『헤이그특사와 한국독립운동』, 독립기념관 한국독립운동사연구소, 2007, 277~278쪽.
20 이계형,『고종황제의 마지막 특사 이준』, 역사공간, 2007, 233~234쪽.

역을 출발하여 부산에 도착한 뒤 이곳에서 하루를 묵고 이튿날 배를 타고 연해주로 향하였다.

이준은 서울을 떠난 지 18일이 지난 5월 9일에 연해주 블라디보스토크에 도착하였다. 용정에 머물던 이상설이 급히 블라디보스토크로 온 것은 이곳에 도착한 이준이 5월 14일경 보낸 전보를 받고서였다. 이때 정순만과 이동녕이 이상설을 동행하였다.

블라디보스토크에 도착한 이상설 등 일행은 현지 한인사회의 부호였던 김학만金學萬의 집에 일시 머물렀다. 한편, 정순만은 사행에 드는 자금을 충당하기 위해 그곳 한인들로부터 20,000원의 의연금을 모았다. 블라디보스토크에는 당시 개척리를 중심으로 10,000여 명에 달하는 대규모의 한인사회가 형성되어 있었기 때문에 가능한 일이었다.[21]

한편, 이준은 서울을 떠날 때 광무황제로부터 받은 위임장을 지니고 있었다. 황제의 수결과 어새御璽가 찍힌 그 위임장에는 이상설과 더불어 이준, 이위종 등 세 특사의 성명이 병기되어 있어 이들에게 공식 특사의 자격을 부여하였음을 알 수 있다. 위임장의 전문은 아래와 같다.

**대한제국 특파위원 전 의정부참찬 이상설, 전 평리원검사 이준,
전 주러공사관 참서관 이위종에게 주는 위임장**

대황제는 칙서로 가로되 우리나라의 자주독립은 이에 천하 각국이 공인하는 바라. 짐이 지난날 여러 나라와 조약을 맺고 수호함에 사행이 계속되었으니, 무릇 국제회의에 속한 곳에는 사절을 파견하여 동참하는 것이 도리에 맞도다. 그런데 1905년 11월 18일 일본이 우리나라에 대하여 만국공법을 어기고 비리를 자행하여 조약을 억지로 강요하여 우리의 외교권을 강탈하여 여러 나라와의 우의友誼를 단절케 하였다. 일본의 기만과 능욕, 멸

---

21  이계형,『고종황제의 마지막 특사 이준』, 210~212쪽.

시와 침략이 이르지 않는 곳이 없을 뿐 아니라 그 공익에 어긋나고 인도人道에 벗어나는 것이 또한 이루 다 적을 수가 없다. 짐의 생각이 여기에 미치니 참으로 통한스럽도다. 이에 종2품 전 의정부참찬 이상설, 전 평리원검사 이준, 전 주러공사관 참서관 이위종을 특파하여 화란 헤이그 만국평화회의에 나아가게 하여 본국의 제반 어려운 사정을 정리 준비하여 회의에 참여시켜 우리의 외교권을 되찾게 하며 여러 나라와의 우의를 회복케 하노라. 짐이 생각건대 사행들의 품성이 충실하여 임무를 마땅히 감당할 줄로 안다. 짐의 명을 어기지 않도록 받들라.

대한제국 광무 11년 4월 20일 한양경성의 경운궁에서 친히 서명하고 어새를 날인하다.[22]

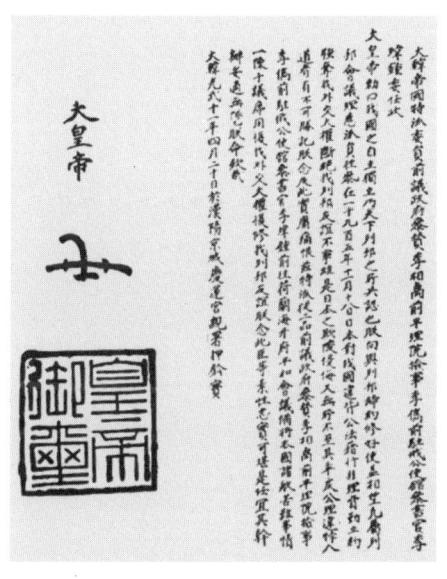

자료 4-4 광무황제가 특사단에 내려준 헤이그 사행 임명장

이상설 등 특사들에게 내린 위위임장의 주된 내용은 일제의 폭압적 강요에 의해 체결된 을사조약의 부당성을 폭로하고 평화회의에 참가한 열국의 지지를 호소함으로써, 강탈당한 외교권을 되찾아 대한제국이 당당한 자주국의 권위를 가질 수 있도록 도와달라는 것이다. 곧 헤이그 사행의 목적이 부당하게 강요된 을사조약의 파기에 있었음을 명확하게 알려준다.

---

22   최기영 편, 『헤이그특사 100주년 기념자료집』 1, 2쪽.

이상설은 이준과 함께 광무황제의 위임장을 갖고 5월 21일 드디어 헤이그행의 장도에 올랐다. 이들이 블라디보스토크를 떠나 상트페테르부르크에 도착한 뒤 이범진, 이위종 부자와 합류하여 헤이그 평화회의 참석 준비를 하기까지의 여정에 대해 믿을 만한 한 자료에서는 다음과 같이 소상히 기록해 놓았다. 이를 통해 여정의 전모를 짐작할 수 있다.

> (이상설이) 해삼위에서 러시아 수도 페테르그라드(상트페테르부르크 - 필자 주)로 출발하시는 준비기간 중 각 방면으로 가장 진력하신 분은 정순만·김학만 씨이며, 러시아 수도까지 차중車中 안내자는 당지當地(블라디보스토크 - 필자주) 거류한인 차석보의 아들로서 러시아 이름을 차 니콜라이라고 하는 중학생이었다. 양력 4월이라 하여도 북령北領의 봄은 아직 쌀쌀하고 추웠다. 러시아 수도로 출발 당일은 오전시 차車였으며 동행자는 선생(이상설 - 필자주)과 일성一醒 이준 씨, 차군車君의 3인이었고 여장旅裝은 간단하였으며 흑색 양복을 착용하셨다. 당시에도 왜인이 그곳에 다수 거류하므로 비밀리에 조용히 떠나시기로 하였다. 전송인으로는 이동녕·정순만·윤일병·김현토 제씨 등이며 당시에는 해삼위에서 러시아 수도까지는 2만여 리를 27, 8일 걸렸다. 러시아 수도에 도착하시어 러시아 공사 이범진 씨, 그 자제 참서관인 이위종 씨를 만나 황제의 칙서를 보이고 평화회의에 밀사로 온 뜻을 말한 후 회의에 참렬參列할 제반 대책을 논의하였다.[23]

위 인용문은 이상설 일행이 여정에 오르던 광경과 그 분위기를 생생하게 전해 준다. 수만 리 장도壯途를 축원하기 위해 블라디보스토크역에는 정순만·이동녕·윤일병·김현토 등의 동지 지사들이 전송하였고, 차석보의 중학생 어린 아들인 차 니콜라이가 안내를 맡아 이상설, 이준과 동행하

---

23　강상원, 「이보재선생약사초안」; 윤병석, 『이상설전』(증보판), 62쪽에서 재인용.

였다는 것이다.

이처럼 장도에 오르게 된 이상설 일행은 블라디보스토크에서 시베리아철도로 북쪽 우수리스크로 올라간 뒤 그곳에서 동청철도(일명 중동선)를 이용했을 것으로 짐작된다. 2년 뒤인 1909년 10월에 안중근 의사가 이토 히로부미를 처단한 하얼빈의거를 결행할 때도 이 철도를 이용하였다. 1901년 러시아에 의해 준공된 이 철도는 블라디보스토크 북쪽 우수리스크에서 시베리아철도와 나뉘어 러시아의 국경도시 포그라니치나야를 지나 중국의 목단강牡丹江과 하얼빈哈爾濱, 치치하얼齊齊哈爾 등지를 지나 러시아 치타로 올라가 그곳에서 다시 시베리아철도에 합류하는 선로이다. 1916년에 가서야 연해주의 수부인 하바롭스크 이남 연해주지역에서 시베리아철도가 완전히 개통되었기 때문에, 1907년 당시 이상설 등 사행단은 당연히 북만주를 지나는 동청철도를 이용했을 것으로 짐작된다.

이상설 등 특사단은 보름 동안 기차 여행을 한 끝에 6월 4일 이범진 공사가 상주하던 러시아 수도 상트페테르부르크에 도착하였다. 일행은 즉시 이범진 공사가 머물던 숙소를 찾아가 니콜라이 2세에게 주는 광무황제의 친서를 전하고 헤이그 평화회의 참석 방안과 구국외교를 벌일 대책 마련에 들어갔다.

특사들은 러시아 정부의 지원을 고대하고 외무성의 동정을 살피면서 15일 동안이나 상트페테르부르크에 체류하였다. 평화회의 주최국이고 의장국이었던 러시아 정부에 대한 기대가 매우 컸기 때문이다. 니콜라이 2세에게 주는 아래 광무황제의 친서에 그러한 분위기가 잘 드러나 있다.

> 짐은 날로 더 심한 어려움을 겪고 있습니다. 호소할 곳이 없으나 다행히 현재 헤이그 평화회의가 개최되어 짐은 이 회의에 짐의 국가가 일본에 당하고 있는 곤욕스런 처지를 밝힐 수 있으리라고 생각합니다. 대한제국은

러일전쟁이 발생하기 전에 중립을 선언해 중립국임을 전 세계가 다 알고 있습니다. 현 대한제국의 실정을 보면 분개하지 않을 수 없습니다. 폐하는 대한제국이 아무 이유 없이 당하고 있는 억울한 상황을 잘 알고 계시니 짐이 파견하는 사절을 평화회의에 보내어 짐의 나라 사정을 밝히게 하여 주시기를 소청합니다. 만일 성공한다면 짐은 나라의 주권을 회복할 수 있을 것입니다.[24]

그러나 러시아 정부의 반응은 냉담하였다. 앞서 언급한 대로 러시아 정부의 외교방침이 이미 친일유화책으로 선회하여 니콜라이 2세와의 알현이 좌절되었을 뿐만 아니라 외상 이즈볼스키와의 면담 요청조차 거절되었다. 따라서 외무성에 접수한 위의 친서도 니콜라이 2세에게 전달되지 못한 채 지금도 러시아정부문서보관소에 소장되어 있을 뿐이다.[25]

그런데 이상설과 이위종이 지니고 간 광무황제의 위임장을 비롯하여 러시아 황제 및 평화회의에 보내는 광무황제의 친서 등은 경운궁에서 광무11년 4월 20일 자로 어새와 황제의 자필서명이 찍힌 백지 위임장인 듯하다. 그 이유는 광무황제가 이들 특사를 지극히 신임하였을 뿐만 아니라 각종 문서에 다양한 내용이 그 사용 시기와 장소에 따라 알맞게 작성되어야 하는 사정이 있었기 때문이라 생각된다. 그뿐만 아니라 당시 광무황제는 이미 일제 통감부에 의해 유폐되다시피 한 상황에서 그와 같은 문서들을 내용까지 채워서 전달하기는 곤란하였을 것이기 때문이다.

이들 문건은 극비리에 전달되었다. 이시영의 증언에 의하면 광무황제의 어새와 자필서명이 들어간 친서가 이상설에게 전달되는 데는 이시영의 형인 이회영, 상동청년회의 목사 전덕기, 그리고 전덕기 처의 이종 누이가

---

24 박종효 편역, 『러시아국립문서보관소 소장 한국관련문서요약집』, 171쪽.
25 윤병석, 「만국평화회의와 한국특사의 역사적 의미」, 42~43쪽.

되는 광무황제의 침전寢殿 나인인 김상궁 등이 협력하여 복잡한 경로를 거친 것으로 알려져 있다.[26]

이상설 등 세 특사는 6월 19일 상트페테르부르크를 떠나 헤이그로 향하였다. 도중에 이들은 독일의 수도 베를린에 들러 만국평화회의에 제출할 장문의 「공고사」를 인쇄하였다. 이상설 일행이 목적지 헤이그에 도착한 것은 6월 25일이었다. 본회의가 시작된 6월 15일로부터 열흘이 지난 뒤였다.

한편, 특사단의 또 다른 일원인 헐버트 박사도 이상설 일행보다 5일 앞서서 7월 10일 헤이그에 도착하였다. 광무황제의 친서를 지니고 5월 8일 서울을 떠난 그는 일본 고베를 거쳐 선편으로 블라디보스토크로 이동한 뒤 이곳에서 이상설과 마찬가지로 시베리아 횡단열차를 타고 상트페테르부르크까지 갔다. 이어 그는 헤이그에 앞서 독일·스위스·프랑스를 순방하였다. 독일 베를린에서는 특히 영국의 언론인 스테드William T. Stead를 만나 한국의 처지를 호소하여 그의 협력을 얻어내는 성과를 거두었다. 후술하겠지만, 평화회의 당시 국제협회Circle International의 회장으로 협회의 회보인 『평화회의보Courrier de la Conference』의 편집을 주도하였던 스테드는 이상설 등 한국 특사단이 배포한 「공고사」 전문을 『평화회의보』에 게재하였을 뿐 아니라 직접 「무슨 이유로 한국을 제외하였는가?」라는 논설을 실어 특사들의 활동을 자세히 보도해 준 주역이다. 그뿐만 아니라 국제협회에 특사들을 초대하고 이위종이 연설하는 데 결정적으로 도움을 준 인물이었다. 이처럼 본회의 참석이 좌절된 상황에서 스테드의 후원을 받아 한국특사가 국제여론에 호소해서 한국의 상황을 널리 알리고 동정을 얻어내는 데는 헐버트의 역할이 컸다.[27]

---

26  윤병석, 『이상설전』(증보판), 63~64쪽.
27  한철호, 「헐버트의 만국평화회의 활동과 한미관계」, 277~280쪽.

제2장

# 헤이그의 구국 혈성

**평화회의 참석 노력**

　이상설은 특사단을 이끌고 헤이그에 도착하여 곧장 시내 바겐슈트라트 Wagenstraat 124번지 융 호텔Hotel De Jong에 숙소를 정했다. 드 융이라는 사람이 경영하던 이 호텔은 여관과 비슷한 작은 규모였다고 한다. 특사단은 투숙 즉시 호텔 문전에 당당히 태극기를 걸고 활동을 시작하였다. 그동안 극비리에 움직여 온 이들은 이때부터 대한제국의 특사라는 사실을 떳떳하게 밝히고 공개적으로 활동하였다.

　일본 대표단이 대한제국 특사들의 도착 사실을 포착한 것은 6월 27일 무렵이었다. 그들은 본국 정부로부터 그동안 헐버트와 관련된 사행의 기미는 연락을 받았으나 한국인 특사들이 헤이그 현지에 도착하리라고는 전혀 예상치 못했었다. 그만큼 그들이 받은 충격은 컸다. 이들은 본국에 그 사실을 급전으로 알리는 한편, 특사들의 활동을 방해하기 시작하였다.

자료 4-5 헤이그 특사단의 숙소 융 호텔Hotel De Jong
현재 '이준열사기념관YI JUN PEACE MUSEUM'으로 꾸며져 있다.

헤이그 현지의 츠즈키都筑馨六 전권위원, 본국의 외무대신 하야시林董와 총리대신 사이온지西園寺公望, 그리고 서울의 통감 이토伊藤博文 사이에 삼각통신망을 구축해 놓고 갖은 수단을 동원하여 대한제국 특사들의 회의 참석 등 모든 활동을 방해하였다.[28]

이상설을 비롯한 특사들의 궁극적 활동목적은 일제에 의해 폭압적으로 강요된 을사조약을 파기시켜 무효화하고 일제의 침략상을 낱낱이 드러내어 국제적 지지 후원하에 국권회복을 도모하는 데 있었다. 이를 위해 특사들은 우선 대한제국 대표로 공식적인 승인을 받기 위한 노력을 전개하였다. 구국의 호소를 하기 위해서는 회의 참석이 무엇보다 절실하였다. 여장을 풀고 활동을 개시한 이들은 6월 29일 만국평화회의의 의장인 러시아 대표 넬리도프 백작을 찾아가 도움을 요청하였다. 그는 이미 특사단을 멀

---

[28] 윤병석, 『이상설전』(증보판), 65쪽.

리하라는 본국의 훈령을 받았기 때문에 특사들의 면담조차 거절하면서 도움 요청을 애써 외면하였다. 넬리도프가 본국의 외무대신 이즈볼스키로부터 받은 훈령에는 상트페테르부르크에서 대한제국 황제의 친서를 소지한 두 명의 한국인이 헤이그로 향했는데 그들은 공식적인 대표가 아닌 점을 사전에 통보하니 헤이그에서의 회의 참석을 요청할 경우 접촉을 삼가라는 것이었다.29 이에 그는 특사들이 네덜란드 정부에서 발급한 초청장을 받지 못했다는 사실을 구실로 내세워 면담을 거절하고, 대신 대표의 초청 권한은 주최국인 네덜란드 정부에 있다는 점을 상기시키면서 네덜란드 외무대신을 찾아갈 것을 권유하였다.30

넬리도프에 이어 이상설 등 특사들은 만국평화회의의 부의장이며 네덜란드 수석대표인 보폴드W. H. De Beaufort를 방문해 도움을 요청하였다. 그도 역시 "나 개인으로는 동정합니다. 그러나 을사조약으로 대한제국의 외교권이 일본에 이양되었고, 각국이 이를 인정하여 2년간 단교한 사실이 있습니다. 본 회의에 대한제국 대표로 참석시키는 문제는 나로서도 어떻게 할 수 없습니다"라고 하면서 도와줄 수 없다고 거절하였다. 특사들은 또 고드리안Van Tets Van Goudrian 네덜란드 외무대신을 찾았지만, 그도 역시 넬리도프 의장과 일본 대표의 거부 의견을 따라 특사들을 외면하였다.31

이상설 등은 러시아·네덜란드 외에도 7월 2일 미국 대표와 접견을 시도한 것을 비롯하여 프랑스·영국·독일 등 여러 나라 대표들에게도 회의 참석을 도와줄 것을 요청하였으나 이들 역시 모두가 냉담한 반응을 보였

---

29 「한국황제 파견 한인의 행동에 관한 넬리도프 담화의 건(1907.6.30)」, 『헤이그특사 100주년 기념자료집』 2, 독립기념관 한국독립운동사연구소, 2007, 9쪽.
30 독립기념관 한국독립운동사연구소 편, 『독일어 신문 한국관계기사집』, 2018, 68쪽.
31 「헤이그 주재 한인의 행동에 관한 건(1907.7.3)」, 『헤이그특사 100주년 기념자료집』 2, 독립기념관 한국독립운동사연구소, 2007, 11쪽; 윤병석, 「만국평화회의와 한국특사의 역사적 의미」, 46~47쪽.

다. 결국 대한제국 특사들은 만국평화회의 공식 석상에는 참석조차 하지 못하고 말았다. 대한제국의 국운을 걸고 이역만리 장정 끝에 헤이그에 도착하였지만, 특사들은 이처럼 국제정치 무대의 냉혹한 현실 앞에서 참담하고도 비극적 운명을 감내해야만 하였다. 일제 침략으로 야기된 대한제국의 비극적 운명의 한 단면을 극명하게 보여주는 한 장면이라 할 수 있다.

한편, 구체적인 내용은 확인되지 않지만, 윔스C.N.Weems(1875~1952)가 지은 헐버트 박사의 전기에 의하면 특사들은 6월 25일 평화회의 제1분과위원회의에 직접 나서 외교권 박탈 등 국권 피탈의 실상을 폭로하고 일제의 대한침략의 불법성을 의제로 채택하여 논의해 줄 것을 요청하였다고 한다. 그리고 특사들은 국내에서 지니고 온 광무황제의 다음과 같은 친서를 위원회에 전달하였다.

> 대한제국 황제는 화란 헤이그 만국평화회의에 글을 보내노라. 뜻밖에 시국이 크게 변하여 강한 이웃의 침략과 핍박이 날마다 심해져서 마침내 우리의 외교권이 피탈되고 우리의 자유권을 손상함에 이르렀다. 짐과 온 나라 신민은 통분하여 울부짖으니, 원컨대 수호의 우의友誼와 약자를 돕는 의리를 드리워 널리 여러 우방과 의논하여 법을 세워 우리의 독립의 국세國勢를 보전케 하여 짐과 전국의 신민으로 하여금 은혜를 머금고 만세에 그 덕을 칭송케 되면 이보다 더한 다행이 있겠는가. 두루 살피기를 바라노라.[32]

위 친서의 요지도 앞에 든 특사단의 위임장 등과 마찬가지로 일제의 국권침탈로 외교권을 박탈당한 수난의 실상을 드러내고, 인류 보편의 정의에 의거하여 대한제국의 국권 회복을 도와주도록 열국에 호소한 것이다.

---

[32] 유자후, 『이준선생전』, 동방문화사, 1947, 360~361쪽. 위 인용문은 여기에 실린 한문 원문을 국역한 것이다.

일제에 의해 국권이 유린당하던 처참한 실상이 생생하게 드러나 있다.

이상설 등 특사들이 제기했다는 대한제국 관련 의안이 만국평화회의의 공식 보고서에 거부된 것으로 기록되어 있지는 않다. 다만 정치적인 사안은 제1분과위원회에서 다루는 범위 밖의 문제이기 때문에 취급할 수 없다는 분과위원장의 발언이 있었다고 한다. 그 위원장은 프랑스 대표인 레옹 부르조아Léon Bourgeois였다. 이 회의 때 중국과 일본 대표는 참석하지 않았다. 중국의 대표는 특사들이 제기한 대한제국 관련 의안이 부결될 경우 처하게 될 난처한 입장을 예상하고 불참하였고, 일본 대표는 본국의 훈령에 따라 각 분과가 아니라 전체 평화회의 차원에서 대한제국 특사들의 참석 자격을 부정하고 그 활동을 차단하는 데 더 큰 비중을 두었기 때문에 불참한 것으로 볼 수 있다.[33]

## 언론호소와 구국연설

위에서 보았듯이 이상설이 이끈 대한제국 특사단은 대표권을 인정받지 못했기 때문에 결국 제2회 만국평화회의 공식 석상에는 참석할 수 없었다. 이에 특사들은 공식 회의 대신에 그 외곽에서 비공식 경로를 통해 일제의 침략 실상을 알리고 대한제국이 국권을 회복할 수 있도록 도와줄 것을 각국 대표들에게 호소하는 방안을 강구하였다. 일제의 국권 침탈을 국제정치 문제로 이슈화시키기 위해 「공고사」를 배포한 것은 이런 이유 때문이다. 이상설을 비롯하여 이준, 이위종 등 세 특사의 연명으로 작성된 「공고사」는 대한제국 특사단의 사행 목적을 담은 공식 문건으로 6월 27일 자로 만국평화회의 의장을 비롯하여 일본과 영국을 제외한 각국 대표들에게 두

---

33  윤병석, 『이상설전』(증보판), 66~67쪽.

루 배포되었다. 헤이그 사행에서 가장 중요한 문건인 「공고사」의 프랑스어 원문을 국역하여 소개하면 아래와 같다.[34]

헤이그 만국평화회의 대표 자격으로 대한제국 황제폐하에 의해 특파된 전 의정부참찬 이상설, 전 평리원검사 이준, 상트페테르부르크 주재 대한제국 공사관의 전 참서관 이위종은 우리나라의 독립이 여러 나라에 의해 1884년에 보장되고 또한 승인되었음을 각국 대표 여러분에게 알려 드리는 것을 영광으로 생각합니다. 그뿐만 아니라 우리나라의 독립은 여러 나라에서 지금까지 인정하여 왔습니다. 1905년 11월 17일까지 이상설은 당시 의정부참찬으로 재임했던 까닭에 일본이 국제법을 무시하고 무력으로 우리나라에 들어와 귀국과 오늘날까지 유지되고 있는 우호적인 외교관계를 강제로 단절시키고자 한 일본의 음모를 목격하였습니다. 이에 일본인이 사용한 방법과 내용을 각국 대표 여러분에게 알려드리고자 합니다. 일본인은 목적을 달성하기 위하여 무력으로 위협하고 대한제국의 권리와 법률을 침해하는 데 주저하지 않았습니다. 우리는 일본인이 어떤 방법을 사용했는지를 여러분에게 알려드림을 혜량하시고 보다 더 명확한 설명을 드리기 위하여 우리의 규탄 이유를 아래 세 가지로 요약합니다.

1. 일본인은 황제폐하의 재가 없이 을사조약을 체결하였습니다.
2. 일본인은 그들의 목적을 달성하기 위하여 대한제국 정부에 대하여 무력행사를 감행하였습니다.
3. 일본인은 대한제국의 법률이나 전통을 무시하고 행동하였습니다.

이상 열거한 세 가지 사실이 국제법을 침해했는지 여부는 대표 여러분

---

[34] *Courrier de la Conference*, Sunday 30th, June, 1907; 윤병석, 『이상설전』(증보판), 83~84쪽에서 재인용. 이 책에는 프랑스어로 된 「공고사」 본문과 부속문건, 그리고 국역 전문이 모두 실려 있다.

의 공정한 판단에 맡기겠습니다.

　일본의 이러한 간교가 우리나라와 우방 사이에 지금까지 유지되고 있는 우호적인 외교관계를 단절하게 하고, 항구적인 동양평화를 위협하게 되는 것을 독립국가로서 어떻게 용납할 수 있겠습니까? 우리는 헤이그 만국평화회의 참석을 목적으로 한 황제폐하의 사절임에도 불구하고, 일본이 바로 우리나라의 권리를 침해했기 때문에 이 회의에 참석할 가능성을 박탈당한 데 대하여 심히 유감으로 생각합니다. 우리는 본국을 떠나던 날까지 일본인이 자행한 온갖 방법과 범죄행위의 개요 문서를 별첨합니다. 우리나라의 지극히 중대한 문제에 대하여 여러분의 우호적 배려를 바랍니다. 보충자료가 필요하시거나 또한 우리가 대한제국 황제폐하로부터 전권을 위임받았다는 사실을 확인하고자 하신다면 알려주시기 바랍니다. 우리는 대표 여러분에게 제반 정보를 제공하는 것을 영광스럽게 여기겠습니다.

　대한제국이 우방과 외교관계를 단절한 것은 결단코 대한제국의 자의에 의한 것이 아니라 일본의 침략을 받은 결과라는 점에 비추어 우리가 만국평화회의에 참석하여 일본의 음모를 천하에 밝힘으로써 우리나라의 권리를 수호할 수 있도록 호의적인 중재를 간청하면서 대표 여러분에게 호소하는 바입니다.

　각국 대표 여러분에게 감사드리며 깊은 경의를 표합니다.

이상설 이준 이위종

위 「공고사」의 핵심 내용은 첫째, 대한제국은 국제적으로 공인된 자주독립국가라는 사실을 천명하였고, 둘째, 일제가 무력을 앞세워 불법적으로 을사조약을 강요하여 외교권을 강탈한 사실을 폭로하고, 셋째, 세계 각국이 공의公議를 일으켜 대한제국이 국권을 회복하도록 원조해 줄 것을 호소한다는 것이다.

위 「공고사」는 본문에서도 공지했듯이 부속문건이 첨부되어 배포되었다. 장문으로 된 부속문건은 일제의 국권 유린의 실상을 구체적으로 입증하기 위한 것으로, 일제가 을사조약을 강요하던 현장을 직접 보았던 이상설의 목격담을 토대로 일제가 자행한 국권 침탈의 참상을 낱낱이 고발하는 내용으로 이루어졌다. 그 가운데서도 가장 주된 내용은 을사조약이 강요되던 1905년 11월 17일 당일 통감 이토가 광무황제와 대신들을 협박하던 만행, 그리고 민영환의 순국을 필두로 조약 늑결에 항거하던 거족적 투쟁 양상 등이었다. 이 자료는 을사조약 늑결 당시 국정 서무를 총괄하던 직책인 의정부참찬에 있던 이상설이 르포 형식으로 기록한 것으로, 을사조약 늑결 당시 일제의 침략 만행과 관련된 자료 가운데 가장 사실적이고도 자세히 기록되어 있다. 이런 점에서도 「공고사」의 부속문건은 자료적 가치가 크다.

부속문건 가운데는 일제의 국권침탈로 인해 고통받던 인민들의 처참한 모습을 기술한 대목이 특히 인상적이다. 그 내용을 소개하면 다음과 같다.[35]

평안도 도청소재지 평양에 얼마 되지 않은 토지와 작은 집을 가진 어떤 가난한 농부가 매일 품팔이로 살고 있었다. 그는 일본인들에게 토지를 몰수당하고 집에서 쫓겨났다. 그는 가정이 파산하게 되자 실의와 분노에 차 자살하고 말았다. 그의 노모와 아내는 시체를 일본 참모부로 가져갔다. 노파는 고통으로 실신하였고 가슴에 품고 있던 원한을 드러내고 사람들이 생각하는 일본인의 비행을 성토하였다. 노모의 성토가 정당했으므로 아무도 대꾸할 수 없었다. 그래도 토지와 가옥은 돌려받지 못하였다.

공사 중에 있던 서울, 의주 간의 군용 철도는 일본인들이 가혹한 야만성과 잔인성을 드러내는 무대가 되었다. 부근 농민과 부녀자, 심지어는 어린 아이까지 아무런 보수도 없이 이 노역에 동원되었으며, 철도 건설작업에 채찍으로 혹사당하였다. 최근에는 차마 볼 수 없는 사건이 일어났다. 어떤

---

35  *Courrier de la Conference*, Sunday 30th, June, 1907; 윤병석, 『이상설전』(증보판), 83~84쪽에서 재인용.

소년이 막대기를 가지고 철길에서 놀다가 철로 위에 막대기 하나를 남겨
두었다. 일본인들은 소년을 붙잡아 총살했다. 이 범인은 겨우 7살이었다.
더 이상의 야만성과 잔인성이 있을 수 있겠는가!

위 인용문의 첫째 문단에서는 평양에 살던 한 농가가 일제의 수탈로 말
미암아 삶의 터전을 잃은 채 파멸하게 되는 참상을 기술하였고, 둘째 문단
에서는 군용 철도를 가설하면서 자행한 노동수탈의 실상과 어처구니없는
이유로 무고한 어린아이를 총살한 일제의 잔악상을 예거하였다. 이와 같
은 구체적인 사례를 제시함으로써 일제의 불법적이고도 잔학한 대한침략
의 실상을 폭로하고 나아가 이를 통해 대한제국의 국권 회복을 열강이 지
지, 성원해 주기를 희망한 것이다.

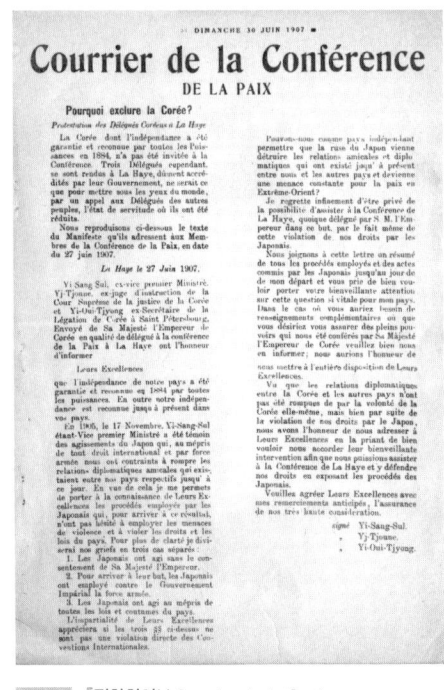

자료 4-6 『평화회의보 Courrier de la Conference』
(1907년 6월 30일)에 실린 특사단의 호소문(공고사)

위의 「공고사」는 부속 문건
과 함께 평화회의 대변지 성격
을 가진 『평화회의보 Courrier de la
Conference』 6월 30일 자에 그 전
문이 실렸다. 그날 이상설 등
은 다시 이를 배포하면서 신문
기자와 인터뷰를 하게 된다. 장
소는 평화회의 본회의장인 현
국회의사당 Ridderzaal의 정문 앞
이었다. 이상설 등 특사단을 대
신하여 인터뷰를 한 것은 외국
어가 능통한 이위종이었다. 이
들의 기자회견 내용은 7월 5일
자 『평화회의보』에 이상설 · 이

준·이위종 등 특사 일행의 사진과 함께 1면 머리기사로 대서특필되었다. 그 기사의 제목은 「축제 때의 뼈다귀」였다. 이 제목은 '회식 때는 죽음을 생각하라'는 이집트의 관습에서 차용한 것이다. 인터뷰에서 이위종은 "왜 대한제국을 제외하는가?", "우리는 평화의 신을 찾아 그 제단이 있다는 헤이그까지 왔노라"라고 하였다. 그는 대한제국 특사의 회의 참석을 요청하면서 일본의 폭력적 행위를 요약하여 제시하였다. 아울러 대한제국과 일본의 현안에 대해 평화회의에서 중재해 주기를 요청하였다.[36]

그런데, 『평화회의보』에 실린 「축제 때의 뼈다귀」 기사 내용은 놀랍게도 안중근 의사도 알고 있었다. 헤이그 사행 2년 뒤 1909년 11월 26일 하얼빈역에서 이토 히로부미를 처단한 안 의사는 피체被逮 후 일제 검찰로부터 모두 12차례에 걸쳐 심문을 받았다. 그 가운데 제7회 심문 과정에서 이상설의 헤이그 사행 사실을 알고 있는지 묻는 말에 대하여 안 의사는 아래와 같이 답하였다.

> 만국평화회의에서 이위종이 한국사건에 대해 연설하고 영국 사신은 이에 답하여 말하기를 이집트에서는 식사할 때 그 탁상에 해골을 올려놓는 예가 있다. 그것은 인간이 지금 이같이 음식을 먹고 있어도 타일에는 이와 같이 되는 것이므로 평소 그러한 각오가 없으면 안 된다. 즉 미래를 잊지 않기 위해서이다. 이번 한국이 제출한 일은 우리들도 본받지 않으면 안 된다고 말했는데 (하략)[37]

이러한 안 의사의 답변은 앞서 언급한 『평화회의보』의 기사 내용을 지

---

36 이민원, 「광무황제와 헤이그특사」, 『헤이그특사와 한국독립운동』, 독립기념관 한국독립운동사연구소, 2007, 222쪽.
37 김정주 편, 『조선통치사료』 5, 일본 동경 한국사료연구소, 1970, 332쪽.

칭하는 것임에 틀림없다. 안 의사가 어떤 경로를 통해 이와 같은 사실을 인지했는지 확실히 알 수 없지만, 이상설을 비롯한 헤이그 특사단의 구국 외교 활동을 매우 구체적으로 소상하게 파악하고 있던 정황은 충분히 감지할 수 있다. 다음 장에서 언급하겠지만, 안 의사가 연해주에서 의병장으로 활동하는 동안 이상설과 긴밀한 관계를 맺고 있었기 때문에 사행을 떠난 이후 그의 동향에 대해서도 지대한 관심이 있었기 때문이 아니었나 짐작된다.

헤이그 특사단이 배포한 「공고사」를 비롯하여 위의 인터뷰 기사 등을 게재한 『평화회의보』의 편집인은 영국 언론인 스테드William T. Stead(1849~1912)였다. 제1회 헤이그 평화회의 때부터 널리 알려진 언론인이었던 그는 헤이그에 사행한 한인 특사단의 활동을 폭넓게 다루어 주었다. 곧 스테드가 한국의 주장을 찬성하고 일본의 행위를 직접적으로 반대하는 입장에 섰다는 것은 특사단이 거둔 중요한 활동 성과라 할 수 있다. 『평화회의보』에는 「한국 대표의 호소」, 「조약이 조인된 경위」, 「세계만방에 대한 호소」, 「기독교 제국諸國에 대한 한국의 호소」, 「헤이그의 한국인」, 「이황족의 헤이그 귀환」, 「한국인의 장례」 등등 이상설이 구미 사행을 끝내고 헤이그로 돌아와 9월 이준 열사를 안장할 때까지 지속해서 특사들의 동정이 보도되었다. 나아가 『평화회의보』에 실린 대한제국 특사들의 활동과 관련된 기사들은 『런던 타임스The Times of London』와 『뉴욕 헤럴드New York Herald』 등 구미 각국의 유력 신문에도 소개됨으로써 특사단의 외롭고 고단한 구국투쟁의 실상이 구미 각지에 널리 알려질 수 있었다.[38]

이상설 등 특사단이 헤이그 현지에서 전개한 구국활동의 절정은 7월 9일 프린세스그라트Prinsessegracht 6A 번지에 있는 국제협회의 초청을 받아

---

**38** 윤병석, 『이상설전』(증보판), 85~86쪽.

행한 연설이었다. 국제협회는 평화회의를 취재하러 모인 각국 기자들의 모임으로 프레스센터와 같은 성격을 갖고 있었다. 이 국제협회는 네덜란드의 평화 연맹인 '권리를 통한 평화'의 위원장인 델 피노del Pino를 비롯하여 판 베커van Backer, 벨데Baelde, 그리고 아이크만Eijkmann 박사와 호릭스Horrix 박사 등이 국제 평화 단체 인사들과 친밀하게 교류하면서 결성되었다. 즉 그들 가운데 아크만과 호릭스가 평화회의가 열리는 동안 프린세스그라트 6A 번지 소재 건물 전체를 임대하여 이 건물을 평화 관련 단체나 인사들에게 개방하게 되었고, 나아가 그 건물의 반지하 공간에는 국제협회에서 주관하는 행사가 매주 열렸다. 이 자리에는 주트너Bertha von Suttner(1843~1914) 백작이 자주 연설하였고, 그 외에 스테드 의장, 오틀렛Otlet 교수, 몬Mohn 목사, 미국인 코라 리치몬드Cora Richmond 목사 등이 연사로 등단하였다. 그리고 이 모임에는 평화회의와 관련된 최고의 인사들로 각국 대표, 네덜란드 국회의원 등이 주로 참석하였고, 이 건물의 1층에는 평화회의 관련 소식을 전하는 각국 언론의 편집실이 자리하고 있었다.[39]

이처럼 평화를 주창하는 각국 인사, 평화회의 대표, 그리고 기자단의 사교 모임이기도 한 국제협회에 한국 특사단이 연사로 초청되었다. 구국의 명운을 걸고 헤이그에 왔지만, 공식 회의 석상에는 정작 참석도 못한 채 회의장 주변을 서성이며 일제의 국권침탈을 성토하고 자주독립을 호소하던 특사들의 외로운 형세와 고단한 처지를 동정적으로 지지해 준 결과 이상설과 이준, 이위종 등 세 특사를 모두 초청하여 당당히 발언할 수 있도록 기회를 마련해 준 것이다.

---

[39] 『프리덴스 바르테(Die Friedens-Warte)』 1907년 7월 「헤이그 2차 평화회담」; 독립기념관 한국독립운동사연구소 편, 『독일어 신문 한국관계기사집』, 2018, 77쪽. 네덜란드 헤이그에서 발행된 이 신문은 1899년 노벨 평화상 수상자인 프리드(Alfred H. Fried)가 발간하였다. 주로 평화를 위한 국내외 학자들의 견해와 주장을 소개하는 역할을 하였다.

이위종은 7월 9일 특사단을 대표하여 능숙한 프랑스어로 열변을 토하였다. 국제협회 의장인, 위에서 언급한 영국인 스테드의 사회로 진행된 이날 연설의 제목은 「한국의 호소A Plea for Korea」였다. 취재 기자들은 물론 각국의 평화운동가, 정치인, 각국 대표의 수행원 등 다양한 인사들이 연설회에 참석하였고, 이들 모두가 깊은 감명을 받고 찬사를 보냈다. 이위종은 아래에 자세히 언급하겠지만 이 연설에서 특히 을사조약 늑결을 비롯하여 경제적 예속을 위해 차관 도입을 강요하는 일제의 침략 실상을 고발하는 한편, 경제적 예속을 벗어나기 위해 국채보상운동을 벌이고 국권침탈에 항거하여 2천만 민족 구성원 모두가 구국의 항일전에 투신하던 양상을 자세히 소개하였다.[40] 한편, 그날 연설회의 광경은 헤이그 현지에서 발행되던 『헤이그 신보 Haagsche Courant』에서 다음과 같이 생생하게 전하고 있다.

이준과 이상설, 이위종으로 이루어진 한국 대표단은 지난밤(7월 9일) 프린세스그라트Prinsessegracht 6A에서 국제협회의 귀빈이 되었다. 저명한 인사들을 포함한 관심 있는 많은 사람이 비넨호프Binnenhof의 평화회의 석상에서 들을 수 없는 것, 즉 한국독립의 폭력적 파괴에 대한 한국인의 호소를 들으려고 기다리고 있었다. 스테드William T. Stead의 한국 최근 역사에 관한 간략한 언급이 있었다. 그는 네덜란드가 한국이 초청되지 않은 것에 책임은 없으나, 이것은 단지 자행된 강자들의 폭력의 논리적 결과라고 지적했다. 새까만 머리와 황색 피부를 지니고 매우 연민적으로 보이는 젊은 사람인 이위종은 자바Java인과 매우 유사하게 보였으며, 유럽 사람들에게 그들이 잘 교육받은 일본인들로 알고 있는 것과는 달리 실제 일본인의 잔학성과 무도함을 알리고자 하였다.

---

[40] 「한국의 호소(A Plea for Korea)」는 *The Independent LXIII*, 1907년 8월호, New York, pp.423~426에 특사들의 위임장 사진과 함께 전문이 실렸다.(윤병석, 『이상설전』(증보판), 87~89쪽에 전문 수록)

러일전쟁 후에 일본의 이토 후작은 한국황제에게 보호조약의 체결을 요구하였다. 그동안 한국정부가 다른 나라와 체결한 조약의 이행에 대한 감독권과 해외에서의 대표권, 한국 모든 지역에 수비대와 공무원을 배치하는 권한, 한국에 관한 외교권 등을 장악하고자 한 것이다.

한국황제는 그렇게 중요한 조약에 관한 것은 대신회의에서 먼저 토의되어야 한다고 말하였다. 대신들과 고위관리들은 분개하면서 거절하였고 차라리 자결하겠다고 말했다. 그때 일본군이 겹겹이 궁궐 주변을 포위하였으며 몇 명의 대신들이 불충하게도 일본인에게 도장을 주었다. 일본인들은 조약문에 그 도장을 눌렀고 그러한 방법으로 조약을 합법화시켰다.

조약에는 한국 황실의 독립과 존엄성을 보장하고 있음에도 불구하고 황제는 궁궐에 죄인같이 감금되었다. 대신들은 학대받고 죽인다는 위협을 받았으며, 신문은 탄압당하였고 시위는 해산되거나 진압되었다. 서울에 있는 외국 공사들에게 호소해도 효과가 없었으며 황족의 한 사람[민영환]이 자결을 하고 피로써 항의서를 썼다.

이위종은 독립을 상실한 굴욕적인 국민이 어떻게 느끼며 얼마나 고통을 받아야 하는가를 증명하기 위해 한국에서 벌어신 1,300만 원의 일본 국채보상운동에서 한국인은 각자가 그들이 갖고 있는 값어치 있는 물건을 팔며, 심지어 여자들은 머리카락을 잘라 팔고, 어린이들조차 과자나 장난감을 사기 위해 주어진 푼돈마저 내놓고 있음을 설명하였다. 이위종은 이 회합이 한국의 독립유지에 어떤 도움을 주지 못함을 인정하면서 한국독립의 중요성을 국제적으로 알리고 계속해서 한국의 독립을 지지해 줄 것을 호소하였다.

스테드 씨는 일본인—뉴욕의 일본신문 편집자—을 대신하여 을사조약이 황제의 면전에서 체결되었고 또 합법적 문서임을 알려 주었다. 그러나 한국특사에게는 대표권이 없다는 이토의 성명과는 달리 대표권은 신뢰할 만한 것이라고 말했다.

슈트너Van Suttner 여사는 감동적인 어조로 법정[국제재판소]이 그러한 한국의 호소를 받아들이고 또한 국제군World Army를 조직하여 그러한 폭력을 방지하기를 제안한다고 하였다.

로코모티브The Locomotive의 편집장인 부르슈프트Brooshooft는 한국을 동정하고 일본을 규탄하는 행동을 취할 것을 제안하였다. 왜냐하면 스테드 의장이 강도와도 같은 일본과 똑같은 행위를 하는 영국의 신하로서 다른 국가를 규탄할 수 없었기 때문이었다. 그러나 이때 프라이드Mr. Fried 씨는 제재에는 어떤 민족과 국가의 이름도 사용되어서는 안 된다고 하며 그것이 국제적인 증오의 원인이 됨을 주장하여 제지하였다. 사실 모든 유럽인들은 폭력에 대한 죄책감을 가지고 있으며 특히 미국에 대해 신경을 쓰고 있다. 이와 같은 정황으로 규탄하자는 행동적인 제안은 크게 수정되어 받아들여졌다. 폴란드 언론인이 제안한 수정안은 '한국을 동정한다'는 것이었다. 그 수정안은 거의 만장일치로 받아들여졌으며 특사는 감사의 뜻을 표하였다.[41]

위 인용문에 보듯이 스테드의 사회로 진행된 연설회에서 이위종은 을사조약이 일제와 일부 친일 매국 관리들에 의해 강제된 것이라는 불법성을 폭로하고, 나아가 일제의 탄압에 맞선 한국인들의 격렬한 투쟁 실상을 구체적 사례로 제시하면서 소개하였다. 일제로부터 경제적 예속을 벗어나기 위해 전개된 국채보상운동에 부녀자들이 머리카락까지 잘라 팔아서 동참하고, 어린아이들이 과자, 장난감값조차 아껴가며 참여할 만큼 전 국민이 구국의 대열에 나서던 열렬한 애국혼을 언급한 것이 그것이다.

당대 저명한 평화운동가로 이 연설회에 참석했던 주트너 여사는 특사들의 구국 혈성에 감명을 받은 나머지 특사단이 제기한 '한국의 호소'를 국제재판소에서 접수할 것과 나아가 국제군World Army을 편성하여 일제의 침

---

41  *The Haagsche Courant* 1907년 7월 10일; 독립기념관 한국독립운동사연구소 편, 『독일어 신문 한국관계기사집』, 2018, 71~73쪽. 윤병석, 『이상설전』(증보판), 90~91쪽에는 이위종이 프랑스어로 행한 연설문 요지를 영문으로 수록해 놓았다.

략성을 견제해야 된다고 제안했을 정도였다.[42] 오스트리아 출신의 쥬트너는 여자로서는 최초로 1905년 노벨평화상을 수상한 인권, 평화운동가였다. 또한 『로코모티브The Locomotive』의 편집장인 폴란드인 브루슈프트Brooshooft는 한국을 지지하고 일본을 규탄하자는 제안을 하였다. 이러한 제안에 대해 국제협회 의장 스테드는 자신이 제국주의 영국의 신하이기 때문에 그대로 상정할 수 없다고 토로하였다. 결국 수정 끝에 최종적으로 확정된 제안은 단순히 '한국을 동정한다'라는 것으로, 참석자 모두가 찬성하는 거의 만장일치로 받아들여졌다. 이것은 「한국의 호소」를 절규한 끝에 대한제국 특사단이 거둔 소기의 성과이기도 하다.

특사단이 「한국의 호소」를 강연한 다음날, 즉 7월 10일에는 헤이그 사행을 지원하기 위해 헤이그에 도착한 헐버트 박사가 또 국제협회에서 특사들의 주장을 뒷받침하는 연설을 하였다. 이날 헐버트는 일제가 한국의 소중한 문화재인 경천사지敬天寺址 십층석탑을 탈취한 사건 등을 예로 들면서 일제가 한국에서 자행한 약탈과 만행을 신랄하게 성토하였다. 한국인이 아닌 그의 연설은 청중에게 한국에 대한 동정심을 유발케 하였다. 헐버트가 이위종의 연설에 이어 다음날 연설한 것은 연설의 호소력을 극대화하려는 구상에서 이루어졌을 가능성도 있다.[43] 하지만, 헐버트는 자신이 헤이그에 온 것은 대한제국 특사단의 활동과는 무관하고 오직 독자적으로 행동하고 있다고 하여 특사단과의 관계를 애써 부인하는 입장을 취하였다.

이 무렵 헐버트 박사는 또 이상설의 특사단과는 별도로 『뉴욕 헤럴드』 기자와 회견하여 대한제국이 을사조약에 결코 서명하지 않았다는 요지의 주장을 폈다. 「한일간의 조약은 결코 조인되지 않았다Says the Corean-Japanese

---

42　*Land en Volk* 1907년 7월 9일.
43　김동진, 『파란눈의 한국혼 헐버트』, 참좋은친구, 2010, 276~278쪽.

Treaty Never was Signed」라는 제하에 실린 이 기사에서 헐버트는 '일본에게 있어서 한국의 가치Corea's Value to Japan', '일본인의 야만성Japanes Are Brutal', '한국인 토지의 강점Seize Land of Coreans', '현하 한국인의 참상Coreans Helpless Now' 등 4개 항에 걸쳐 일제의 침략과 대한제국의 참상을 소개하고 있다. 특히 기사의 부제로 제시된 '은둔의 왕국 대한제국의 국새는 강탈되었으며, 대한제국 황제는 결코 조약에 서명한 적이 없다'고 한 헐버트의 주장은 을사조약의 불법성과 그 무효를 주장한 이상설 등 헤이그 특사단의 「공고사」와 맥락을 같이 하고 있다는 점에서 헤이그 사행의 외연을 넓혀주는 언론활동으로 볼 수 있을 것이다. 그밖에도 헐버트의 회견 기사에는 일제가 일진회 등을 통해 한국민을 분열시키고 있고, 군사적 필요를 가장하여 시가의 8분의 1에 불과한 가격으로 한국의 토지를 점탈했으며, 모르핀·아편·도박 등으로 한국인들을 황폐화시키고 있다는 것 등 「공고사」에 포함되지 않은 중요한 기록을 별도로 담고 있다.<sup>44</sup>

## 이준의 순국

이상설을 비롯한 대한제국 특사단은 헤이그 만국평화회의장을 무대로 구국을 위해 백방으로 분투하였다. 회의 참석을 위해 각국 대표단을 만나 호소하고, 사행의 목적을 위해 「공고사」와 같은 성명서도 발표하고, 각국의 언론인과 인권·평화운동가 등을 상대로 인류 정의의 입장에서 일제의 야만성을 성토하고 국권을 유린당한 한국의 참상을 알리고 국권 수호에 도움을 받고자 분투하였다. 하지만 제국주의 열강이 주도하는 국제정치의

---

44  이민원, 「광무황제와 헤이그특사」, 223쪽; *New York Herald* 1907년 7월 22일, 'Says the Corean-Japanese Treaty Never was Signed' 이 기사의 원문은 윤병석, 『이상설전』(증보판), 102~105쪽에 전문이 수록되었다.

무대는 실상 너무나도 냉혹하였다. 구국의 특명을 받고 이역만리에 사행한 특사단 일행이 헤이그 현지에서 부딪힌 현실의 장벽은 절망적이었다. 7월 14일 이준의 급작스러운 현지 순국은 특사들이 처했던 참담한 현실과, 나아가 일제 침략으로 야기된 대한제국의 비극적 운명의 한 단면을 극명하게 드러낸 역사적 사건이었다.

이준 열사는 특사단이 일본 대표단의 방해와 자국 이익을 옹호하는 각국의 입장 때문에 아무런 호응을 얻지 못하고 끝내 사행의 목적을 이룰 수 없게 되자, 분함을 이기지 못하여 7월 14일 돌연 순국하고 말았다. 이준은 뺨에 종기를 앓긴 했지만, 그것은 직접 사인은 아니었다. 일제에 의해 자행된 폭력적 재앙에서 나라를 지키지 못한 근심이 분통이 되어 화가 나고 기가 막혀 음식을 끊게 되었고, 그로 말미암아 마침내 병이 나서 갑자기 죽음에 이르게 된 것이다. 곧 장지연의 표현대로 '근심과 울분으로 병이 난 것[憂憤成疾]'이었다. 이준이 운명하던 날 그는 의식을 잃은 것처럼 잠들어 있었다. 그러다가 갑자기 벌떡 일어나 "우리나라를 도와주십시오. 일본이 우리나라를 짓밟고 있습니다!"라고 부르짖고 운명했다고 전하는 대목도 그의 죽음이 갖는 역사적 의미를 되새기게 한다.

이상설은 이준의 유해를 헤이그 현지 뉴 아이큰다우Nieuw Eikenduinen 공동묘지에 임시 매장하고 이위종과 함께 7월 19일 후술할 유럽 순방길에 올랐다. 그 뒤 유럽 여러 나라를 순방한 뒤 다시 헤이그로 돌아와 9월 초에 정식으로 장례식을 치렀다. 그동안 윤병구 목사와 이준의 동생인 이운도 헤이그에 도착하였다. 9월 5일 이상설의 이름으로 102달러 75센트를 지불하고 뉴 아이큰다우 공동묘지를 영구 임대하였으며, 그 다음날인 9월 6일 조촐하게 장례식을 치렀다. 이준 열사의 장례식 광경을 현지 신문에서는 다음과 같이 보도하였다.

자료 4-7 이준열사의 헤이그 묘적墓跡
유해는 1963년 고국으로 모셔와 서울 수유리에 반장하였다.

오늘(9월 6일) 아침 뉴 아이큰다우 공동묘지에 한국 특사의 일원으로 만국평화회의 개최 직후에 죽은 이준의 유해가 묻혔다. 열린 묘 주위에는 특사의 일행과 죽은 사람의 동생 이운이 있었다. 헤이그 청년기독협회의 회장인 맥캐이A. E. Baron Mackay는 극동에서의 기독청년회의 회장이었던 그 사람을 추모하는 말을 했고 뒤이어 한 한국인이 한국어로 찬송가를 불렀다. 특사의 대표(이상설을 가리킴 - 필자)는 고인을 한국 독립을 위한 투쟁가로 추도하였다. '우리의 절친한 친구와 형제에게'라고 적은 리본이 매달려 있는 화환이 뒤쪽에 있었고 그 화환이 땅에 놓이면서 장례식이 끝났다.[45]

위 인용문에서 보듯이 이준의 장례식은 이상설과 이위종을 비롯하여 국내에서 부고를 받고 급히 헤이그로 온 이준의 동생 이운, 미국에서 온

---

45　*Haagsche Courant* 1907년 9월 6일; 윤병석, 『이상설전』(증보판), 97쪽에서 재인용.

윤병구 목사 등 한국측 유족, 동지들을 비롯하여 헤이그 YMCA 회장 맥캐이A. E. Baron Mackay 남작 등 현지 관계자들이 참석한 가운데 조촐하게 거행되었다. 이상설은 이역만리에서 동지를 땅에 묻고 돌아서야 했던 비통한 심경을 다음과 같은 시로서 읊었다.[46]

| | |
|---|---|
| 드높은 충골忠骨은 하늘을 푸르게 갈아내는데 | 峻嶒忠骨碧磨天 |
| 어느덧 큰 화가 눈앞에 떨어져 | 大禍居然落眼前 |
| 나랏일은 이루지 못하고 그대 이미 죽었으니 | 國事未成君已死 |
| 홀로 산 이 사람 눈물이 배 안을 채우네 | 獨生此漢淚盈船 |

출사표를 올린 제갈공명의 드높은 충절을 가탁한 듯한 이 시구를 통해 이상설이 겪은 처절한 고뇌를 짐작할 수 있다. 이역만리에 동지를 묻고 떠나야만 했던 그 처절한 심경을 진술하게 보여 준다.

위에서 보았듯이 특사단이 현지에서 펼친 처절한 외교 노력과 이준의 분사 순국 등은 헤이그 평화회의에 참석한 여러 대표에게도 일정한 감명과 영향을 주었던 것으로 짐작된다. 이상설 등이 헤이그를 떠난 직후인 7월 26일 헤이그에 모인 각국 대표단은 평화를 준수하기 위한 조언으로 대한제국 대표단이 명예를 회복하고 자국이 독립권을 회복하고 역동적으로 활동할 수 있기를 희망하는 움직임이 있었다고 한 당시 보도가 그러한 분위기를 전해주는 것이다.[47]

한편, 헤이그에서 특사단이 구국 외교활동을 벌이게 되자 일제는 신속하게 궐석재판을 진행하여 8월 9일 세 특사에 대해 형을 선고하였다. 그

---

46  국사편찬위원회 편, 『한국독립운동사』 1, 정음문화사, 1968, 185쪽; 윤병석, 『이상설전』 (증보판), 98쪽에서 재인용.
47  독립기념관 한국독립운동사연구소 편, 『독일어 신문 한국관계기사집』, 82쪽.

결과 이상설은 교수형을 선고받았고, 이준과 이위종은 종범으로 종신징역을 선고받았다.[48] 헤이그에 묻혔던 이준의 유해는 순국 55년만인 1963년 조국의 품 안으로 모셔와 온 겨레의 애도 속에 국민장을 치른 후 서울 강북구 수유동 애국선열 묘역에 안장하였다.

### 구미 순방외교

이상설은 이준을 헤이그 공동묘지에 임시 매장한 뒤 이위종과 함께 구국외교를 펴고자 미국으로 건너갔다. 헤이그 만국평화회의 참석에 뒤이어 미국을 비롯하여 구주 각국을 순방하기로 한 외교활동의 동선은 이미 국내를 출발하기 전부터 예정되어 있었다. 이와 같은 구국외교의 방략은 을사조약 늑결 후 국망이 확실하게 예견되는 상황에서 절대 통치권자인 광무황제가 최후의 수단으로서 열강을 대상으로 한 국권수호 외교에 실낱같은 희망을 걸었던 결과인 것으로 보인다.

이러한 정황은 여러 자료를 통해 확인되고 있다. 우선 헤이그 사행 전년, 곧 1906년 6월 22일 광무황제가 서명하여 헐버트 박사에게 주었다는, 앞서 언급한 신임장에서 그를 미국·영국·프랑스·독일·러시아·이탈리아 등 구주 제국의 특별사절로 임명한다고 명기한 뒤 한국의 국권수호와 관련된 교섭권뿐만 아니라 평화회의 특사 자격을 함께 부여한 것도 이러한 정황을 뒷받침해준다. 그뿐만 아니라 이상설이 이위종과 윤병구, 송헌주 등을 대동하고 헤이그를 떠나 구미 순방길에 오를 때 행한 연설의 다음 대목에서도 그러한 사실이 잘 드러난다.

---

[48] 『순종황제실록』 1908년 8월 8일.

우리의 사절 직무가 실패로 돌아갔다고 말하지 못할 것이 우리가 띤 직무를 여태껏 의론 중인데 아직 결말이 나지 않았고 우리 황상폐하께서 우리를 파견하실 때에 헤이그 회의에만 참여하라심이 아니라 구미 각국에 편왕遍往하여 한국이 현금 일본 압박을 받은 정형과 독립권을 결코 버리지 못할 일과 일본의 보호를 받지 못할 일을 일일이 설명하라신 명령을 받들고 헤이그 회의에 내참하여 (중략) 영국정부에는 이 사정을 미처 진술하지 못했으나 우리가 신속히 특파원을 택정하여 런던에 파송하여 한국 내에 일본의 행정을 항거하기에 종사케 할 터이오 지금 우리가 미국에 선왕先往하여 일본이 한국에서 늑봉勒捧한 1905년 11월 신조약은 황상의 승낙이 조금도 없었음을 설명할 터인 고로 워싱턴으로 즉시 가서 대통령과 회견한 후에 각 도회를 일일 방문하고 영국으로 가 거사할 때에는 일반 관민이 합력단체할 터이라.**49**(현대어 풀어쓰기 - 필자)

이상설이 인솔한 특사단이 행한 위 연설의 요지를 보면 헤이그 평화회의 사행과 구미 각국 사행이 동일한 목적을 가지고 연속선상에서 이루어지고 있음을 확실하게 알 수 있다. 헤이그 사행에서 국권회복이라는 목적을 당장 목전에서 이루지는 못했지만 동일한 사행의 연장에서 광무황제의 특명으로 이루어진 구미 각국 정부를 대상으로 하는 순방 사행을 결행하는 점을 상기하면서, 미국과 영국 사행의 목적과 방향성을 특별히 언급한 것이다.

이상설은 이미 헤이그 평화회의에 참석하기 전에 구미 사행을 위해 광무황제의 위임장뿐 아니라 각국 원수에게 보내는 친서까지 준비했던 것으로 보인다. 을사조약 늑결 전후에 대한제국 독립 수호를 위한 외교는 헐버트 박사 등 친한 외국인을 통해 간접적으로 접촉한 바 있으나 그 효과는

---

49   『대한매일신보』 1907년 8월 27일, 「海牙의 한국 사절의 연설」.

별로 없었다. 그러므로 이상설이 이때 행한 구미 순방외교는 외교권을 빼앗긴 뒤 처음이자 마지막으로 대한제국의 관료가 국가를 대표하여 공식적인 외교활동을 벌인 것이라 할 수 있다. 그런 만큼 광무황제가 이상설의 사행에 거는 기대도 컸던 것으로 믿어진다.[50]

이상설이 이위종을 데리고 미국을 목적지로 삼아 헤이그를 떠난 것이 7월 19일이었다. 도중 영국 런던을 경유하였으며, 그는 다시 런던 서남부 항구인 사우샘프턴Southampton에서 7월 24일 미국으로 향했고, 8월 1일 미국 뉴욕에 도착하였다. 이상설 특사단은 사우샘프턴을 떠나기 직전에 로이터통신 사무실에서 인터뷰를 하였다. 그 인터뷰 기사는 다음과 같다.

> 이위종 왕자는 미국에 가서 일본의 한국 탄압을 루스벨트 대통령에게 알리고 미국의 주요 도시들을 방문하려 한다고 하였다. 그러고 나서 몇 주 후에 런던으로 돌아와 런던에 회사를 차리고 한국에서 펼치는 일본의 식민정치에 대항하는 일을 할 것이라고 하였다. 헤이그에서 그들의 임무가 실패했더라도 그들을 뭐라 말하지 못할 것이다. 특히 영국·프랑스·독일·미국의 대표사절단은 한국의 상황에 깊은 동정심을 표하였고 도움을 줄 것을 확인하였다. 한국 대표사절단은 강제 퇴위된 고종이 보냈으며 대표사절단의 특명이 실행되었다. 황제의 마지막 전언은, 내가 살해당해도 나를 위해서 아무런 신경도 쓰지 마라, 그대들은 특명을 다하라, 한국의 독립주권을 다시 찾아라, 대표사절단의 특명은 여기에 있었다. 밤마다 네덜란드와 같은 중립국으로서 한국의 독립주권을 보장하고 다시 요구하는 것을 상정하는 것이었다. 최후에 한국 대표사단은, 고종의 강제퇴위는 일본의 돈과 한국인 변절자들이 만든 것이라고 하였다.[51]

---

50  윤병석, 『이상설전』(증보판), 99~100쪽.
51  독립기념관 한국독립운동사연구소 편, 『독일어 신문 한국관계기사집』, 81쪽.

자료 4-8 **이상설이 이위종을 대동하고 미국 입국할 때의 하선문서**(김도형 박사 제공)
미국 뉴욕의 엘리스섬 출입국의 이 문서를 통해 이상설이 이위종을 데리고 1907년 7월 24일 영국을 떠나 8월 1일 미국에 도착한 사실이 확인된다. 또 최종 목적지를 워싱턴 D.C.로 기록한 점은 구국외교활동을 위한 정치적 목적에서 도미했음을 짐작게 한다.

위 기사를 통해서 보더라도, 이상설 등 특사단이 구국의 소임에 얼마나 충실했는지 충분히 짐작할 수 있다. 인터뷰 내용은 앞에서 살펴본 헤이그 평화회의 사행의 임무와 목적, 그리고 구국의 열정과 그대로 일치하고 있다는 점이 주목된다. 헤이그 사행에서 구국의 원대한 목적을 이룩할 수 없었음에도 조금도 실망하거나 좌절하지 않고 확고한 구국의 충절을 지니고 구미 사행에 임했음을 짐작할 수 있으며, 나아가 광무황제의 특명으로 사행한 사절단은 본연의 소임을 충실히 수행하였음을 밝혔다. 영국·프랑스·독일·미국의 대표단이 한국 문제에 깊은 관심을 두고 도움을 주려고 한 것도 그러한 사행 노력의 결과라고 인정한 것이다. 나아가 특사들은 자신들의 활동으로 인해 강제 퇴위당한 광무황제가 이들에게 특명을 내려줄 때 '내가 살해당해도 나를 위해서 아무런 신경도 쓰지 마라'고 하여 황제의 안위는 고려하지 말고 오직 구국의 사명만을 다해 매진할 것을 당부한 사실까지 밝히고 있다. 이러한 광무황제의 특명은 결국 특사단이 수행하는 외교 여정이 오직 국권회복에만 그 목적이 있다는 사실을 다시금 역설하고 강조한 것과 맥락을 같이 한다.

8월 1일 뉴욕에 도착한 이상설은 즉시 미국 대통령 루스벨트를 만나기 위해 워싱턴으로 갔다. 워싱턴 도착 후 면담을 신청하였지만, 대통령을 직접 만날 수는 없었다. 이와 관련하여 『대한매일신보』는 이상설이 대통령 면담을 요청하자 공식적인 접견이 아니라 비공식인 면담을 하겠다고 한 기사를 실었다.[52] 그 이유나 과정은 명확하게 드러나지 않지만 여러 정황으로 보아 루스벨트 대통령을 실제로 만나지는 못했던 것 같다. 아마도 루스벨트가 면담 요청을 거절한 것으로 짐작된다.

일시 미국에 체류하던 이상설은 얼마 뒤인 9월 초에 다시 헤이그로 돌아갔다. 임시 매장한 이준 열사의 장례식을 치르기 위해서였다. 그리하여 이상설은 앞서 언급한 대로 동지들과 함께 9월 6일 이준의 장례식을 조촐하게 치를 수 있었다.

이상설은 9월 3일 또 한 번 기자협회 연설에 참여하였다. 이날 연설은 이상설이 대동하고 온 윤병구 목사가 '한국의 미래 정치제도'라는 주제로 행한 것이었다. 윤 목사는 지난 1905년 8월 이승만과 같이 포츠머스에서 러일강화회담이 열릴 때 하와이 교민대표로 활동한 전력을 지닌 인물이었다. 그는 러일전쟁 이래의 일제 침략 실상과 그로 인해 한국민이 당면한

---

[52] 『대한매일신보』 1907년 8월 8일, 「李氏渡美消息」.

무자비한 탄압과 착취를 폭로하여 참석자들의 공감을 얻었다. 그리고 이위종은 스테드가 후일을 위하여 한국인이 일제에 대한 투쟁을 중지하고 먼저 복종하라고 주장한 데 대해 강력히 반발하여, 한국의 자주독립을 보장하는 약속을 배신하고 한국의 국권을 강탈한 일제의 무신과 불법은 절대 용서할 수 없다고 강조하였다.[53]

몇 차례에 걸쳐 특히 국제협회에서 한국 대표들이 국권수호 문제를 환기하는 연설을 하고 또 각국 신문에서 한국 문제와 관련하여 동정적인 시각에서 우호적 논조의 기사를 싣게 되자 평화회의 대표들 사이에서도 한국에 대한 우호적 여론이 일어났다. 그럼에도 불구하고 각국 대표들은 또한 여전히 자국의 현실적 이익에 얽매이게 되어 끝내 한국에 대한 공개적 지지를 표명할 수 없었다. 각국 대표들의 이와 같은 정황을 이상설은 자신의 일기에서 다음과 같이 밝혔다.

> 또한 국제협회에서 연설할 수 있게 되었다. 이위종이 불어로 연설하자 방청자가 대단히 많았다. 각국 신문이 매일같이 한국의 사정을 논하는 한편 일제를 규탄하고 한국을 지지하는 글[抑日扶韓之情]을 실었다. 그러나 각국 대표위원들은 공례公例를 빙자하여 아무런 반응이 없었다.[54]

이상설이 국제정치의 냉혹한 현실을 절감하고 처절한 심경을 토로한 대목이다. 안타깝고 통탄스런 현실이었다.

헤이그에서는 더 이상 운신할 수 없다는 사실을 절감한 이상설은 이준 장례식을 치른 후 즉시 구주 각국을 대상으로 한 순방길에 올랐다. 헤이그

---

[53] 윤병석, 「만국평화회의와 한국특사의 역사적 의미」, 55~57쪽.
[54] 「李相卨日記抄」, 단국대학교 동양학연구소 편, 『장지연전서』 7, 단국대학교출판부, 1983, 984~989쪽.

를 떠나 프랑스 파리로 갔으며, 다시 독일 베를린을 찾았다. 이어 이탈리아 로마를 거쳐서 이범진 공사가 상주하던 러시아 상트페테르부르크로 올라갔고, 다시 영국 런던으로 건너갔다.

이상설이 이처럼 유럽 여러 나라를 순방하며 벌인 외교활동의 구체적인 내용에 관해서는 확인하기가 어렵다. 그렇지만 단편적인 관련 자료를 통해서도 이상설이 보여 준 구국투쟁의 혈성은 충분히 짐작할 수 있다. 곧 이상설의 구주 순방은 대한제국 최후의 구국외교의 여정이었던 셈이다.

이상설은 방문하는 나라마다 국가 원수나 정계 지도자 또는 이름난 언론인을 만나 일제의 한국 침략의 잔혹성과 을사조약의 불법성을 설파하며 한국의 독립 수호를 위한 국제적 협력을 호소하였다. 또한, 극동의 영구한 평화를 담보하기 위해서는 대한제국을 영세중립국으로 보장해줄 것을 역설하였다. 동양의 평화를 파괴하는 일제 침략세력을 차단하기 위해서 필요한 조치라는 논리를 폈던 것이다.

이상설을 비롯한 특사 일행이 유럽 각국을 순방할 때, 각국 정부와 인사들은 앞서 보았듯이 자국의 이해관계에 따른 외교적 실리를 우선하였기 때문에 공식적으로는 특사들의 주장과 호소를 외면하였다. 그렇지만, 특사단의 분투적인 활동으로 말미암아 각국의 정부와 인사들은 일제의 불법적이고도 야만적인 대한침략의 실상을 구체적으로 인식할 수 있게 되었을 뿐만 아니라, 한국의 독립문제가 동양평화를 유지하는 데 필요한 조건임을 현실적으로 이해할 수 있게 되었다. 그러므로 이상설 일행이 여러 나라를 방문할 때 비공식적으로는 동정을 표하고 후대하였다.

이상설이 영국을 방문하였을 때는 학사원British Academy에서 명예학사 학위를 수여하였다는 기록이 보이고, 기독교 신자들로부터 큰 지지를 받았다고 한다. 또한 독일에서는 황제 빌헬름 2세로부터 각별한 예우와 함께

호신용 권총까지 선물로 받았다고 전해진다.[55]

　이상설이 헤이그 사행에 이어 미국과 유럽 각국을 순방하면서 전개한 구국외교는 국권상실 후 해외민족운동자들이 한국의 독립문제를 국제외교무대에 제기하는 토대를 구축하였다는 점에서도 큰 의의가 있다. 경술국치 당시 연해주 한인사회에서 발표한 성명회 선언서를 구미 각국 정부에 발송하여 일제 강점을 부정하며 자주독립국임을 천명한 사실을 비롯하여 제1차 세계대전이 끝나고 1919년에 개최된 파리강화회의를 무대로 신규식 등의 대표가 한국의 독립을 주창하려 했던 사실, 그리고 1921년 워싱턴 군축회의가 개최될 때 미주 한인사회에서 한국독립을 의제로 상정하기 위해 전력을 기울였던 사실 등이 그 대표적인 구국외교활동이라 할 수 있을 것이다.

　헤이그 사행에 이어 유럽 순방외교에 기울인 이상설의 노력과 정성이 결코 헛되지 않았다는 사실은 위에서 본대로 이후 역사의 전개과정에서 충분히 입증되었다. 헐버트 박사 전기를 집필한 크로렌스 웜스가 헤이그 특사단의 활동에 대해 "국가를 위해 모두 최선의 노력을 다했고, 더 말할 여지도 없이 훌륭한 솜씨로 임무를 수행하였다"[56]라고 평가한 대목도 이런 점에 비추어 시사하는 바가 크다고 할 것이다. 이러한 평가는 또한 앞서 본대로 구주 순방길에 올라 영국에서 한 인터뷰에서 "광무황제가 보낸 대표사절단의 특명이 실행되었다"라고 한 대목과도 맥락을 같이 하고 있다.

---

55　윤병석, 『이상설전』(증보판), 106~107쪽.
56　윤병석, 『이상설전』(증보판), 106쪽에서 재인용.

제 5 부
# 미주 한인사회의 통합과 독립운동

제1장

# 애국동지대표대회의 개최

이상설은 1908년 2월 영국을 떠나 다시 미국으로 건너간 뒤 이듬해 4월까지 1년 남짓 머물렀다. 이 기간에 그는 콜로라도주 덴버시에서 열린 애국동지대표대회를 주도하여 미주지역 한인사회에서 통합운동의 계기와 독립운동의 새로운 전기를 마련하였으며, 1909년 2월에는 국민회를 조직하여 미주한인사회뿐만 아니라 해외 한인사회 전체를 하나의 단체로 통합하여 준정부적 기능을 행사하면서 독립운동을 조직적으로 전개하는 데 전력을 기울였다.

하와이를 포함하는 미주지역에 한인사회가 성립되기 시작한 시기는 1903년으로 거슬러 올라간다. 미주 한인사회는 곧 1903년부터 1905년 사이에 하와이 사탕수수농장에 이주한 7,200명의 노동이민에 의해 비롯되었다. 1903년 첫 해에 16척의 선편으로 1,133명이 이주한 이래로 1904년에 33척으로 3,434명이, 1905년에는 16척으로 2,659명이 이주하여 전후 65척의 선편에 총 7,226명이 하와이로 이주하였다.[1]

---

1 盧在淵, 『在美韓人史略』 상, 羅城, 1951, 3쪽.

한편, 시간이 흐를수록 하와이 한인 노동자 가운데 미주 본토로 이주하는 인구가 증가하였다. 하와이 이민국 자료에 의하면 1905년부터 1907년 사이 불과 3년 만에 미주 본토로 이주한 한인은 1,003명에 달하였으며, 그 뒤 1910년 대한인국민회의 인구조사에 의거하더라도 하와이에서 미주 본토로 이주한 한인이 2,000여 명에 이르고 있다.[2] 이주한 1,000여 명의 한인들은 샌프란시스코桑港와 로스앤젤레스羅城 등지를 중심으로 한 캘리포니아지방에 집중적으로 거주하였으며, 그 가운데 더러는 더욱 동진하여 콜로라도의 덴버Denver, 네브래스카의 링컨Lincoln · 해스팅스Hastings 등 중부지방까지 진출하여 그곳에서 생활의 터전을 잡는 사람들도 있었다. 그리하여 이들은 이 지역을 한인의 사회, 종교 그리고 정치 활동의 중심무대로 삼아 미주 한인사회의 주요 근거지로 발전시켜 갔다.

미주지역 한인사회에서 나타난 최초의 정치적 결사는 신민회新民會였다. 1903년 8월 7일 하와이 호놀룰루에서 홍승하洪承夏 · 윤병구 · 송헌주 등의 발기로 조직된 이 단체는 동족단결, 민지계발, 국정쇄신 등을 실천강령으로 제시하고 활동하였지만, 이듬해 해체되고 말았다.

미주 본토에서는 안창호가 샌프란시스코에 도착한 뒤 1903년 9월 상항친목회桑港親睦會를 조직하고 스스로 회장을 맡아 한인들의 친목과 결속을 다지게 됨으로써 미주지역 한인 민족운동의 중요한 전기를 마련하였다.[3] 상항친목회가 결성될 무렵 샌프란시스코 한인의 수는 20여 명에 지나지 않았으나, 1904년 이후 하와이 이민의 일부가 본토로 이주해 오면서 크게 늘어났다. 이에 따라 1905년 4월 기왕의 상항친목회를 바탕으로 조직과 규모를 확대 개편하여 명실상부한 항일운동단체인 공립협회共立協會가 결

---

2 김원용, 『재미한인오십년사』, Readly Calif., U.S.A., 1958, 6~7쪽.
3 주요한, 『안도산전』, 삼중당, 1984, 31쪽.

성되기에 이르렀다. 초대회장에 안창호를 선임한 공립협회는 1905년 11월 을사조약 늑결 전후부터는 샌프란시스코를 중심으로 각 지방에 퍼져나간 한인사회를 결속시키고자 지방회를 설치 운영하였다. 그리하여 1907년까지는 샌프란시스코를 비롯하여 리브사이드河邊 Riverside · 로스앤젤레스 · 레드랜드紫地 Redland · 록스프링石泉 Rock Spring 등 5개 지회가 성립되고 49명으로 시작한 회원이 600명에 달하였다.[4]

공립협회와 달리, 공화주의 정치사상을 수용할 수 없었던 장경張景, 김우제金愚濟 등 보수파 인물들은 1905년 12월 캘리포니아 파사데나Pasadena에서 대동교육회大同敎育會를 결성하였다. 김우제를 회장으로 하는 이 단체는 조국의 운명이 을사조약 늑결로 위태로워진 상황에서 한인들에게 문무쌍전文武雙全의 상무정신을 고취하여 구국운동을 전개할 목적으로 조직되었으며, 만민평등과 민주정체를 표방하였던 공립협회와는 대립적 입장에 놓여 있었다.[5] 대동교육회는 1907년 3월 대동보국회大同保國會로 확대 개편되었고, 이 무렵 회원 수는 500명에 이르렀다. 대동보국회도 역시 스탁턴Stockton · 프레즈노Fresno · 칼린Carlin · 덴버 · 솔트레이크시티Salt Lake City 등 5개 처에 지방회를 두었다.

한편, 신민회 해체 이후 하와이에서는 1905년의 을사조약 늑결과 1907년의 광무황제 강제퇴위 등 일련의 국권침탈사건에 영향을 받아 국민동맹회 · 자강회 · 의성회 등 20여 개에 달하는 각종 한인단체가 결성되기에 이르렀다. 한인단체의 난립은 한인사회의 역량을 분열시키는 결과를 초래하였기 때문에 각 단체의 통합 필요성이 대두되었다. 이에 따라 24개 단체의 대표자 30여 명이 호놀룰루에 모여 합동 발기대회를 열고 1907년 9월 통

---

4 『공립신보』 1909년 1월 13일, 「회원의 권리와 의무」.
5 김원용, 『재미한인오십년사』, 89쪽.

합단체인 합성협회合成協會를 결성하기에 이르렀다.6 이처럼 하와이에서 여러 단체가 합성협회로 통합되자, 미주 본토에서도 1908년 3월에 결행된 장인환, 전명운 의사의 스티븐스D. W. Stevens(1851~1908) 처단 의거를 계기로 공립협회와 대동보국회 간의 통합 논의가 활발하게 일어났다.

이상설이 미국에 도착하던 당시 한인사회에서는 하와이, 미주 본토 두 곳에서 모두 통합을 모토로 논의가 활발하게 일어나던 중이었다. 그가 미국에 도착한 직후인 1908년 3월 24일에는 장인환, 전명운 의사가 샌프란시스코 페리 부두에서 대한제국 외부 고문으로 있던 친일주구 스티븐스를 처단하는 거사가 일어나 전 한인사회에서 조국애, 동포애가 격동되고 있던 상황이었다.

이상설은 이와 같은 미주 한인사회의 단합과 이를 기반으로 하는 조국 독립운동의 새로운 전기를 마련한 인물이었다. 곧 그는 미주 한인사회의 지도급 인물들과 접촉하면서 한인사회의 통합을 촉구하고 나아가 통합된 한인사회가 독립운동의 방향으로 전력을 경주할 수 있도록 지도하였다.

미주 도착 후 이상설이 대륙 전역을 전전하며 독립운동 행보를 보이는 한편, 한인사회의 통합을 위해 동분서주하던 분위기는 어느 일본 잡지에 실린 일본인 기고문을 인용한 아래 『신한민보』 기사에서도 잘 드러나 있다.

> 왕년에 헤이그 밀사로 갔던 한인(이상설, 이위종 - 필자주) 등이 미국으로 들어와 뉴욕, 시카고 등지로 다니면서 헐버트와 같이 한 소리로 일본의 죄를 세상에 나타내다가 다시 캘리포니아 땅에 들어왔을 때에도 그들의 종적을 별로 쫓지 아니하였고 밀사 중의 한 사람(이상설 - 필자주)은 현금 로스앤젤레스에 와서 그 지방 한인을 선동하여 한국독립운동을 급급히 시작하는 것이

---

6  『공립신보』 1907년 9월 20일, 「기쁜 소식」; 『대한매일신보』 1907년 10월 23일, 「한인단체」.

필요하다고 절창함에 태평양 연안은 말고라도 동방 각처에 있는 한인까지 피차에 화응하여 크게 혁명의 봉화를 들 때에 상항桑港(샌프란시스코 - 필자주)에 있는 한인도 또한 상당한 활동을 시작하니 (하략)[7]

이 인용문은 미주 도착 이후 이상설이 보여준 부단한 여정과 한인사회 규합, 독립운동에 기울인 노력을 함축적으로 기술하고 있다. 뉴욕과 시카고 등 미국 동부, 북부지방을 두루 다니면서 일제의 한국 침략의 실상을 폭로, 규탄한 뒤, 서부 태평양 연안의 로스앤젤레스로 와서 한인 독립운동을 주창하게 되자, 샌프란시스코 일대는 물론 미주 전역의 한인사회에까지 독립운동의 기세가 파급되어 간 사실을 기술한 것이다.

이상설이 미주 한인사회에서 기울인 정성과 노력의 중요한 결실 가운데 하나가 콜로라도주 덴버시에서 열린 애국동지대표대회였다. 이 대회는 1908년 7월 11일 덴버의 그레이스 감리교회에서 열렸다. 대회 기간은 7월 11일부터 14일까지 총 4일간이었으나 12일이 일요일이었던 관계로 실제로는 3일간 회의가 열렸다. 애국동지대표대회는 덴버 현지 지역신문들이 매일 주요 사항들을 보도할 정도로 관심을 끌었다. 개회 첫날 『덴버 타임스』는 '한인 애국자들이 덴버에 모여 전쟁을 준비하다'라는 타이틀로 애국동지대표회를 소개하면서 이는 한인들이 갖는 최초의 국제적 회의로서 "애국동지들은 해외한인애국단체들을 조직한 지 오래이며, 그들은 해외 각국의 조직을 총괄할 중앙조직을 만들 때가 왔다고 생각한다"고 보도하였다. 신문에는 이 대회의 참석 인원을 대략 36명에서 50명 규모로 추산하였다.[8]

---

7 『신한민보』 1908년 4월 1일, 「잡보」. 이 기사는 일본인 구목털검이라는 자가 일본인이 발간하는 『신세계보』에 기고한 「이것이 뉘 책임인고」라는 글을 인용한 것이다.
8 김도훈, 『미대륙의 항일무장투쟁론자 박용만』, 역사공간, 2010, 41~42쪽.

대회 장소를 덴버시로 잡은 것은 당시 덴버에서 민주당 대통령 후보 선출을 위한 전당대회가 개최되어 유력한 정치인, 언론인들이 이곳에 대거 집결할 것으로 예상하였기 때문이다. 즉 한인 지도자들은 해외 각지의 한인단체를 규합하고 조국의 독립을 위해 합동 단결할 것을 촉구하는 애국동지대표대회를 덴버에서 개최함으로써 비교적 배일적인 민주당 인사들을 비롯하여 많은 정치 지도자들과 언론인들을 상대로 일제의 한국침략 야욕을 폭로함으로써 그들로부터 한국 독립에 대한 동정과 지지를 구한다는 실리적인 면이 고려되었던 것이다. 연해주 한인사회에서 간행하던 신문『해조신문』에서 회의 개최 소식을 전하면서

> 전국 정당들이 일제히 덴버지방에 모여 총의회를 여는데 이 회는 미국 설립한 후 제일 큰 정당회라. (중략) 미국 정당뿐 아니라 각국 정당들과 신문기자들도 많이 가서 참관도 할 듯하니 우리 한국의 지사들은 더욱 이러한 기회를 타서 우리의 사정도 표백할 것이요 남의 공론도 들어볼 것이요 또한 우리도 능히 독립할 만한 백성이 있는 줄을 세계에 드러내게 할지라.[9]

라고 지적한 대목이 그간의 정황을 잘 알려준다.

애국동지대표대회를 주도적으로 개최한 인물은 미주 한인 독립운동계의 저명한 지도자 박용만朴容萬(1881~1928)이었다. 임시회장으로 이 회를 발기한 그는 헤이그 사행과 구미 순방 때 이상설을 수행한 윤병구와 송헌주의 파견을 주선해 준 만큼, 이상설과 밀접한 관계를 맺고 있던 인물이었다.[10] 그리고 미주 한인사회의 지도자로 부상한 이승만李承晩(1875~1965)과 덴

---

9 『해조신문』 1908년 4월 16일, 「논설」.
10 박용만의 사위로 알려진 이용화(李容華, 1890~?)가 뒷날 연해주에서 이상설을 7년 동안 수종(隨從)하면서 통신사무를 전담하다시피 했다고 하는 것도 이런 맥락에서 이해할 수 있을 것이다.(이용화, 「항일투쟁 원로 이상설선생」, 『나라사랑』 20, 외솔회, 1975)

버시에 살던 이관용李灌鎔(1894~1933) 등이 대회 개최에 큰 역할을 하였다. 이 대회에는 미주 각 지역과 여러 단체에서 대표가 참석하였으며, 이상설은 이승만과 함께 러시아 시베리아 대표의 자격을 가지고 있었다. 회의 기간 내도록 각지에 산재한 여러 한인단체의 통합과 독립운동 방략을 토의하였으며, 윤병구와 이승만 등이 한국 문제와 그 전망, 그리고 국제정세 등을 주제로 강연하면서 의견을 나누었다.

애국동지대표대회는 미주 한인사회의 통합운동의 계기가 되었을 뿐만 아니라, 더욱 적극적으로 조국 독립운동의 새 국면을 마련하려는 새로운 전기가 되었다. 그 방안은, 첫째, 기회가 있을 때마다 한국의 문화와 자주적 역사를 대외적으로 선전하면서 한국의 독립과 일제의 침략 배격이 극동평화를 유지한다는 외교선전이었다. 둘째, 각지 동포가 서로 뜻과 힘을 모아 자주역량을 양성하여 그 힘으로 독립을 쟁취하자는 것이었다. 이를 위해 한편으로는 국내외 한인에게 근대산업을 진흥시키고 다른 한편으로는 국민교육에 힘써 새로운 지식을 교육토록 하면서 민족의 군대를 양성한다는 것이었다. 여기서 언급된 근대산업의 진흥과 군대양성 문제는 뒷날 이상설이 러시아 연해주에서 추진한 국외 독립운동 근거지 건설문제와 표리의 관계를 갖게 된다.[11]

---

11  윤병석, 『이상설전』(증보판), 일조각, 1998, 112쪽.

제2장

# 미주한인 통합단체 국민회의 결성

　미주 한인사회의 대동 통합 움직임과 관련하여 큰 전기가 된 것은 앞서 잠시 언급한 장인환, 전명운 의사의 스티븐스 처단 의거였다. 장, 전 두 의사에게 처단된 대한제국의 외부고문 스티븐스는 일제의 응견鷹犬, 주구走狗 등으로 불리며 일제의 한국침략정책을 외교적으로 뒷받침해 준 인물이다. 특히 그는 1905년 11월 을사조약 늑결에 앞장서 한국 '보호국화'에 외교적 역할을 맡았고, 이어 1907년 헤이그 사행을 계기로 해서는 통감 이토를 도와 광무황제 강제퇴위와 정미7조약 체결과정에서도 중요한 역할을 수행하였다. 그런 만큼 스티븐스 처단 의거는 국내외 한인사회를 크게 고무시켰을 뿐만 아니라 국제적으로 커다란 충격과 파문을 가져왔다. 특히 미주 한인사회의 민족운동을 크게 고무하는 데 직접적으로 커다란 영향을 미쳤다.

　샌프란시스코 현지에서 발행되던 신문『샌프란시스코 클로니클San Francisco Chronicle』,『샌프란시스코 콜San Francisco Call』 등은 의거 관련 인물사진은 물론 장인환과 전명운의 거사 장면 등을 묘사한 커다란 삽화까지 소개할 정도로 의거 관련 기사를 자세히 실었다. 국내외에서 간행되던『대한매일신보』·『공립신보』·『해조신문』 등의 한글신문에서는 또한 이러한 기사들

을 정리하여 소개함으로써 이 의거가 객관적으로도 정당성을 확보하고 있다는 사실을 널리 보도하였다.[12]

자료 5-1 장인환, 전명운 양 의사의 의거를 보도한 샌프란시스코 현지 신문
(San Francisco Call 1907년 4월 23일)

---

12 박민영, 「1908년 상항의거가 한국독립운동에 미친 영향」, 『백범과 민족운동』 9, 백범학술원, 2012, 135쪽.

장인환, 전명운 양 의사가 결행한 샌프란시스코 의거는 미주 한인사회의 통합을 촉진하는 일대 계기가 되었다. 하와이에서 합성협회가 결성된 후, 미주 본토에서도 샌프란시스코 의거를 계기로 양대 한인단체인 공립협회와 대동보국회간의 통합 논의가 활발히 일어났다. 두 단체는 의거 직후 공동으로 호외를 발행하고 각처 동포에게 전보로 의거소식을 전하고, 변호사를 초빙하여 공판투쟁을 전개하였다. 나아가 함께 의연금을 모집하는 등 의거와 관련된 여러 사안에서 공동보조를 취하였기 때문에 자연스럽게 통합의 계기를 마련할 수 있었다.

　　앞에서 언급한 대로 이상설이 참여한 애국동지대표대회는 미주 한인사회의 통합을 모토로 개최된 모임이었다. 이 대회에서는 공립협회와 대동보국회 등 미주 본토 양자의 통합론에서 더 나아가 미주 본토의 공립협회와 하와이 합성협회간의 대동 통합 논의까지 일어났다. 이와 같은 협의를 거치며 노력한 결과 1909년 2월 1일 공립협회와 합성협회가 하나로 통합되어 국민회國民會가 탄생하였다. 하와이 국민회 총회장에는 정원명鄭元明이, 그리고 미주 국민회 총회장에는 정재관鄭在寬(1880~1930)이 각각 선임되었고, 두 회의 기관지『공립신보共立新報』와『합성신보合成新報』는 각각『신한민보新韓民報』와『신한국보新韓國報』로 제호가 바뀌어 계속 발간되었다.

　　이상설이 국민회 통합 과정에서 수행한 구체적인 역할에 대해서는 자료상 명확히 확인되지 않고 있다. 하지만, 그가 미국에 도착한 이래 보여준 독립운동의 행보와 여러 정황으로 보아 한인단체 통합을 위해 진력했음은 충분히 짐작할 수 있다. 그가 샌프란시스코에 머물 때 공립회관에 거주하면서 공립협회의 활동을 지도한 사실도 그러한 관련성을 강하게 뒷받침해 준다. 1917년 이상설의 서거 소식을 전할 때『신한민보』가 "공립회관에 머물러 있어 은연히 고문이 되어 대사를 협찬하는 때"라고 기술한 대목은 이를 염두에 두고 한 표현이다.¹³ 이상설이 미주 한인사회에서 가졌던 역할과 위상을 잘 알려 준다.

자료 5-2 **국민회 제1회 이사회**(1909년 4월) **기념사진**
앞줄 중앙(왼쪽에서 세 번째)이 이상설이다.

또 헤이그 사행 이래 이상설의 활동 궤적과 밀접한 연관이 있던 인물들이 국민회 창립을 주도하였던 점도 그가 국민회 결성에 적지 않은 역할과 기여를 했음을 알려주는 단초가 된다. 박용만과 윤병구·송헌주·정재관 등이 그러한 범주에 들어가는 인물들이다. 국민회 창립 직후 개최된 제1차 국민회 이사회에 이상설이 직접 참여한 사실도 이상설과 국민회 양자 간의 깊은 관계를 짐작게 한다. 국민회 총회장 정재관과 부회장 최정익을

---

13 『신한민보』 1917년 5월 24일, 「헤이그 평화회에 갔던 이상설군의 장서」.

비롯하여 송종익, 재정 담당 등 핵심 인물 7명이 들어 있는 현전 기념사진에서 중앙부 상석에 이상설이 앉아 있는 모습이 또한 그 증좌라 할 수 있다. 나아가 국민회가 출범한 직후에 곧 회세 확장과 한인사회 연대를 위해 이상설이 원동지역으로 특파되어 연해주로 간 것도 이와 같은 맥락에서 파악할 수 있다.

제3장

# 충절과 애국의 유문遺文

## 「황실비멸국지이기皇室非滅國之利器」

 현전하는 이상설의 저작물은 희소하리만큼 그 종류와 수량이 매우 한정되어 있다. 특히 인민과 대중에게 널리 읽히게 할 목적으로 지은 논설·평론 등의 저술은 더욱 드물다. 후술하겠지만 1917년 그가 작고할 때 자신의 평생 저작물을 모두 불태웠기 때문이다.

 이상설의 저술로 『신한민보』에 「황실비멸국지이기皇室非滅國之利器」와 「양의사합전兩義士合傳」 두 건이 실려 있어 주목된다. 이 글들은 각기 '창해자', '창해자 우ㄷ손'이라는 필명으로 발표되었다. 곧 '창해자'가 이상설의 필명이라는 사실이 『신한민보』 기사를 통해 확인되고 나서야 이 글들이 이상설의 작품임을 알 수 있게 된 것이다.[14]

 전자인 「황실비멸국지이기」는 1909년 3월 31일 자 '논설'에 한글로 '황실은 나라를 망하는 이로운 그릇이 아니라'라는 부제를 달아서 실었고, 후자는 그 직후인 4월 7일 자에 '사총史叢'으로 실렸다. 이 무렵은 이상설이

---

14  윤병석, 『국외한인사회와 민족운동』, 일조각, 1990, 367쪽.

미국을 떠나 연해주로 이거하기 직전으로, 두 건의 저작이 거의 동시에 실린 점으로 미루어 거의 같은 시기에 집필되었을 것으로 짐작된다. 『신한민보』에서는 이상설이 두 글을 지은 시기와 동기에 대해 다음과 같이 밝혀 놓았다.

  총총히 런던을 지나 뉴욕에 상륙하여 센트럴(원문 '쎈츨' - 필자주) 호텔에 들어가니 때는 광무 11년 8월 12일이라. 한국특파대사가 평화회로부터 미국에 건너왔다는 소식이 해저 전선에 의지하여 내전함에 각국 신문기자들이 찾아와 한국 시사에 대한 의견을 묻는지라. 한국의 억원한 사정과 일본의 무리한 만행을 간단히 말하고 다수한 동포가 모여 있는 곳을 찾아 가주(캘리포니아주 - 필자주)로 나오니 당시는 공립협회와 대동보국회가 각각 단체를 고결하여 활동을 시험하는 중이오. 양 의사의 옥란시(오클랜드시 - 필자주) 포격(샌프란시스코 의거 - 필자주) 이후라 강개 격앙한 인심이 물끓듯 일어나는 것을 보고 절망하는 가운데 마음이 기뻐서 공립회관에 머물러 있어 은연히 고문이 되어 대사를 협찬하는 때에 두어 편 득의 문장을 써내었으니 「황실은 나라를 멸하는 이로운 그릇이 아니라」와 「장, 전 양의사합전」을 이때 기록하였더라. (중략) 금을 울리며 옥을 깨치는 소리가 그 정충고절로 더불어 영원히 끊어지지 않을지로다. 그러므로 태백광노太白狂奴(박은식 필명 - 필자주) 선생이 평론하여 가로되 "이상설은 어진 선비라 한학에 능하고 겸하여 서문(서양학문 - 필자주)을 통하여 재망이 일시에 으뜸이라" 하였더라.[15]

위 인용문에서는 이상설이 미주에 도착한 뒤 샌프란시스코에 안착할 때까지 여정을 밝혔고, 또 그 시기가 장인환, 전명운 의사의 샌프란시스코 의거가 일어난 직후로 이 거사로 인해 미주 한인사회에서 독립운동의 기운이 격앙되던 분위기를 기록하였다. 두 글을 지은 장소는 샌프란시스코

---

15  『신한민보』 1917년 5월 24일, 「헤이그 평화회에 갔던 이상설군의 장서」.

공립회관이라고 하였고, 당시 그는 공립협회의 고문 지위를 갖고 대사를 협찬하던 역할을 했다고 한 것으로 보아 이 무렵 이상설이 지녔던 권위와 그에 따른 지도적 역할을 짐작할 수 있다.

나아가 일시 흥분된 한인사회에서 독립운동의 방향성을 제시하고 또 고무하기 위해 이상설이 두 글을 지은 것이라고 밝혔다. 이를 통해 두 글을 지은 목적과 동기가 샌프란시스코 의거로 인해 일시 흥분상태에 있던 미주 한인사회의 독립운동 방향성을 지도하고 고무하고자 한 데 있었음을 알 수 있다.

자료 5-3 『신한민보』(1909년 3월 31일)에 실린 「황실비멸국지이기」

우선 논설 「황실비멸국지이기」는 이상설의 정치사상의 한 단면을 보여주는 글이다. 의정부참찬을 지낸 고관으로 광무황제의 특명을 받아 헤이그 사행에 오른 정통 관인 출신의 이상설에게는 기본적으로 대한제국을 수호해야 하는 역사적 당위성이 주어져 있었다. 하지만, 그는 민주공화정을 표방하는 미국 내에 형성된 한인사회가 지향해야 할 정치이념에 대해 고민한 결과 이 논설로서 그 방향성을 제시한 것으로 보인다. 곧 형식상 황실을 존중하는 군주정체君主政體를 따르지만, 내면적으로는 인민에게 주권이 주어지는, 곧 주권재민主權在民의 원칙을 제시하였던 것이다.

이러한 견지에서 이상설은 입헌군주제적인 정체론을 지녔던 것으로 이해된다. 그는 자신이 금수나 초목이 아니고 인민이기 때문에 임금과 황실을 존중한다고 하였으며, 종묘사직과 황실의 안녕과 만수무강을 매일 기원한다고 하였다. 그리고 영국 의회의 개회식을 참관했을 때, 에드워드 7세를 바라보는 수많은 영국 인민들이 만세를 외치는 광경을 보고 감격의 눈물을 흘렸을 정도로 깊은 감명을 받은 일화를 소개하였다. 이상설은 영국 인민은 임금과 나라를 분별하여 임금이 직책을 다하도록 하여 나라의 이익을 도모하나, 우리는 영국 인민과 달라 임금과 나라를 하나로 알아 임금으로 하여금 직책을 다하게 하지 못해 나라를 망하게 했다는 주장을 폈다.[16]

이상설은 이와 같은 생각에 따라 인민과 국가, 그리고 군왕 등 3자 간의 상호 관계를 각기 규정하였다. 우선 군왕은 국가의 주인인 인민이 국사國事의 직역職役을 맡긴 데 불과하므로, 만약 그 직역을 제대로 이행치 못할 경우에는 국가의 주인인 인민이 그 책임을 당연히 물을 수 있다고 하였다. 나아가 그는 국가와 군왕의 관계에 대해서도 "주권이 있는 곳에 임금이 있

---

16  박걸순, 『한국독립운동과 역사인식』, 역사공간, 2019, 152~153쪽.

는 줄로 생각하며 주권이 없는 곳에는 임금이 또한 있지 아니한 줄로 생각하노라"라고 하여 그 관계를 명시하였다. 곧 국가가 있어야만 군왕이 존재할 이유가 있기 때문에, 국가가 없으면 군왕이 존재할 이유가 없다는 것이다. 그러므로 군왕은 국가와 그 근본이 되는 인민을 전제로 할 때만 그 존재 가치가 설정되기 때문에, 당연히 군왕의 상위에 인민과 국가가 놓이게 된다고 할 수 있다.

군왕보다 인민과 국가가 상위에 놓여야 한다는 이상설의 주권재민 주장은 다음 대목을 보면 명확하게 드러난다.

> 우리 인민은 이미 나라와 임금을 두 물건으로 분별치 못함에 또한 주권이 없는 곳에는 임금이 없는 줄을 알지 못하여 나라가 망하여도 임금을 복종함만 생각하며 주권이 없더라도 임금이 있는 줄을 생각한지라.[17]

위의 인용문은 앞에서도 지적하였듯이, 현재 한국의 인민은 국가와 군왕의 관계를 분별치 못하고 국가 주권의 유무를 떠나 군왕에 대해 맹목적인 복종을 하는 폐단을 지적하고 이를 비판한 것이다. 이러한 생각과 주장은 일제의 침략으로 국가가 주권을 상실하게 된 근본적 이유가 인민이 군왕에 대해 맹목적으로 추종함으로써 국가와의 관계를 그릇되게 인식하고 있다는 사실과도 맥을 같이 한다. 이러한 견지에서 볼 때, 이상설은 절대군주제를 견지하는 전통적 수구의식에서 벗어나 주권재민의 실질적 입헌군주제를 지향한 것으로 볼 수 있다.

---

17   滄海子,「皇室非滅國之利器」,『신한민보』1909년 3월 31일.

### 「양의사합전兩義士合傳」

샌프란시스코 의거 후 미주뿐만 아니라 국내외 각지 한인사회에 애국심을 파급하고 항일의 의기를 고양하는 데 크게 기여한 사론 가운데 하나가 이상설이 지은 「양의사합전」이다. '창해자 우ㄷ손'이라는 필명으로 발표한 이 사론은 1909년 3월 상항한인공동회에서 소책자 형태로 먼저 발간하였고, 곧이어 4월에 『신한민보』에 게재되었다.

「양의사합전」은 장인환, 전명운 두 의사의 약전인 동시에 역사 평론

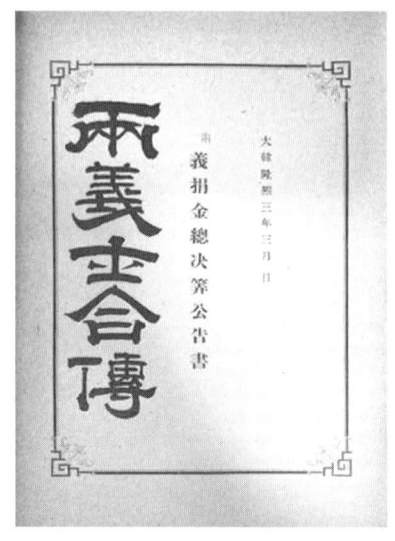

자료 5-4  장인환, 전명운 양 의사 구제 모금을 위해 1908년 3월 상항한인공동회에서 발간한 「양의사합전」 표지

에 가까운 글이다. 전술했듯이 이상설이 미국에 도착한 시기는 장, 전 양 의사가 친일고문 스티븐스를 처단한 샌프란시스코 의거가 일어난 직후로, 미주 한인사회가 일시 흥분해 있던 상황이었다. 이에 이상설은 장, 전 양 의사의 약전과 이들이 결행한 샌프란시스코 의거의 역사적 의의를 평론함으로써 미주 한인사회의 민족의식을 고취하는 한편 독립운동을 고양하고자 한 것이다.

「양의사합전」은 내용과 논지 면에서 크게 세 부분으로 구성되어 있다. 전반부에서는 장, 전 양 의사의 약전과 성품을 기술하였고, 중반부에서는 샌프란시스코 의거의 거사 과정과 그 영향을 논술하였으며, 마지막 후반부에서는 샌프란시스코 의거에 대한 평가와 그 역사적 의의 등을 서술하였다. 먼저 장인환, 전명운 두 의사의 약전과 인물평을 기술한 전반부의 내용

을 살펴보자. 여기서는 양 의사의 출생 이후 미국 이주 때까지 삶의 궤적을 간략하게 기술하였으며, 이어 양 의사의 기질·성품 등을 여러 방면에서 다양한 비유로 대비시켰다. 그 가운데 일부를 소개하면 아래와 같다.

> 장, 전 양 의사의 성격의 부동함이 이와 같아 장은 문을 숭상하면 전은 무를 숭상하며, 장은 인을 즐겨하면 전은 의를 즐겨하며, 장은 옹용雍容함을 좋아하면 전은 호매豪邁함을 좋아하며, 장은 개결介潔함을 주장하면 전은 척탕滌蕩함을 좋아하여 장은 구추상천九秋上天에 편운片雲도 가리움이 없어 명월이 교결皎潔하며 옥우가 청숙함과 같은 수령하는 기상이 있으되, 전은 욱일염천에 녹음이 밀울密鬱하며 취우광풍에 낙화가 빈분繽粉함과 같은 발월發越하는 기상이 있으며, 장은 암석이 쟁영崢嶸하며 봉만峰巒이 중첩하여 심수유한한 산과 같이 침중한 태도가 있으되 전은 안개가 일며 우레가 울어 만경창명萬頃滄溟에 파도가 흉용한 바다같이 경굉한 태도가 있으며, 장은 쥐를 잡으려는 괴(고양이? - 필자주)처럼 알을 안은 닭처럼 한 귀로 들으며 한 눈으로 보는 만복滿腹의 진일專一한 정신이 있으되 전은 수풀에 내온 새끼범처럼 멍에를 벗은 망아지처럼 겁도 없고 두려운 것도 없이 동서도량東西跳梁하려는 정신이 있으며 (중략) 한번 봄에 수화빙탄水火氷炭이 서로 용납지 못할 것 같으나 그 나라를 위하며 동포를 아끼는 일편열성은 양 의사가 일찍이 같지 아니한 곳이 없더니라.[18](병기 한자 - 필자)

이상설이 파악한 두 의사의 품성과 기질을 보면, 장인환이 사려 깊고 신중하며 온후인자한 군자의 성품을 지닌 데 비해, 전명운은 즉흥적이고 호탕하며 의기 충만한 협객의 성품을 지닌 것으로 선명하게 대비가 된다. 위 인용문은 인성과 자연, 생물 등 다양한 방면에서 여러 가지 비유로 장문에 걸쳐 두 의사의 성품을 극단적으로 대비시킨 점이 두드러진다. 그런데도,

---

[18] 창해자 우ㄷ손, 「양의사합전」, 『신한민보』 1909년 4월 7일.

이상설은 마지막 대목에서 '나라를 위하며 동포를 아끼는 일편열성은 양 의사가 일찍이 같지 아니한 곳이 없더니라'라고 하여 애족애국의 열정으로 양 의사의 성품을 귀결시켜 결론적으로 제시하였다. 이러한 논지에 따른 서술을 통해 이상설은 민족 구성원들이 지닌 다양한 신분과 계층, 품성의 차이를 모두 극복하고 애국애족의 열성에 기반을 둔 독립운동으로 매진해 주기를 고대하고 또 이를 고취하고자 했다.

다음으로, 사론의 '중반부에서는 샌프란시스코 의거에 관한 제반 담론을 기술하였다. 먼저 일제 침략의 주구인 스티븐스의 죄악상을 논급하였고, 이어 의거가 일어나는 과정과 거사 장면을 세밀하게 사실적으로 기술하였으며, 끝으로 의거에 대한 한인사회의 반응과 의거가 한인사회에 미친 영향 등을 구체적 사례로 소개하였다. 이상설은 특히 스티븐스를 처단하던 장면에서 울리던 총성을 다음과 같은 비유로 극적으로 묘사하였다.

> 육혈단포의 세 마디 적은 소리가 이천만 단기檀紀 유족의 충분강개忠憤慷慨하는 탄식의 소리를 발표하며 사천 년 동반도 제국帝國의 독립 자유를 세계열강에 창언唱言하는 소리를 대신하여 로키산의 반향이 성세를 화합하는 듯 태평양의 구풍颶風이 위엄을 도읍하는 듯 만인의 귀가 먹먹하며 만인의 눈이 둥그레져 돌아보니 (중략) 저 교활 외교가의 더러운 피가 오클랜드 부두 아침 날에 비린 내음새를 전하며 붉은 자취를 뿌렸는지라.[19] (병기 한자 - 필자)

이상설은 스티븐스를 처단하는 총성이 곧 한민족의 충의와 분노의 표출인 동시에 세계를 향한 한민족의 독립, 자유를 선언하는 소리인 것으로 형상화하였다. 이러한 한민족의 절규에 로키산과 태평양이 상응하는 것으

---

19  창해자 우ㄷ손,「양의사합전」.

로 비유함으로써, 인류 보편의 가치인 자유와 정의에 의거한 이 거사가 한 민족의 독립 열망을 그대로 보여 준 것으로 규정할 수 있었던 것이다.

끝으로 「양의사합전」의 결론부에 해당하는 후반부는 장, 전 두 의사와 그들이 결행한 샌프란시스코 의거의 역사적 의의를 논평한 것이다. 이상설은 샌프란스시코 의거를 결행한 장, 전 양 의사의 역사적 위상을 드높게 평가하였다. 장문 가운데 주요한 내용을 소개하면 아래와 같다.

황천이 우리나라를 도우심이 깊음이여. 감죽당상感竹堂上에 민충정(민영환 - 필자주)의 피 묻은 적삼이 오히려 걸렸으며 대마 옥중에 최면암(최익현 - 필자주)의 오열하던 고혼孤魂이 어느 때에 헤어지리요. 민충정은 국내에서 반은 석고(살고? - 필자주) 반은 죽는 우리 인민의 애국심을 환성喚醒케 하며 최면암은 적국에서 공법을 위반하며 정의를 능멸하는 만자야심蠻恣野心을 좌절케 하였으니 해외만리에서 우리 국민의 지위를 존중케 하며 우리 국민의 명예를 발양케 하여 환구만국環球萬國에 성명聲明 공고케 하려면 양 의사가 아니면 그 누가 능히 하리요. 황천이 이에 민충정을 내국에 두시고 최면암을 적국에 보내었으니 어찌 양 의사를 제삼국 되는 미국에 있게 하여써 스테분을 기다리게 하지 아니 하시리요. 양 충신과 양 의사는 일은 다르되 행하는 바는 같으니라. 그러나 양 의사는 빈궁한 무명 일 평민이라 민충정의 혁세훈척赫世勳戚의 벌열閥閱도 없고 최면암의 유문숙덕儒門宿德의 명망이 없으되 능히 7척을 홍모와 같이하여 민충정과 최면암보다 일층 강맹굉렬强猛轟烈한 수단을 잡았으니 양 의사는 과연 그 누구를 위함이뇨. 박랑사博浪沙의 철퇴는 오세상한五世相韓하던 임금을 위할 뿐이오 함양전咸陽殿의 비수는 지기知己 상대한 붕우朋友를 갚을 뿐이라. 형경荊卿과 장자방張子房을 지하에서 다시 일으킬 수가 있으면 그 부끄러움이 장차 어떠하리오. 장하도다, 양 의사는 그 누구를 위함이뇨. 힘쓸지어다, 동반도 사천년의 우리 단기檀紀 유민이여.[20] (병기 한자 - 필자)

이상설은 스티븐스를 처단한 장, 전 양 의사를 민영환과 최익현 두 순국지사와 역사적으로 동일한 위상을 지니고 있는 것으로 적극적으로 평가하였다. 주지하다시피, 을사조약에 항거하여 자결한 민영환과 의병을 일으킨 뒤 피체되어 대마도로 끌려가 옥중에서 순국한 최익현 두 사람은 한민족의 항일투쟁을 상징하던 역사적 인물이었다. 그런 만큼 이상설은 "양 충신과 양 의사는 일은 다르되 행하는 바는 같으니라"라고 하여 장, 전 양 의사를 역사적 의의 면에서 민영환, 최익현 두 인물과 동등하게 평가함으로써 그들의 역사성을 극도로 부각하고 있다. 그가 이처럼 양 의사를 높이 평가하는 논거는 민영환이 국내 인민의 애국심을 발양하였고 최익현이 적국에서 일제의 야만성을 온 세상에 폭로하였듯이, 양 의사는 멀리 해외에서 한민족의 의기를 널리 떨치고 또 세상 공론을 환기하는 소임을 다했다는 데 있다.

이와 같은 사실에 의거하여 이상설은 끝으로 의거를 결행한 양 의사의 충절과 의기를 중국 역사에서 의협의 상징으로 부상된 장량張良과 형가荊軻보다 뛰어난 것으로 다시 한번 강조하면서 전 민족의 각성과 분발을 촉구하였다.

이상설의 사론 「양의사합전」은 이처럼 샌프란시스코 의거를 계기로 한인들의 애국심을 고취하는 데 기여하였다. 이 사론은 또한 이상설이 미주를 떠난 직후인 1909년 5월에 연해주 한인사회에서 발간하던 한글 신문 『대동공보大東共報』에도 소개됨으로써 그곳 한인들에게도 큰 반향을 불러일으켰다.[21]

---

20  창해자 우ㄷ손, 「양의사합전」.
21  박민영, 「1908년 상항의거가 한국독립운동에 미친 영향」, 137쪽. 「양의사합전」이 『대동공보』에 실린 날짜는 1909년 5월 31일로, 이상설이 미주를 떠나 연해주를 향하던 무렵이다.

한편, 일제는 이러한 「양의사합전」의 반포 상황과 이 논설이 미친 영향을 예의주시하고 있었다. 일제가 파악한 관련 정보 가운데는 "한국 내지에서도 이 「양의사합전」을 비밀리에 산포하여 의연금을 모집하여 흉행자(兇行者, 안중근 - 필자주)에게 송부한 형적이 있다. 이와 같은 한인의 행동은 금차 흉행자의 심정에도 다소의 감동을 주었으리라고 사료된다"라고 파악하였듯이, 이 논설이 안중근 의거에도 영향을 미쳤을 것으로 인정하는 대목이 있어 주목된다.[22] 곧 의열투쟁의 선구인 장인환, 전명운 양 의사의 의거와 약전을 정리한 이상설의 『양의사합전』은 국내외 한인사회에 폭넓은 영향을 주었으며, 특히 이후 연속되는 안중근 의거 등 의열투쟁에도 상당한 영향을 미쳤다.

---

[22] 박민영, 「1908년 상항의거가 한국독립운동에 미친 영향」, 138쪽.

제 6 부
# 통합과 연대의 지도자

제1장

# 독립운동 근거지 밀산 개척

## 백척간두에 놓인 국운

이상설이 헤이그 사행을 떠난 뒤 1907년 7, 8월 국내에서는 중대한 정국의 변화가 일어났다. 일제는 헤이그 특사 의거를 계기로 통감 이토 히로부미伊藤博文의 주도하에 대한식민지화 방침을 확정하고 이를 실현하기 위한 구체적인 단계에 돌입하였던 것이다. 앞서 언급하였듯이 헤이그에 파견된 일본 대표단은 이상설 등 대한제국 특사단의 헤이그 도착 사실을 6월 27일 무렵 알게 되었고, 즉시 본국에 그 사실을 전하였다. 일제는 사행의 책임을 물어 반일정서가 농후하고 한민족의 정점에 있던 광무황제를 7월 20일 강제로 퇴위시켰다. 이어 7월 24일에는 정미칠조약을 체결하여 내정권을 완전히 장악하기에 이르렀다. 그리고 8월에 들어서는 급기야 대한제국 정규군대의 강제 해산을 감행하고, 9월에는 민간인이 소지한 일체의 무기류까지 강제 압류하는 이른바 '총포 및 화약류 단속법'을 발포함으로써 '한반도 내에서의 완전한 무장해제'를 표방하고 대한식민지화를 위한 최후의 수순을 밟았다. 곧이어 감행할 병탄 때 예상되는 한국민의 무장봉기를 사전에 차단하기 위한 치밀한 포석이었던 셈이다. 결국 일제는 헤이그 특사 의거를 빌미로 대한침략에 박차를 가하게 되었으며, 의거 직후인 7, 8월간은 막바지로 향하는 일제의 국권침탈의 긴박한 상황이 연속되고 있었다. 하지만, 이러한 일제의 일련의 국권침탈 행위는 역으로 한국민의 총체적 저항을 촉발하는 계기로 작용하였다. 그 가운데서도 특히 군대해산은 의병전쟁이 전국적으로 급격히 확산, 고조되는 결정적 계기가 되었고, 그 결과 전 국토가 대일 전면전의 무대가 되었다. 일제 침략으로 국망에 직면한 국내의 정치·사회 상황은 총체적인 난국과 혼돈 그 자체였다. 그러므로 국내는 의병의 무장투쟁 외에는 현실적으로 더 이상 국권회복투쟁을 전개할 수 없는 참담한 상황에 놓여 있었다.

## 미국에서 연해주로

헤이그 사행 이후 나라의 명운이 경각간에 달려 정국이 긴박하게 돌아가는 동안, 이상설은 앞서 보았듯이 헤이그 사행 이후 구미 순방을 마치고 1908년 4월 다시 미국으로 건너가 1년 남짓 머물렀다. 이후 그는 연해주로 이주하여 그곳 현지 한인사회를 기반으로 독립운동의 새로운 지평을 개척하는 데 필생의 노력을 기울였다.

이상설이 연해주로 이주한 것은 국민회 결성 직후였다. 미주 본토의 공립협회와 하와이의 합성협회가 근간이 되어 결성된 국민회는 '교육과 실업을 진흥하여 자유평등을 제창하며 동포의 영예를 증진하며 조국의 독립을 회복함'을 목적으로 설립되었다.[1] 그후 국민회는 미주 한인사회의 중심 기구로 확대되고 다른 지역의 해외 한인사회까지 조직을 확대하게 되었다. 1909년 4월 북미지방총회에서는 황사용黃思溶과 방화중邦化重을 멕시코

---

1  『신한민보』 1909년 3월 24일, 「國民會章程脫稿」.

에 보내 멕시코 지방총회를 설립하였고, 5월에는 이상설이 국민회 총회장 정재관과 함께 만주와 연해주로 파견되었다. 그 결과 정재관은 이강과 같이 만주 일대를 순방하였고, 이상설은 이미 블라디보스토크에 파견되어 있던 김성무金成武·전명운과 함께 연해주에서 활동하였다. 이들의 노력으로 연해주에는 16개 처, 그리고 만주에는 8개 처에 각기 지방회가 조직될 수 있었다.[2] 참고로 국민회는 이듬해인 1910년 5월 10일에 그때까지 남아 있던 대동보국회를 아울러 대한인국민회로 개명하고 조직을 확대 개편함으로써 미주 한인사회의 단일 결사로 그 역할을 수행하게 되었다.

이상설은 국민회의 북미지방총회와 하와이지방총회 공동 결의로 '원동遠東'에서 독립운동을 추진하는 중임을 맡고 국민회 총회장 정재관과 함께 연해주로 갔다. 이때 국민회 북미지방총회장 최정익崔正益과 하와이지방총회장 정원명鄭元明 양인의 공동명의로 발급되어 그가 지니고 간 위임장은 다음과 같다.

> 우는 아령 원동 각처에 주재한 우리 동포를 규합하여 단체를 고결하며 본회의 종지를 창명하여 목적을 관철케 함이 현시의 급무인바 본 회원 이당李堂(이상설의 별명 - 필자주)은 덕망이 귀중하고 경륜이 탁월하여 나라를 근심하고 동포를 사랑하는 열심과 성력이 가히 우리 회의 포준을 지을지라. 그러므로 원동 방면의 일체 회무를 전권 행사케 하기 위하여 본회 대표원을 추정하노니 왕재욱재하여 중망을 극부할지어다.[3]

위 위임장에서 보듯이 이상설이 연해주에 파견된 것은 미주의 국민회 조직을 원동지역까지 확대하기 위해서였다. 이에 따라 이상설이 정재관과

---

2 국사편찬위원회 편, 『한국독립운동사』 1, 정음문화사, 1968, 103쪽.
3 『신한민보』 1909년 6월 2일, 「국민회보」.

함께 연해주를 향해 미국을 떠난 것은 1909년 4월 22일이다. 그 전일에 샌프란시스코 국민회관에서는 원동을 향해 장도에 오르는 두 사람을 위한 송별연이 열리기도 하였다. 이들은 같은 해 7월 14일 블라디보스토크에 안착한 것으로 확인된다. 그동안 지난 여정은 구체적으로 밝혀져 있지 않으나 거의 3개월이나 걸려 연해주에 도착한 것이다.[4]

자료 6-1  블라디보스토크 한인 집단 거주지 개척리 거리

이상설이 '원동'으로 파견된 것은 국민회가 해외 한인사회의 '준정부적' 기능을 행사할 통합단체를 구상하는 가운데 원동지역의 경영에 가장 적합한 인물로 판단되었기 때문이다. 국민회의 결의로 정재관과 같이 원동으

---

4  『신한민보』 1909년 4월 21일, 「국민전별회」; 『신한민보』 1909년 8월 18일, 「양씨안착」. 한편, 이와는 달리 이상설이 1908년에 연해주로 건너갔다는 기록도 산견되지만(이승희, 『한계유고』 7, 국사편찬위원회, 1976, 549쪽; 이은숙, 『서간도시종기』; 이완희, 『보재 이상설선생전기초』 등), 상술하였듯이 1908년 미주지역에서 그의 활동이 구체적으로 확인된다는 점에서 그 가능성은 낮다. 하지만, 중도에 블라디보스토크를 방문한 뒤 다시 미국으로 갔을 가능성도 완전히 배제할 수는 없다.

로 파견될 때 이상설은 연해주 방면의 회무를 총괄하고, 정재관은 만주지방의 회무를 담당하기로 각기 그 역할을 분담하였던 것으로 생각된다. 하지만 만주의 형편과 사정이 여의치 않자, 정재관도 연해주에서 활동하게 된 것이 아닌가 짐작된다. 이러한 정황은 김원용의 『재미한인오십년사』에 나오는 다음 기록을 통해서 짐작할 수 있다.

> 국민회 창립이 재미한인단체의 통일이고 확대이더니 만치 그 조직행사의 범위를 크게 하여 전체 해외한인을 망라하려고 하였다. (중략) 1909년 5월에 미주와 하와이 지방총회의 공동결의로 특파원 정재관과 이상설을 원동에 보내는데 이상설은 해삼위에 가서 공립협회 대표원 김성무와 전명운을 동반하고 아령을 순행하라 하고, 정재관은 만주에 가서 이강을 동행하여 만주를 순행하라 하였다. 하와이에서 한사교를 통신원으로 택선하여 해삼위에 파송하였다.[5]

이상설이 연해주로 건너오기 전년인 1908년 9월에는 이강李剛(1878~1964)의 노력에 힘입어 연해주의 스찬[水淸] 지역에 공립협회의 지회가 최초로 설치되었으며, 1909년 1월에는 해삼위, 곧 블라디보스토크에도 역시 지회가 설치되어 미주 한인사회와 긴밀한 연계 하에 활동하고 있었다. 공립협회에서 1908년 1월 국내로 파견된 김성무는 수청지방회 설치 이후 1908년 12월 해삼위에 도착, 이강과 함께 해삼위지방회를 조직하였다.[6] 이러한 정황에서 공립협회가 국민회로 통합되어 새롭게 출범하게 되자, 조직과 활동을 더욱 확대하기 위해 이상설과 정재관이 다시 파견되었던 것이다.

---

5 김원용, 『재미한인오십년사』, Readly Calif., U.S.A., 1958, 6쪽.
6 김도훈, 「공립협회(1905~1909)의 민족운동 연구」, 『한국민족운동사연구』 4, 한국민족운동사연구회, 1989, 27~29쪽. 이 무렵 연해주 한인사회의 지도자 가운데 공립협회 회원으로 등록된 인물로는 정순만·오주혁·한형권·이치권·안중근 등이 대표적이다.

미주를 떠나기 전에 이상설은 연해주에서 활동하던 인사들과 긴밀히 연락을 취하며 상호 정보를 교환하고 있었다. 이 점은 연해주에 있던 유인석柳麟錫이나 이승희李承熙 등이 이상설이 도착하기 전에 벌써 그가 연해주로 올 것이라는 정보를 갖고 있었던 데서도 알 수 있다. 유인석이 1909년 음력 1월에 이승희에게 보낸 편지에서 "이참찬(이상설 - 필자주)은 언제 오겠다고 합니까? 주민들이 모임을 만들어 그를 환영하는 것은 후의라 해야 할 것입니다"7라고 한 대목이 이러한 정황을 잘 말해 주고 있다. 연해주 한인들이 그를 환영하는 모임까지 결성했다는 사실로 미루어 보더라도 고관 출신으로 광무황제의 특명을 받았던 이상설의 위망을 짐작할 수 있을 것이다.

## 북만주 봉밀산 독립운동 근거지 개척

이상설은 1906년 북간도 망명 당시부터 국외 독립운동 근거지를 개척하는 것이 가장 중요한 활동 목표 가운데 하나였다. 국외 근거지 건설은 1905년 을사조약 늑결 이후부터 1910년 경술국치 전후에 이르기까지 독립운동의 사조로서 중요하게 부상된 과제이기도 하였다. 이 과제의 실천에 처음 착수한 인물이 바로 이상설이었고, 앞에서 보았듯이 북간도 용정이 그 첫 대상지였다.

연해주에 이주한 이상설이 가장 먼저 착수한 사업이 북만주 봉밀산蜂蜜山 독립운동 근거지 개척이었다. 영남 출신의 유학자인 이승희와 함께 추진한 봉밀산 개척사업은 1910년대 국외 독립운동 근거지 개척의 대표적인 사업 가운데 하나였다.

이상설은 블라디보스토크에 도착한 이후 그곳 한민회장 김학만金學萬과

---

7 『의암집』권12, 「答李啓道承熙」 기유년 정월.

『해조신문海朝新聞』의 주간 정순만鄭淳萬, 윤일병尹日炳 등 한인사회의 지도급 인물들을 규합하였다. 그리하여 새로운 독립운동 근거지가 될 적지適地를 물색하고 그 토지를 매입하기 위해 자금을 모았다. 현지 한인사회의 유력자들로부터 모금을 추진하는 한편, 국민회 등 미주 한인사회로부터도 자금을 지원받았다.

이상설은 독립운동 근거지 건설의 적지로 봉밀산 일대를 선정하였다. 북만주의 흑룡강성黑龍江省 밀산부蜜山府 관내의 봉밀산은 러시아와 중국의 접경지대인 항카호[싱카이호, 興凱湖] 연안에 위치해 있으며, 광활한 황무지가 펼쳐져 있던 곳이다. 이주 한인이 그 일대에 흩어져 살고 있었지만, 근거지가 없고 생활기반이 부족한 관계로 정착생활을 할 수 없는 상태였다.[8]

이상설이 독립운동 근거지로 봉밀산 일대를 개척했던 사실을 확인할 수 있는, 나아가 봉밀산 일대의 독립운동 근거지 건설과 관련되어 한인 집단거주지를 확인할 수 있는 중요 자료로는 두 가지가 있다. 그 가운데 하나가 강상원姜相遠이 지은 「이보재선생약사초안李溥齋先生略史草案」으로, 다음 대목이 그것이다.

> 우수리강 및 흑룡강 양안 남북 일대로 옮길 것을 결정하고 중아中俄 양국 정부에 양해와 지원을 얻어 교포들의 이주를 장려하여 일대 독립기지를 형성하여 놓았다. 이때 북경정부에는 청뢰 조성환이 교섭하게 하고 만주 길림성 당국에는 남파 박찬익이 교섭하게 하였다. 노국 극동지구 총독 콘지다스지와의 교섭은 선생(이상설 - 필자주) 자신의 활동으로 이루어졌다. 이리하여 항카호 연안의 이류가伊柳街와 그 대안 쾌상별快常別 백포자白泡子의 일대에 각각 수백 호를 이주시켰으며, 다시 흑룡강과 송화강이 합류되는 양강구兩江口 서북쪽 오운현烏雲縣 전역에 긍亘하여 올라까하烏拉佧河를 중심으

---

[8] 『한계유고』 7, 「연보」, 550쪽.

로 수백 호를 정착시켜 개간케 하였으니 오운현 올라까하 저 서북쪽 대흑하大黑河와 흑룡강 북안에 있는 노령 도시 블라고웨쎈스크와의 삼각형 정점에 처해 있을 뿐 아니라 남으로 송화강을 건너 만주의 전략도시 양강구를 액扼하고 있어서 지리적 조건이 독립운동의 기지로 적適한 곳이다.9

이상설이 개척한 봉밀산 독립운동 근거지와 관련된 두 번째 자료로는 정태鄭泰의 회상기가 있다. 정태는 북간도에서 활동한 독립운동가인 정재면鄭載冕(1884~1962)의 이명으로, 1916년 이후 수년 동안 봉밀산 일대의 한인학교에서 교사로 근무하며 홍범도와 함께 지냈다. 그는 자신이 봉밀산에서 지낸 내력을 아래와 같이 회고하였다.

**봉밀산은 홍범도의 문화계몽사업의 기초로 되었다.**
1910년 조선이 일본제국주의에 강제 합병이 된 후 조선 애국자들은 탁족濯足할 땅이 없게 되었다. 이런 형편에서 조선 애국자들은 외국에 나가서 토지를 사고 그에 이민을 시키고 청년들을 모집하여 교양함으로써 일본에 복수하려고 하는 자들도 있었다. 이런 경향 하에서 중국 길림성 봉밀산을 탐구하여 내었다. 봉밀산은 러시아와 중국의 국경에 있으며 앞에는 홍개호가 가로 놓여 있으며 북쪽은 청림靑林이 꽉 들어섰다. 교통은 소왕령蘇王嶺으로와 목릉현穆棱縣으로 가야 철도가 있다.
조선 애국자들 중에서 안창호의 주선으로 밀산 십리와에 토지 30여 팍지(한 팍지는 대상으로 32일경임)를 구매하고 그 토지의 주인으로는 김성무를 지적하였으며, 또한 이상설의 주선으로 밀산령남 백포우즈白泡子에 토지 12 팍지를 구매하고 토지 주인으로는 김학만(해삼시에 사는 자)으로 지적하였다. 그리고 조선 평안도와 함경도와 노령 연해주에서 조선 빈민들을 이주하였

---

9 강상원, 「이보재선생약사초안」; 윤병석, 『국외한인사회와 민족운동』, 일조각, 1990, 207~208쪽에서 재인용.

다. 그러나 이주된 빈민들은 토지를 개간할 힘도 약할 뿐만 아니라 흉년이 자주 들어 생명도 근근이 유지하여 왔다. 이때 조선 애국자들은 그를 후원할 금전도 없었다. 이러한 형편에 홍범도는 군인을 거느리고 봉밀산으로 들어왔다. (중략)

홍범도는 빈민 300여 호 조선 사람들과 상종하게 되었는데, 그중에는 몽매한 자와 불량자들도 있고 청년 아동들은 공부 못하고 허송세월하는 것이 그에게 불만을 더욱 일으켰다. 그리하여 지방에 있는 모모한 자들과 토의하였으나, 자기 군인 중에는 교육사업을 지도할 자격이 있는 사람이 없는 것이 딱한 일이 되었다. 이때 마침 이전 교원이며 나재거우羅子溝 사관학교 출신인 정태라는 자가 홍범도가 군인을 데리고 봉밀산으로 들어갔다는 소식을 듣고 큰 희망을 품고 홍범도의 뒤를 따라 밀산으로 1916년에 들어갔다. 그러나 희망하던 바와는 딴판이었다.

홍범도는 이 기회를 놓치지 않고 정태를 교육사업에 이용하였다. 그리하여 영남 백포우자 한흥동에 고등소학교를 설립하고 또한 십리와에와 쾌상별이에 소학교를 설립하였으며, 홍범도는 한흥동 학교에 교장과 교감으로 책임을 맡았고 십리와와 쾌상별이 학교에는 찬성장贊成長으로 사업하였다. (하략)[10] (한자 - 필자)

위 두 기록을 통해서 봉밀산 일대에는 이상설을 비롯하여 김성무·김학만 등에 의해 미주 독립운동세력과 연계하에 독립운동 근거지로 개척된 한인 집단거주지가 여러 곳에 산재했다는 사실을 확인할 수 있다. 봉밀산 일대에 한인 거주지로 확인되는 곳은 이류가伊柳街·십리와十里洼·쾌상별快常別(일명 快當別)·백포자白泡子 등 네 지역이며, 그 가운데 이상설이 이승희와 함께 독립운동 근거지로 건설을 추진한 한흥동은 백포자에 있었다. 그리

---

[10] 국학진흥연구사업추진위원회 편, 『한국독립운동사자료집~홍범도편』, 한국정신문화연구원, 1995, 84~87쪽.

고 백포자는 '밀산령남' 지역에, 십리와는 밀산 부근에 각각 위치해 있었다. 하지만, 두 번째 인용문에서 볼 때 그 문맥상 백포자와 쾌상별, 십리와 세 곳은 서로 멀지 않은 인접한 지역에 함께 있었던 것으로 보인다. 현재에도 백포자는 봉밀산 아래 항카호반에 위치해 있으며, 쾌상별은 백포자의 서남방에 인접해 있는 당벽진當壁鎭의 다른 이름이다. 그리고 항카호 연안에 있었던 것으로 파악되는 이류가는 그 위치를 구체적으로 알 수 없지만, 백포자와 쾌상별의 대안에 있었다고 한 사실로 미루어 역시 근접한 거리에 있었던 것으로 보인다. 또 이류가를 백포자·쾌상별과 지역적으로 서로 분리해 서술한 첫 번째 인용문과, 개척과정에서 십리와와 백포자를 역시 나누어 기술한 두 번째 인용문의 문맥을 감안할 때, 이류가는 십리와와 같은 지역에 있었거나 혹은 동일지명의 이명異名인 것으로 추정된다.

**자료 6-2** 북만주 밀산 십리와(백포자)의 한인 독립운동 기념비와 저자

또, 위 인용문에는 봉밀산 독립운동 근거지 개척사업이 두 가지 계통으로 추진되고 있었다는 사실이 나타나 있다. 두 번째 인용문에서 안창호의 주선으로 십리와 개척이, 이상설의 주선으로 백포자 개척이 각각 추진되었다고 밝힌 것이 그것이다. 곧 백포자의 한흥동은 이승희 등이 주도하여 건설한 기지인 반면, 십리와는 미주 국민회와의 연계하에 개척된 곳이다. 그런데 이상설은 두 계통의 사업에 모두 관계한 인물이었다는 점에서 특히 그 역할이 두드러진다.

이상설은 봉밀산 일대의 토지를 매입하고 개간하는 일 등의 개척사업을 이승희와 함께 추진하였다. 그는, 1908년 5월 국내를 떠나 블라디보스토크로 망명해 있던 이승희를 찾아가 자신이 갖고 있던 독립운동의 포부를 토로하고 봉밀산 근거지 개척사업을 협의하였다. 이에 이승희는 블라디보스토크에서 7백 리가 넘는 봉밀산 현지를 1909년 여름부터 가을에 걸쳐 면밀히 답사하였다. 그리고 그해 겨울에 봉밀산 아래 비옥한 토지 45방方을 우선 사들이고 한인 이주단과 함께 마을을 건설하는 데 힘썼다. 이승희는 1백여 가구의 한인을 이주시키면서 이 마을의 이름을 '한국을 부흥시키는 마을'이라는 의미로 한흥동韓興洞이라 불렀다. 그 후 이승희는 한흥동에서 4년간 거주하며 그 터전을 다지는 데 힘을 기울였다.[11]

이상설과 함께 봉밀산 근거지를 개척했던 이승희는 자를 계도啓道, 호를 한계韓溪·대계大溪, 또는 강재剛齋라 불렀다. 경북 성주 출신의 저명한 유학자였던 그는 조선 말기의 대학자 한주寒洲 이진상李震相(1818~1886)의 아들이기도 하다. 현재『한계유고韓溪遺稿』라는 서명으로 간행된 방대한 저술이 학자로서의 그의 명성을 사실적으로 웅변해 주고 있다. 강한 항일의식을 지닌 그는 1905년 을사조약이 늑결되자, 이상설처럼 조약 파기와 5적 처

---

11　윤병석,『이상설전』(증보판), 일조각, 1998, 118~120쪽.

단을 요구하는 상소를 올렸다. 또 1907년 1월, 대마도에서 순국한 최익현의 상여가 성주를 지날 때는 문인들을 거느리고 면암의 영전을 찾아 통곡하고 제문을 지어 그를 추모, 애도하였다.12 1908년 5월 19일 가묘家廟에 고유문을 지어 올려 돌아올 기약없이 망명길에 오르는 사실을 조상께 알리고 성주 대포리大浦里 고향 집을 떠났다.13 그리하여 62세의 노구를 이끌고 연해주로 망명한 그는 1916년 심양瀋陽에서 작고할 때까지 전후 8년 동안 일관되게 구국투쟁에 전념한 독립운동가였다.

이상설이 이승희·유인석 등과 연해주에서 밀접한 관계를 갖고 봉밀산 개척 등 독립운동을 공동으로 펼친 사실은 송상도가 기록한 『기려수필』에 잘 드러나 있다.

자료 6-3 한계 이승희

이승희는 의리상 차마 원수의 나라 사람들과 함께 살 수 없어서 항상 해외로 망명하고자 하였다. 무신년(융희 2, 1908) 4월, 조상의 사당과 선영에 절하고 마침내 동래를 떠나 배를 타고 관동의 바다를 건너 동북의 블라디보스토크[海蔘威]에 도착하였다. 몇 년을 지내는 동안 블라디보스토크에 사는 고국의 유민과 청나라와 러시아의 여러 민족이 이승희를 예로써 존중하며 믿고 따랐다. 이 때에 시랑侍郎 이상설이 헤이그에서 돌아와 공을 한번 보고는 스승의 예로써 섬겼다. 의병장 유인석도 마음을 기울여 이승희를 존경하였다. 그 뒤에 중국 길림성 봉밀산으로 옮겨가 그 마을 이름을 '한홍韓

---

12 박민영, 『나라와 가문을 위한 삶 곽한소』, 역사공간, 2017, 156쪽.
13 권대웅, 『한계 이승희의 생애와 독립운동』, 성주문화원, 2018, 166쪽.

興'이라고 하였다. 이승희는 이상설 등 여러 사람과 함께 황무지를 널리 매입하여 규약을 만들어 정하고 뒤따라오는 우리나라 사람들이 모이기를 기다려서 그들을 교육하였다.[14]

이승희가 연해주에서 활동한 내용을 간결하게 기술한 대목이다. 이상설이 연해주로 망명한 이승희를 만나 그를 스승으로 예우했다고 한 내용으로 미루어 양인 사이의 깊은 관계를 짐작할 수 있고, 또 유인석과 이승희 두 사람의 관계도 돈독했다는 사실을 알려준다. 한편, 이승희도 애국충정이 강하고 박학다식한 이상설에 대해 깊은 믿음을 가졌다. 이승희의 연보에서 "선생(이승희 - 필자주)은 한번 보고 마음으로 허교許交하였으며, 공(이상설 - 필자주)도 기쁜 마음으로 복종하고 섬겼다. (중략) 아는 것이 많아 막힘이 없음은 보재에게 있으니 둔한 말이 열흘을 달려도 따라잡을 수 없다"라고 기술한 대목이 이를 일컬은 것이다.[15]

앞의 인용문을 통해서도 짐작되듯이 이상설은 유인석도 스승의 예로 섬겼다. "스승 되는 의암 유인석씨 또는 강재 이승희씨에게도 사제師弟의 정의情誼와 깍듯한 예절은 보는 사람을 감탄케 하였다"[16]라는 증언이 그러한 정황을 짐작게 한다.

이상설이 봉밀산 근거지 개척에 전력을 기울인 사실은 이 사업이 미주 한인사회와 연계되어 있었던 점과, 소요자금 확보를 위한 방편으로 미국 현지에서 태동실업주식회사泰東實業株式會社가 건립되었던 사실에서도 확인된다. 태동실업주식회사는 1908년 10월 공립협회와의 연계하에 한인의 상공업을 진흥하기 위해 설립된 아세아실업주식회사가 그 모태였다. 1909년

---

14  송상도, 『기려수필』, 국사편찬위원회, 1955, 77쪽.
15  권대웅, 『한계 이승희의 생애와 독립운동』, 176쪽.
16  이완희, 『보재선생전기초』; 윤병석, 『이상설전』(증보판), 188쪽에서 재인용.

에 들어와 회사 사무를 국민회가 주관하게 되자 독립운동 근거지를 개척하기 위한 독립운동의 부대사업으로 이어져 태동실업주식회사로 회사명을 바꾸게 되었다.[17]

이상설이 연해주로 건너올 무렵 태동실업주식회사에서는 주금株金을 모집하고 있었다. 즉 1909년 4월에 사명을 '태동'으로 바꾼 이 회사는 장정 53개 조의 사규社規를 정하고 5월부터 자본금 모집에 착수하였다. 회사를 설립한 목적은 사규에 '아라사 영지 오소리 등지에서 농상 등 실업을 경기 진흥하여 이익을 도모함에 있음'이라고 규정함으로써 독립운동 군자금 모금에 있음을 명백하게 밝혔다. 자본금은 1,000주의 주식을 주당 5,000원(대한 신화)에 발행하여 총 5,000,000원 규모였다.[18] 회사 소재지는 원동지역의 근거지 개척에 유리한 블라디보스토크에 두고, 지사를 설립할 경우에는 그 소재지를 여러 조건에 맞도록 두게 하였다. 그리하여 이 회사는 이상설과 함께 연해주로 파견된 정재관이 봉밀산의 미개간지 2,430에이커를 매입해 개척하고, 여기에 만주, 연해주의 한인 200여 호를 이주시키려 하였다. 그러나 태동실업주식회사에서 추진한 봉밀산 근거지 개척 및 이주사업은 3,000달러의 경비를 투입했음에도 불구하고, 마적의 행패 등으로 인해 안정성이 없어 소기의 성과를 거두지는 못한 듯하다.[19]

한편, 미주 국민회에서는 봉밀산 독립운동 근거지를 개척하던 이상설을 지원하기 위해 5,000달러의 자금을 연해주로 우송해 왔다.[20] 이 자금은 이승희와 연계하에 추진한 봉밀산 한흥동 근거지 건설 사업에 투입된 것으로 보인다.

---

17  『신한민보』 1909년 4월 28일, 「사명개칭」.
18  『신한민보』 1909년 4월 28일, 「주식태동실업회사규칙」.
19  김원용, 『재미한인오십년사』, 286쪽.
20  이상설이 한흥동에 있던 이승희에게 1909년 말경 보낸 서한 「與剛齋李承熙書」; 『윤병석, 『이상설전』(증보판) 수록 도판 이미지 51번 참조.

제2장

# 십삼도의군과 성명회

## 의병장 유인석과의 관계

이상설은 연해주에 도착한 뒤 북만주 독립운동 근거지 개척사업에 전력을 기울이는 한편, 항일의병세력 통합에도 노력을 기울였다. 의병 통합을 위한 노력과 시도는 구한말 의병의 상징적 인물인 제천의병장 의암毅菴 유인석柳麟錫(1842~1915)과 함께 추진하였다. 곧 이상설은 북만주 근거지 개척을 이승희와 함께 추진했듯이 무장항일전을 전개하기 위한 의병세력 통합을 유인석과 함께 추진했던 것이다. 구한말 의병의 상징적 인물인 유인석은 강원도 춘천의 가정리柯亭里 출신으로 이승희 같은 정통 유학자였다. 1866년 병인양요 이후 위정척사운동을 주도해 온 대학자 화서華西 이항로李恒老(1792~1868)의 문하에서 정통 성리학을 공부하여 대성한 학자였다. 1894년 청일전쟁 이후 1896년 각지에서 을미의병이 봉기할 때, 그는 전국에서 규모가 가장 컸던 제천의병을 이끈 의병장으로 변신하였다. 이후 서간도와 양서지방 등 국내외를 전전하며 항일투쟁을 벌이다가 1908년 봄에 독립운동의 새로운 방략을 모색하기 위해 연해주로 이주하였다.

유인석은 연해주 한인사회에서 독립운동을 주도하던 대표적인 인물 가운데 한 사람인 이범윤李範允(1856~1940)과 긴밀한 연계를 맺고 국내외 의병 세력 통합을 위해 온 힘을 다하였다. 곧 그가 연해주에서 전개한 독립운동 방략의 요체는 국내외 각지에 산재한 항일무장세력을 하나로 통합하여 그 결집한 힘으로 항일전을 전개하는 데 있었다. 이와 같은 독립운동전선 통합노력은 이후 1945년 해방 때까지 국내외 각지에서 전개된 한국독립운동사상 화두話頭와도 같이 중요한 과제로 부상되었다. 이러한 견지에서도 유인석은 일찍이 독립운동세력 통합운동을 선도했던 선구적 지도자라 할 수 있을 것이다.[21]

자료 6-4 의암 유인석

이상설이 형태를 달리하는 두 가지 독립운동을 전개하면서 모두 저명한 망명 유학자와 연계하에 추진했던 점은 특기할 만하다. 그 가운데서도 특히 유인석과는 1914년 유인석이 서간도로 넘어갈 때까지 긴밀한 관계를 맺고 독립운동을 벌였다. 유인석이 남긴 관련 자료를 통해서 그러한 정황은 어느 정도 짐작할 수 있다. 헤이그 사행 이후 국외에 머물던 이상설은 유인석이 1907년 원산에 일시 체류하던 무렵에 처음 교유했던 것으로 보인다. 그 뒤 1909년 정초에 미주에 있던 이상설이 연해주로 오기를 고대했다는 기록으로 보아 어느 정도 상호 간에 정보를 교환하고 있었던 것으로 생각된다.[22]

연해주에 이주한 뒤 이상설은 1909년 음력 8월에 당시 멍고개[孟嶺]에 머

---

21　박민영, 『만주·연해주 독립운동과 민족수난』, 선인, 2016, 105쪽.
22　『의암집』 권12, 「答李啓道」 기유년 정월, 15쪽.

물고 있던 유인석을 찾아가 독립운동의 방략을 논의하였다. 멍고개는 블라디보스토크에 서쪽으로 연해 있는 아무르만 대안에 있고, 의병세력의 통합문제가 논의된 것이 바로 이 무렵으로 추정된다.

이상설은 얼마 뒤 1909년 10월 26일 하얼빈 의거가 일어난 직후에 이 의거에 간접적으로 연계되어 있던 유인석에게 피신을 권유하는 편지를 보내었다. 이에 유인석은 이종섭李鍾聶이라는 지인의 집으로 일시 거주지를 옮기게 되었고, 다음과 같은 답신을 이상설에게 보내 하얼빈의거와 관련된 자신의 입장을 밝혔다.

> 대감께서 매우 근심해 주어 지극히 감동될 뿐입니다. 대저 왜놈들이 후작候爵(수상 桂太郎을 지칭하는 듯 - 필자주)을 보내 정탐하는 데 이르게 되면 정세는 혹독하게 될 것입니다. 그러나 이등박문伊藤博文을 죽인 것은 제가 그 계획을 아는 것이 아니지만 억지로 저로부터 했다고 한다면 혹 될는지요? 대체로 인석이 이곳에 오지 않았으면 이석대李錫大(李鎭龍의 이명 - 필자주) 역시 오지 않았을 것이며, 이석대가 오지 않았으면 안응칠(안중근 - 필자주)도 형세가 일을 하지 못하게 되었을 것입니다. 이렇게 말한다면 혹 저로부터 했다고 할 수 있습니다. 그러나 저와 이석대로 하여금 여기에 오게 한 것은 이등박문의 소행입니다. 그놈이 죽은 것은 그 자신 때문이지 어찌 다른 사람 때문이겠습니까?[23]

이상설은 그 뒤 십삼도의군을 편성하기 직전인 1910년 6월 11일에 유인석이 쓴 편지를 받았다. 이 글에서 유인석은 국망이 임박하던 상황과 그러한 비상시국에 대처할 방안을 이상설과 협의하고 있던 사실을 다음과 같이 밝히고 있다. 그 구체적인 방안의 내용이 곧 십삼도의군의 편성이었음

---

23  『의암집』 권16, 「答李參贊」 기유년 12월, 25~26쪽.

은 충분히 짐작할 수 있을 것이다.

> 인석은 나라를 근심하여 죽고 싶습니다. (중략) 국토는 함몰되고 의병은 꺾이며 결박되어 다만 속수무책이라고 말할 수밖에 없습니다. 또 듣건대 왜놈과 러시아가 협약을 맺어 이 지역이 곧 통제당하게 되었다니, 역시 몸 둘 곳을 도모할 수도 없게 되었습니다. 이때 어찌 차마 일을 질질 끌며 늑장을 부릴 수 있겠습니까? 대감에게는 꼭 좋은 계책이 있을 것입니다. 그리고 천 번 생각하면 역시 답을 얻게 되는데 얻은 것을 행할 때는 혹 부흥시키는 하나의 방책으로 될 수 있으니, 당신의 계책과 저의 책략을 마땅히 서로 대질하고서 시행해야 합니다. 시각이 이렇게 급할 때에 당신께서 오겠다고 말씀했지만 쉽게 오지 못하게 되었으며, 제가 병든 몸으로 당신을 찾아가 뵙고자 해도 가지 못하게 되었으니, 어떻게 하면 좋겠습니까? 저를 대신해서 먼저는 차씨車氏(문인 車載貞을 가리키는 듯 - 필자주)를 보냈고 지금은 또 아들(柳海東 - 필자주)을 보내니 양해하기 바랍니다.[24]

그 뒤 유인석은 연해주를 떠나 서간도로 가기에 앞서 1914년 이상설에게 마지막으로 편지를 보냈다. 그는 이 편지에서 "오직 대감께서 (중략) 다만 잘 계책하고 힘을 다하여 시원히 되게 하고 그것으로 인하여 또 비천한 저를 버리지 말고 끝내 서로 통하고 서로 호응하는 것이 있게 하여 주기를 깊이 바라는 바입니다. 다년간 주선한 나머지 어찌 서글프지 않겠습니까만 오늘 어찌 서글픔을 운운할 여지가 있겠습니까"[25]라고 하여 그동안 수년간에 걸쳐 상호 협력하면서 독립운동을 전개해 온 사실을 기술하며 그 소회를 밝혔다.

---

24 『의암집』 권16, 「答李參贊」 경술년 5월 5일, 26쪽.
25 『의암집』 권16, 「答李參贊」 갑인년, 26~27쪽.

## 십삼도의군의 편성

연해주와 북간도 일대에 걸치는 의병세력의 통합 노력은 1910년 6월 21일(음 5.15) 십삼도의군+三道義軍의 편성으로 구현되었다. 이상설과 함께 국내외 의병세력 통합을 추진한 유인석은 1908년 연해주로 이주한 직후부터 그러한 노력을 일관되게 경주하였다. 의병 통합을 위한 유인석의 구상이 처음 표출된 것은 1908년 하반기에 제정한 「의병규칙義兵規則」이었고, 이후 1909년 중반기에 이르러 '관일약貫一約' 시행과 '입의안立義案' 작성으로 더욱 구체화하였으며, 「의무유통義務有統」이 나온 1910년 초에 이르러서는 통합군단 편성을 위한 제반 준비를 마무리한 것으로 보인다.[26] 곧 국내외 의병세력 통합을 표방한 십삼도의군은 이상설이 미주에서 연해주로 건너온 뒤인 1909년 하반기에 편성될 예정이었다.

이러한 사실은 1909년 하반기에 유인석이 심양瀋陽에 있던 왕실의 종친 이재윤李載允(1849~1911)을 통합군단의 도총재都總裁로 추대하려 했던 점으로 보아 명백하다. 유인석은 1909년 12월 「의무유통義務有統」을 지어 이재윤을 추대하기 위한 준비를 완료하였다.[27] 하지만, 이재윤은 이러한 제의에 응하지 않았고, 한규설 추대 문제에 대해서는 단발과 변복을 옹호하며 개화를 주창한 인물이라는 이유로 무산되었다.[28]

1909년부터 의병세력 통합 움직임이 있어 왔다는 점은 그 밖에도 하얼빈의거 당시 안중근 자신이 진술한 가운데 언급한 '대한의군 참모중장'의 직책과 또 의병총대장 '김두성金斗星'의 직속 '특파독립대장'으로 거사를 결행하였다는 대목을 통해서도 알 수 있다. 곧 이러한 진술 내용은 1909년

---

26  유인석이 연해주에서 전개한 의병통합과 관련된 문건, 단체의 내용과 그 의미에 대해서는 졸저, 『만주·연해주 독립운동과 민족수난』, 59~110쪽을 참조할 수 있다.
27  『의암집』 권36, 「義務有統」, 149~152쪽.
28  『의암집』 권55, 부록, 「연보」, 120쪽.

에 의병통합 움직임이 구체화된 사실을 반영하는 것이다.²⁹

이상설이 유인석과 함께 추진한 십삼도의군은 이범윤이 이끄는 창의군倡義軍을 주축으로 편성되었던 것으로 짐작된다. 함북 경성鏡城 출신으로 의병에 참여한 뒤 북간도에 망명해 있던 용연龍淵 김정규金鼎奎는 자신이 기록한 일기체의 『야사野史』에서 십삼도의군이 편성되어 차첩差帖이 내려온 상황을 다음과 같이 기술하고 있다.

> (1910년 6월) 3일. (중략) 전봉준全鳳俊이 강동江東(연해주 - 필자주)으로부터 창의대倡義隊 서신을 전해왔다. 그 대략은 지난 (5월) 15일 정사丁巳에 십삼도의 유지들이 크게 모여 함께 의논하였으니, 명망재사들로 여러 책임을 정하였다. 관리管理(이범윤 - 필자주)는 십삼도 총단위總壇位에 앉았고, 의암 유인석은 십삼도의군 도총재都總裁가 되었으며, 이상설은 외교통신원外交通信員이 되었고, 그 나머지 장사는 각기 예례에 따라 차정差定되었으니, 용암龍巖 이남기李南基는 장의군壯義軍 총재總裁가 되고 나(김정규 - 필자주)는 장의군 종사從事에 추대되어 차첩이 온 것이다.³⁰

위 인용문을 통해서 십삼도의군의 차첩이 이범윤의 창의회倡義會(또는 倡義隊)로부터 십삼도의군의 명의로 내려졌음을 짐작할 수가 있다. 이와 더불어 이범윤의 직위를 '십삼도 총단위總壇位'로 명기하고 있는 점이 주목된다. 유인석의 상위에 이범윤의 직위를 명기한 점이나 십삼도 총단위라는 직명의 성격으로 보아 이범윤은 유인석 도총재가 담당한 군무 이외에 십삼도의군의 조직과 아울러 연해주 한인사회와 나아가 전국을 총괄하는 결사의 총책을 맡았던 것으로 다분히 추측된다. 이범윤이 별도로 창의군彰義軍 총

---

29 『대동공보』1910년 2월 18일, 「안의사중근씨공판」.
30 독립기념관 한국독립운동사연구소 편, 『용연김정규일기』중, 1910년 6월 3일, 10~11쪽.

재의 직임을 가지고 있었던 사실은 십삼도의군이 순수한 군사조직이었던 점을 알려준다.

십삼도의군은 편제상 중앙 본부에 의군 전체를 지휘 총괄하는 도총소都總所를 두었다. 도총소에는 위에서 본대로 십삼도의군 전체를 대표하는 총단위總壇位와 군무를 총괄하는 도총재都總裁가 있어서 통합군단을 이끄는 형태를 취했던 것 같다. 그 아래에 도총령都總領·도참모都參謀·도총무都總務·도소모都召募·도규찰都糾察·도통신都通信 등의 직임을 최고 지휘부에 배치하고, 다시 그 휘하에 각도, 각읍에 총재·총령 이하 여러 임원을 두었다. 그러나 도통신에 이상설이 선임된 사실 외에는 각 직책에 선임된 성명은 확인되지 않는다. 또 이러한 직임 외에 이범윤과 이남기李南基는 각기 휘하 부대를 가지고 있었던 관계로 별도로 창의군 총재와 장의군 총재로 불렀다.[31]

이상설은 십삼도의군이 편성되는 과정에 깊이 관여했을 뿐만 아니라, 그 운영에서도 중요한 역할을 맡았던 것으로 보인다. 이상설의 직함은 외교통신원外交通信員·도통신都通信·별지휘別指揮 등으로 자료에 따라 다르게 나타난다. 김정규의 『야사』에는 외교통신원으로 기록되었고, 유인석의 문집에는 도통신, 후술할 유인석과의 연명 상소문에는 별지휘로 기록되었다. 이상설의 이러한 직함과 그에 따른 역할은 십삼도의군에서 상징적 인물 유인석과 실질적 군권을 가진 이범윤 두 사람 사이를 절충하면서 전체 사무와 조직을 관리하는 것이었다고 짐작된다. 의정부참찬이라는 고관 출신에 광무황제의 특명으로 사행까지 하였고 한인사회에서 최고로 중망을 가졌던 이상설이 이와 같은 역할과 임무를 수행하는 데 가장 적합한 인물이었다고 판단되기 때문이다.

---

31    『의암집』 권32, 「散言」, 44쪽.

자료 6-5  십삼도의군이 편성된 재피거우 마을 자리

한편, 이상설이 십삼도의군의 편성과정에서 중요한 직임을 맡았던 사실은 다음과 같은 러시아측 기록을 통해서도 확인할 수 있다.

> 1910년 7월 8일 안밤비 마을에서 창의회는 조직, 운영, 중앙부를 구성할 목적으로 150명의 대표위원이 참석하는 빨치산 대회를 소집하였는데, 이 중앙부는 모든 빨치산 부대를 통솔하게 될 것이었다. 대회에서는 의장 이범윤, 군지휘관 유인석, 군대훈련 교관 이상설이 선출되었다. 또한 대회에서 창의회 참모부가 구성되었는데, 여기에는 이범윤·이상설·홍범도·한주·이규풍·이범석·권유상·이기·이지광이 선출되었다.[32]

위 인용문에서 창의회의 주관하에 개최되었다는 빨치산 대회는 십삼도의군 편성행사를 지칭하는 것이다. 이 인용문을 통해서도 십삼도의군이

---

[32] 박종효 편역, 『러시아 국립문서보관소 소장 한국관련문서 요약집』, 한국국제교류재단, 2002, 718~719쪽, 「블라디보스토크 경비과장이 경찰국장에게 보낸 보고서(1910.10.7.)」; 박보리스, 「국권피탈 전후시기 재소한인의 항일투쟁」, 『한민족독립운동사논총』, 박영석 교수화갑기념논총, 1992, 1068쪽에서 재인용.

이범윤의 의병세력을 주축으로 편성된 사실, 그리고 유인석과 더불어 이상설이 그 편성과 운영 과정에서 가장 중심적인 역할을 수행한 인물이었다는 사실 등을 알 수 있다.

이상설과 유인석이 주도하여 편성했던 십삼도의군에는 이들 외에도 홍범도洪範圖·이진룡李鎭龍 의병장을 비롯하여 안창호安昌浩·이갑李甲 등이 동의원同義員의 직임을 띠고 참여하였다. 홍범도와 이진룡은 북한지역에서 항일전을 벌이던 의병장 출신으로 북상한 인물이고, 안창호·이갑 등은 항일무장노선과는 종래 그 성격을 달리하던 애국계몽 계열의 신민회의 핵심 인물들로서 경술국치 직전인 1910년 4월 청도회의青島會議 참석 직후 연해주로 망명한 이들이다. 이들이 십삼도의군에 참여한 성격과 의미는 이상설의 경우와 동일한 입장에서 이해할 수 있을 것이다. 결국 이상설을 비롯하여 안창호·이갑 등이 십삼도의군에 동참하고 있다는 사실은 그때까지 민족운동선상에서 의병 계열과 대립 혹은 알력의 관계에 있던 애국계몽노선의 인물들이 의병과 합일, 공동전선을 모색하는 계기가 되었다.[33] 이 점은 또한 십삼도의군 편성 때 직접 참석하였던 유인석의 아들 유해동柳海東의 증언에서도 뒷받침된다. 위에 언급한 인물들 외에도 최우익崔于翼·정재관鄭在寬·이종호李鍾浩·정순만鄭淳萬(이명 王昌東) 등이 각기 일정한 직책을 가지고 동참하였다는 증언이 그것이다.[34] 이 증언의 사실성 여부는 더 확인할 필요가 있겠지만, 십삼도의군의 성격과 경향성을 파악하는 데는 시

---

33 윤병석,『한국사와 역사의식』, 인하대출판부, 1989, 116쪽.
34 조동걸,「안중근의사 재판기록상의 인물 '김두성'考」,『춘천교육대학논문집』7, 1969, 39쪽;『한국근대사 별고』우사 조동걸 저술 전집 16, 역사공간, 2010, 238쪽. 여기서 유해동은 창의총재 이범윤, 장의총재 이남기, 별지휘 이상설, 외무원 정재관·안창호·이종호, 의무장 최우익·안중근·이갑·홍범도·왕창동(정순만) 등이 십삼도의군에 참여한 중요인물로 증언하였다. 안중근이 포함된 것은 당연히 착기(錯記)이겠지만, 유인석의 의병통합 노력이 안중근의 활동 및 진술과 밀접한 관계가 있었다는경향성을 짐작하게 하는 대목이기도 하다.

사하는 바가 크다.

　십삼도의군의 편성대회가 열렸던 장소에 대해서는 비교적 최근에 들어와 집중적으로 그 위치 비정이 이루어져 거의 실제 장소에 근접하는 단계까지 이르렀다고 본다. 그 편성대회가 열렸던 장소에 대해 유인석의 「연보」에는 '재피거우'의 축약으로 인정되는 '재구梓溝'로 기록되어 있고, 앞의 러시아 기록에는 '암밤비'로 나타난다. 이처럼 양측의 자료에 지명이 다르게 나타나는 이유는 재피거우가 암밤비의 행정구역에 속한 작은 마을이기 때문에 실제 재피거우에서 십삼도의군이 창설되었지만 러시아 측에서는 행정지명상 이를 암밤비로 기록했기 때문이라고 생각된다. 암밤비와 재피거우 두 곳이 10km 정도로 서로 근접해 있는 점이 이런 판단을 가능하게 한다.

　필자는 일찍이 십삼도의군 편성지 재피거우를 유해동의 증언에 나오는 '지시내'라는 지명에 주목하여 연추와 연접한 지신허 부근의 재피거우로 인정하는 견해를 발표했었다.[35] 그러면서도 한편으로는 당시에 암밤비의 장소가 확인되지 않았고, 유해동의 증언에서 '해삼위에서 70리 상격'이라는 대목이 여전히 해결되지 않는 의문점으로 남겨져 있었다. 그런데, 필자의 견해가 발표된 다음에 이루어진 현지조사 결과, 바라바시(몽구과이, 맹령) 부근에 암밤비와 재피거우가 실재했던 사실을 확인함으로써 십삼도의군이 실제 편성된 재피거우 마을자리를 비정할 수 있게 되었다.[36]

　이러한 연구성과를 토대로 필자는 2012년 10월 현지 조사를 진행하면서 1937년에 제작된 일본군 정보지도에 재피거우와 함께 병기되어 있는 '마리코지나'라는 러시아식 지명을 확인하는 데 중점을 두었다. 현지 주민들을 대상으로 탐문조사한 결과 '말루지노'(일본어 표기 '마리코지나')라는 마을이

---

[35] 박민영, 「의암 유인석의 국외 항일투쟁 路程(1896~1915)」, 『한국근현대사연구』 19, 한국근현대사학회, 2001, 178~180쪽.
[36] 반병률, 「러시아 한인 발자취를 찾아서」, 『신동아』 2004년 6월호.

있었던 사실은 확인할 수 있었지만, 재피거우를 기억하는 현지인은 없었다. 1920~30년대에 그곳에서 태어나 성장한 현지인을 만나지 못했기 때문으로 보인다. 말루지노 마을 자리는 바라바시에서 암밤비 가도 중간에서 우측으로 갈라지는 비포장도로를 따라 10km 정도 진행 지점의 넓은 분지 일대이며, 이곳에서 다시 4km를 더 진행하면 바닷가 철로가 나오고, 이어 4km 떨어져 해안마을 '베레고보예'가 나타난다. 현재 베레고보에 마을에 살고 있으며 1941년 말루지노에서 태어났다는 한 러시아인 할머니(알라표드롭나)의 증언에 의하면 1950년대 초반까지도 몇 가구가 말루지노에 있었다고 한다. 또 이곳은 마루문카 강과 보로딘스키 강이 합류하는 곳인데 마루문카강 분지에는 재피거우(말루지노) 마을이, 보로딘스키강 유역에는 '바로지나' 마을이 각각 자리잡고 있었다고 한다. 현재는 완전 폐촌 상태여서 마을 자리로 추정되는 분지는 황무지로 변해 잡초만 무성하게 덮여 있다.[37] 국내외 항일의병세력 통합을 모토로 십삼도의군을 편성하던 그 장소는 오늘날 이처럼 폐허로 변하여 그 정확한 장소조차 확인하기 어려운 형편이다.

### 광무황제 연해주 파천계획

십삼도의군을 편성한 목적은 국내외의 의병 전력을 단일군단으로 통합, 극대화해 대규모 항일전을 전개함으로써 국권을 회복하는 데 있었다. 이상설이 유인석과 함께 강제 퇴위당한 광무황제에게 상소를 올려 파천을 강력히 주장한 것은 그러한 목적을 달성하기 위한 방편이었다.

이상설은 유인석과 연명으로 1910년 7월 28일 자로 광무황제에게 상소

---

[37] 국가보훈처·독립기념관, 『국외독립운동사적지 실태조사보고서』 12, 2012, 148쪽.

를 올렸다. 이때 그가 사용한 직함은 십삼도의군에서의 직책[別指揮]과 대한제국 관인으로서의 품계·관직을 아우른 '의군별지휘 전 종이품 가선대부 의정부참찬義軍別指揮前從二品嘉善大夫議政府參贊'이었고, 유인석은 '십삼도의군 도총재'라는 직함을 썼다. 그 상소를 십삼도의군의 찬모贊謀 겸 별통신別通信이던 전 군수 서상진徐相津으로 하여금 전달하게 하였으나, 실제로 광무황제에게 전달되었는지 여부는 현재 확인되지 않고 있다.

이상설과 유인석이 올린 상소의 내용 가운데 우선 가장 주목되는 한 가지가 군자금 지원을 요청한 것이다. 이들은 국권회복을 위한 원대한 계획 아래 십삼도의군을 편성한 사실을 알리고, 부족한 군비를 보충하는 데 필요한 자금을 내탕금에서 보내달라고 간청하였다.

> 신 등이 바야흐로 의병을 규합하고 러시아 관리에게 주선하니, 일이 가망이 있고 계획이 점차 성취되어 가고 있습니다. 다만 군수軍需가 아직도 결핍하여 시기가 지연되고 있습니다. (중략) (나라의) 홍복대계興復大計가 오로지 이 의거에 있을 따름입니다. 엎드려 비옵건대, 폐하께서는 특별히 비밀리에 성의聖意를 가진 믿을 만한 신하에게 내탕금을 내리시어 신 등이 있는 곳에 이르게 해 주십시오. 전 판서 윤용구尹用求는 본디 성품이 충량하여 (이 일을) 가히 맡길 만할 것입니다.[38]

위의 상소문을 통해서 이상설과 유인석 등은 십삼도의군의 편성과 관련하여 현지 러시아 관헌 측과도 제반 사항에 대해 상당한 협의를 진행한 사실을 비롯하여 황실과 십삼도의군 사이의 연락책으로 윤용구를 지목한 사실 등을 알 수 있다. 이상설과 유인석이 상소에서 추천한 윤용구尹用求(1853~1939)는 예조, 이조판서 등 고관을 지내고 일제 침략이 노골화되는 청

---

[38] 윤병석, 『이상설전』(증보판), 130쪽.

일전쟁 이후 일체의 관직을 사절하고 서울 근교 장위산에 은거해 있던 인물이었다.

이상설과 유인석의 연명상소 가운데 특히 주목되는 것은 광무황제가 연해주로 파천하여 망명정부를 세워서 구국투쟁을 직접 지도해 주기를 간청한 내용이다.

> 오호라. 금일과 같은 지경에 이르렀으니, 폐하께서 한번 다른 나라에 파천하신다면 여러 나라의 공론을 가히 제창할 수 있고 나라 안의 민심을 가히 고취할 수 있을 것이니, 천하의 일을 단연코 가히 할 수 있을 것입니다. 엎드려 바라옵건대, 러시아령 블라디보스토크로 파천하시도록 단호히 계획하십시오. 신 등이 비록 불민不敏하지만 단연코 성궁聖躬을 보호하고 중흥을 도모함에 만만 의심이 없습니다. 폐하께서는 과연 이러한 큰 성단聖斷을 내리신다면 은밀하게 신 등에게 알려주십시오. 국경을 나와 머무실 곳 등의 일은 신 등이 당연히 다시 알려 정하겠습니다. 오호라. 만약 몇 달이 지연된다면 다른 염려가 있을 것이니 시각이 급합니다. 만일 놓칠 수 없는 기회가 있다면 신 등에게 알리기를 기다리지 말고 즉시 행하는 것이 좋을 것입니다. 폐하께서 이 일을 행하고자 해도 진실로 할 수 없고 만약 이 일을 행하지 않으신다면 끝없는 욕이 다가올 것이니 신 등은 차마 말할 수 없고 또 말하고 싶지도 않습니다. 엎드려 바라건대, 폐하께서는 결연히 계획을 빨리 정해 주십시오.[39]

이상설과 유인석은 위 인용문에서 보듯이 광무황제가 대규모 한인사회가 형성되어 있던 연해주의 블라디보스토크로 망명하여 그곳에 한민족의 망명정부를 수립해 주기를 강력히 희망하였고, 오직 이 방법만이 구국의 유일한 방책임을 주장하였다. 나아가 광무황제의 망명 거사는 현 시국에

---

[39] 윤병석, 『이상설전』(중보판), 130쪽.

서 여러 가지 상황과 형편을 고려해서 신중히 진행할 것이 아니라 시각을 다투어 지금 즉시 결행해야 하는 '급무'임을 역설하였다. 국망이 눈앞에 다가온 긴박한 시국 상황을 그대로 보여주는 대목이라 할 것이다.

한편, 러시아 정보문서에 의하면 이처럼 이상설 등이 광무황제의 연해주 망명을 촉구하기 전에 이미 광무황제도 1907년 7월 강제 퇴위당한 뒤 국외 망명 의사를 갖고 있었다. 일본 주재 러시아대사 말렙스키-말레뷔치가 1908년 11월 20일 자국의 외무성에 보낸 비밀문건에서 "서울 궁전과 관계가 있는 사람이 전한 말에 의하면 전 황제가 선편이나 육로로 러시아에 망명을 준비하고 있다고 한다"고 망명정보를 파악하고 있고, 이어 그로 인해 야기될 상황에 대해서는 "전 황제가 러시아 영토에 출현한다면 다시 극동에 심각한 위협이 초래되어 대한제국 문제로 러일관계는 긴장이 조성될 것"으로 예상하고, "가장 바람직한 조치로 극동정세를 복잡하게 만들 수 있는 전 황제의 망명계획을 좌절시키는 것이 좋다"고 그 대책까지 제시하고 있다.[40] 1909년 1월 18일 서울 주재 총영사 쏘모프가 보낸 비밀전문에서도 같은 맥락에서 러시아 인사들은 광무황제 자신에게나 백성에게 모두 무익하다는 이유를 들어 광무황제에게 망명을 포기할 것을 간곡히 권한 것으로 확인된다. 그리고 이상설이 상소를 올리기 직전인 1910년 7월 15일에 말렙스키-말레뷔치가 보낸 비밀 지급문서에서도 "전 황제가 러시아로 탈출하려 한다는 정보는 확인할 수 없다"고 언급한 것으로 보아 광무황제의 러시아 망명의사와 동향은 이때까지도 여전히 유효했던 것으로 판단된다.[41]

이상설이 추진한 광무황제의 연해주 파천계획이 이상에서 언급한 정보들과 어떤 연계를 가지고 있었는지 그 상관성은 확인되지 않고 있다. 나아

---

40　박종효 편역, 『러시아 국립문서보관소 소장 한국관련문서 요약집』, 73쪽.
41　박종효 편역, 『러시아 국립문서보관소 소장 한국관련문서 요약집』, 250쪽.

가 당시 러시아 당국의 태도나 여러 정황으로 미루어 광무황제의 파천이 성사될 가능성은 크지 않았을 것으로 짐작된다. 그럼에도 불구하고 강제 퇴위당한 광무황제는 여전히 한민족의 정신적 구심체였고 대한제국을 상징하는 인물이었기 때문에, 위의 상소문에서 언급한 것처럼 그의 파천이 가져올 반향은 국제적 공론을 제창할 수 있고 국내 인심을 일거에 고취할 수 있을 만큼 가공할 위력을 기대할 수 있었다고 판단된다. 그러므로 이상설이 유인석과 함께 추진한 광무황제 파천계획은 연해주지방에서 전개된 항일독립운동선상에서 커다란 의의를 지닐 수 있는 것이다.

## 성명회聲明會의 결성과 병탄 반대투쟁

### 성명회의 결성

1910년에 들어와 나라가 곧 망하게 될 것이라는 예견과 소문이 연해주 헌인시회에 널리 퍼져 있었다. 유인석이 4월 3일 자로 동문후배 박장호朴長浩(1859~1921) 의병장에게 보내는 편지에서 "지금 국사가 극한에 이르러 저 적들이 합방을 도모하고 있으니 이로부터 조선이라는 두 글자는 장차 공허한 이름이 되어 없어질 것이니 이를 장차 어찌하고 어찌하겠는가. 아, 원통하고 원통하다"[42]라고 탄식하고, 이어 이상설에게 보낸 5월 5일 자 서신에서 "왜적이 나라를 합병하기를 꾀한다고 하니, 나라가 합병되면 껍질 이름도 없어질 것이고 백성은 영원히 생명이 없어질 것"[43]이라고 탄식한 대목 등은 연해주지역의 독립운동 지도자들이 국망이 현실화하는 비극을 미리 감지하고 있었음을 보여 주는 생생한 사례라 할 수 있다. 이상설도 국망이 가시화되어 가던 상황을 그 누구보다 더 잘 감지하고 있었다. 이상

---

42 『의암집』 권12, 「與朴養直」 경술년 4월 3일, 2쪽.
43 『의암집』 권16, 「與李參贊」 경술년 5월 5일, 26쪽.

설과 유인석 등이 1910년에 들어와 항일의병세력 통합군단을 표방하여 십삼도의군을 긴급히 편성하고 광무황제 연해주 파천계획을 수립한 것 등이 이와 같은 국망이 현실화하는 비극적 상황을 저지하기 위한 방략이었다. 하지만, 이러한 방략과 계획은 실효를 거두지 못하거나 무산되었고, 1910년 8월 끝내 국망은 현실로 다가오고 말았다.

성명회聲明會는 국망이 현실로 다가온 상황에서 '합병'의 무효를 선언하고 병탄 반대투쟁을 조직적으로 전개하기 위해 긴급히 결성한 한인단체였다. 그 회명은 '저들의 죄상을 성토하고 우리의 억울함을 밝힌다[聲彼之罪 明我之寃]'고 한 데서 따 온 것으로, 이 결사는 이상설을 비롯해 유인석 등 십삼도 의군을 주도한 인물들이 주축이 되어 조직하였다. 곧 성명회는 국망을 목전에 두고 십삼도의군의 활동이 전이된 형태로 발전한 것이라 할 수 있다.

이상설은 성명회를 조직하고 한인 서명록을 작성하는 데 중요한 역할을 하였다. 성명회, 나아가 성명회 선언서에 첨부된 서명록이 그의 주도하에 만들어졌다는 사실은 그와 함께 활동한 유인석의 관련 기록에 특히 분명하게 나타난다. 유인석의 「연보」에서

> 이상설이 러시아에 거주하고 있는 사람들을 대대적으로 모아 끝내 대한의 백성이 될 것과 대한의 나라를 회복할 것을 맹세하였고, 1만여 명이 서명한 성명서聲明書를 각국 정부와 신문사에 보냈다. 성명이라 함은 저들의 죄상을 성토하고 우리의 억울함을 밝힌다고 하는 것이었다. 선생이 그 시행을 허락하여 선생의 성명을 가장 앞에 두었다.[44]

라고 한 대목과, 유인석의 「행장」에서

---

[44] 『의암집』 권55 부록, 「연보」 1910년 7월조, 122쪽.

> 이상설이 수만 명을 대대적으로 모아 성명을 나열하여 성명서를 만들어 각국 정부와 신문사에 보냈는데, 모두 선생의 성명을 가장 앞에 두자고 하여 허락하였다.[45]

라고 한 기록이 그것으로, 위의 인용문을 통해 이상설이 경술국치 당시 성명회의 활동을 주도하여 선언서의 서명록을 작성한 사실과 각국 정부 및 신문사에 성명서를 발송한 사실을 알려 주고 있다.

성명회는 국치 직전인 8월 17일에 결성되었다.[46] 1910년 8월 20일 일제의 블라디보스토크 주재 총영사 오토리 후지타로大鳥富士太郎[47]가 외무대신 고무라 쥬타로小村壽太郎에게 올린 정보문서에 이러한 사실을 알려 주는 내용이 기록되어 있다.

> 본월(8월 - 필자주) 17일 밤에 김익룡金益龍·최병찬崔丙贊·유인석·김학만, 기타 중요한 한인 10여 명이 이범윤의 집에서 회합을 갖고 합방문제에 관하여 열국 정부 앞으로 전신으로 탄원서를 발송하기로 결의하고, 그 예산액 1천 5백 루블 가운데 그날 밤에 이미 130루블 정도의 기부금이 걷혔다. 흡사하게 미국 샌프란시스코에서 (결성된) 합방 반대의 '애국동맹단'에 성립을 통지함과 함께 가능한 한 보조步調를 하나로 하여 일을 이루기로 신청하였다. 다음날 18일 오후 3시에 한인정韓人町(개척리 - 필자주)의 한민학교韓民學校에 약 150여 명의 한인을 소집하여 전날 밤의 결의를 발표하고 일동의 동의를 구하고 협의한 끝에 새로 '성명회'라는 것을 조직하여 이 건을 처리하였다. 전신을 대

---

45  李正奎 撰, 「행장」, 『의암집』 권56 부록, 32쪽.
46  2007년에 발표한 졸고 「국치 전후 이상설의 연해주지역 독립운동」에서는 성명회 결성 날짜를 8월 18일로 인정하였으나, 여기서는 후술할 「성명회 취지서」에서 밝힌 '음력 7월 13일', 곧 양력 8월 17일을 성명회 결성일자로 수정 제시하였다.
47  1894년 청일전쟁 당시 일본군을 이끌고 조선을 침공한 뒤 을미사변을 일으킨 주범인 일본공사 오토리 게이스케(大鳥圭介)의 장남이다. 전문 외교관으로 활동하였다.

신하여 문서로서 일본 이외의 (대한제국과의) 각 조약국에 발송하기로 결의하고, 이범윤·유인석·차석보車錫甫·김학만 외 4명을 이사理事로, 정재관·유진률 외 2명을 기초위원起草委員에, 서상기徐相琦를 회계계원會計係에, 조장원趙璋元을 사무원事務員에, 유진률 외 2명을 유세원遊說員으로 하고, 원안原案은 이범윤이 이를 기초하여 그 대요大要를 대동신보사大東新報社에서 인쇄하여 이를 각지에 배부하여 일반 한인의 동의를 구하기로 하였다.[48]

위의 문건에 따르면, 곧 닥쳐올 조국병탄이라는 비상사태에 대처하기 위해 김익룡·최병찬·유인석·김학만 등 10여 명의 블라디보스토크 거류 애국지사들은 이범윤의 집에서 8월 17일 밤에 회합하여 각국 정부 앞으로 탄원서를 전신電信으로 보내기로 하고, 미국 샌프란시스코의 한인들이 결성한 애국동맹단愛國同盟團과 연락을 취해 공동으로 반대투쟁을 전개하기로 결의하였다는 것이다. 애국동맹단은 대한인국민회 북미지방총회에서 조국 병탄을 저지하기 위해 1910년 7월 3일 조직한 단체로, 국제열강을 상대로 외교전략과 선전활동을 전개하고 있었다. 이 무렵 『대동공보』는 병탄반대투쟁을 벌이고 있는 미주 한인사회의 동향을 비교적 자세히 보도하고 있는 점으로 미루어 보더라도 두 지역의 해외 한인사회가 연합전선을 구축하려 했던 정황을 이해할 수 있다.[49]

18일 오후, 개척리의 한민학교에 모인 150명의 한인은 지난 밤에 결의한 내용을 알리고 그 사업을 추진할 주체인 성명회의 결성을 공포하였다. 또 전신 대신에 병탄조약 무효를 선언하는 성명서('성명회 선언서')를 문서로 작성하여 과거 대한제국과 조약을 체결한 구미 열강에 발송하기로 결의하

---

[48] 「機密韓 제39호」(일본외무성 외교사료관 소장) 1910년 8월 20일, '日韓合邦問題ニ關ㇾ列國政府ニ嘆願書ヌ提出ヤレㇳㇳ㇟ㇽ在露令韓人等ノ計劃ニ關ㇲㇽ件'.
[49] 『대동공보』1910년 8월 14일, 「합방반대회 결의」; 『대동공보』8월 28일, 「애국동맹단의 목적」 등.

였다. 그리하여 이범윤·유인석·차석보·김학만 등을 이사로, 정재관과 유진률 등을 기초위원으로, 서상기를 회계로, 조장원을 사무원, 유진률 등을 유세원으로 각각 선임하였다는 것이다. 나아가 성명회의 결성취지와 활동목표 등은 이범윤이 기초하고 이를 대동신보사大東新報社에서 인쇄한 뒤 각지 한인사회로 반포하기로 했다는 내용을 언급한 것이다. 이범윤이 기초한 이 성명회 취지서는 곧 대동신보사에서 1,000매가 인쇄되어 러시아와 간도 한인사회에 배포되었다.[50]

### 성명회의 활동

성명회에서 발포한 취지서 등의 문건은 실제로 북만주 하얼빈까지 전달된 것으로 확인된다. 성명회 회장 오주혁吳周赫의 명의로 위원을 파견하여 취지서의 내용을 설명하고 동의를 구하기 위해 작성한 문건을 하얼빈 주재 영사관에서 수집하여 일역한 사본을 블라디보스토크 영사관으로 보내온 사실을 통해서 그러한 정황을 확인할 수 있다.[51]

성명회의 활동은 8월 22일 병탄조약 체결 사실이 전해지자 격렬해졌다. 주지하다시피 병탄이 이루어지는 소위 합병조약은 8월 22일 강제 조인되고 그 일주일 뒤인 8월 29일에 공포되었다. 하지만, 외신은 병탄조약 체결 사실을 조인 직후 즉시 보도하였고, 블라디보스토크의 '다리요카 우크라이나' 신문사에도 8월 23일 그 사실이 입전入電됨으로써 한인들이 조국 멸망의 비보를 들었다.

국망 소식을 듣고 한인 200명이 즉시 신한촌 한민학교에 모였다. 그 가

---

50 「機密韓 제42호」(일본외무성 외교사료관 소장) 1910년 8월 29일, '八月二十二日以後ニ 於ケル當地韓人ノ動靜報告ノ件'.

51 「機密韓 제43호」(일본외무성 외교사료관 소장) 1910년 9월 3일, '韓國併合後ニ於ケル 當地方朝鮮人ノ動靜ニ關スル報告'.

운데는 흐느끼는 사람도 많았으며 모두 비통한 심정이었다. 모임이 진행되는 동안 군중은 700명으로 늘어났다. 이들은 즉석에서 '대한의 국민이 된 사람은 대한의 광복을 죽기로 맹세하고 성취'할 것을 결의하였고, 비분강개한 어조의 「성명회 취지서」를 발표하였다. 국망을 맞은 한인의 울분과 결의를 생생하게 대변하는 강개한 취지서의 본문은 아래와 같다.[52]

슬프다. 해외에 거류하는 우리 동포여. 동포는 한번 머리를 들어 우리 조국 한반도를 돌아보며 한번 뇌를 기울여 우리 동포 조선족을 생각할지어다. 저 화려한 3천 리 강산은 우리 시조 단군의 세전물世傳物이 아니며 신성한 2천만 민족은 우리 시조 단군의 혈손이 아닌가. 우리의 사랑하는 바도 이 한반도 이 조선족이며 우리의 공경하는 바도 이 한반도 이 조선족이라. 잊고자 하여도 가히 잊을 수 없으며 떠나고자 하여도 가히 떠날 수 없는지라. 이러므로 우리는 차라리 2천만의 두뇌를 능히 베어버릴지언정 우리 조국은 잃어버리지 못할지며, 차라리 우리의 생명은 능히 바칠지언정 타족의 노예는 되지 못할지로다. 그러한데 저 간악무도한 왜적이 만근輓近 수십 년 이래로 저희의 일시 강력을 믿고 우리의 황실을 핍박하며 우리의 정부를 위협하여 1차에 외교를 늑탈하고 재차에 내정을 간섭하여 우리의 독립주권을 침해하며 우리의 부모형제를 학살하며 우리의 가옥토지를 강탈하여 우리로 더불어 하늘을 같이하지 못할 원수를 지음은 우리 동포 가운데 누가 마음이 아프며 이가 떨리지 아니하리오. 그러나 우리가 오늘까지 인묵忍默한 태도를 가짐은 일면으로 우리의 실력을 양성하며 일면으로 저희의 회개를 희망함이오, 결코 저희의 관천영지貫天盈地한 죄악을 용서함이 아니어늘, 저 정의를 알지 못하며 인도를 멸시하는 왜적은 그 악을 더욱 베풀어 소위 합방문제를 또 창도하여 우리의 국기까지 꺾고자 하며, 우리의 역사

---

[52] 러시아 국립문서보관소에 소장된 「성명회 취지서」 한글 원본은 박종효 교수가 1998년에 최초로 수집해 공개하였다.(『경향신문』 1998년 2월 27일 자, 「러 거주 한인 항일단체 성명회 결성 취지문 공개」 참조)

까지 불 놓고자 하며, 우리의 민적民籍으로 하여금 저희의 노안奴案으로 삼고자 하는도다.

오호 통재라. 동포여 동포여, 오늘도 가히 참을까, 이 문제도 가히 용서할까. 이 문제는 우리 대동역사의 최종 문제가 아닌가. 우리 대한동포의 무장武裝을 입을 날도 오늘이며, 피를 뿌릴 날도 오늘이로다.

그러나 일은 차서次序가 있으며, 때는 선후가 있을 뿐 아니라 오늘 20세기 국민의 행동은 세계 열국의 여론에 의지치 아니함이 불가한지라. 고로 먼저 열국 가운데 우리나라와 일찍이 교호交好의 동맹을 맺은 나라에 대하여 왜적의 불법무도한 사실과 합방반대의 의견을 문자로 통하여 그 오신오해誤信誤解를 풀며 또 열국의 광명정대한 여론을 구하여 왜적의 죄를 성토함이 우리 동포의 제1차 급행할 일이라 이를지로다. 사세가 이와 같으므로 분憤이 같고 뜻이 같은 동포의 의론이 한 때에 발하여 지난 음력 7월 13일 (양 8월 17일 - 필자주) 해삼위 한인 거류지 내에 다수한 동포가 회집하여 성명회를 조직하고 러시아, 청국 각지에 재류하는 여러 동포에게 공포하오니 조국을 사랑하며 동족을 사랑하는 우리 동포여, 급히 힘을 모으며 소리를 같이 하시오. 동포에게 바라는 바는 다만 뜻을 같이하며 소리를 같이할 뿐이요, 동포의 없는 흠을 구함이 아니오니 어서 빨리 찬성하여 우리의 목적을 달하며 우리의 부끄러움을 씻게 하소서. 아 주저하지 말지어다. 우리 사랑하는 동포여, 아 지체하지 말지어다. 우리 사랑하는 동포여!

위 취지서는 유인석과 이범윤을 비롯하여 김학만·차석보·김좌두·김치보 등 6명의 명의로 발포되었다. 성명회의 결성과정에서 이상설의 역할이 컸음에도 불구하고 취지서에 이처럼 그의 성명이 누락된 이유나 배경은 명확히 드러나지 않는다. 다만, 고관 출신으로 광무황제 특사의 신분이었던 그의 권위와 비중을 고려한다면, 일제의 직접적인 탄압을 피해야 할 처지 때문이 아니었을까 짐작될 따름이다.

「성명회 취지서」에는 먼저 조국을 병탄한 일제를 원수로 규정하고 그 죄상을 강력히 성토한 뒤, 병탄조약이 한민족의 의사와 무관하게 일제의 무력에 의해 불법적으로 자행된 사실을 과거 대한제국과 국교를 수립한 여러 나라에 널리 알려 일제의 침략성을 폭로함으로써 국제공론을 일으킨다는 것이다. 이를 위해 동포가 일치단결할 것을 호소하였다.

각국 정부에는 우선 병탄조약 반대 전문을 보냈다. 또 각국 신문사에도 반대 취지를 알리는 선언문을 보내어 이를 게재토록 요청하였다. 이어 각국 정부에 다시 병탄조약의 원천무효를 선언하는「성명회 선언서」를 발송하였다.[53] 이들 문건 가운데 구미열강에 보낸 병탄 반대 한글 전문의 내용을『대동신보大東新報』기사에 의거해 소개하면 다음과 같다.

> 대한국 일반인민의 대표 유인석씨가 구미열국 정부에 대하여 한일합병의 반대를 법문法文(프랑스어 - 필자주)으로 전보함이 여좌하니라. 일본이 우리 대한에 대대로 원수뿐 아니라 조약을 체결하여서 오므로 여러 번 그 말을 어기어 그 공법을 패려悖戾하며 정의를 모멸한 것을 가히 이겨 말하지 못할지며 이제 또 합방의 일로써 장차 열국에 공포하려 하나 그러나 그 실상인즉 우리 대한 사람의 원하는 바가 아니요. 자기가 스스로 창도함이라. 만일 일본으로 하여금 과연 억지로 합방을 행한즉 동양의 평화와 희망이 장차 영원히 괴열壞裂되어 한국과 다못 일본의 무궁한 화가 장차 쉴 때가 없으리니 바라건대 귀 정부는 이 사상事狀(한자 - 필자)을 밝게 살피어 그 일본이 한국을 일본에 합하는 선언에 대하여 우리 전날의 우호를 돌려 생각하며 우리 큰 판의 평화 보전키를 힘써서 승인치 말기를 지극히 바라노라.[54] (맞춤법 - 필자)

---

53  성명회에서 작성한 이들 문건들의 원문은 모두 윤병석,『이상설전』(증보판), 134~144쪽에 전재되어 있다.

54 『大東新報』1910년 8월 28일,「잡보」. 이 기사에는 위 인용문 전문(電文)의 한문본도

즉 일제는 그동안 한국을 침략하면서 만국의 공법을 무시하고 인류의 정의를 짓밟았고, 지금 한국을 병탄한 것도 자국의 이익만을 생각하고 한민족의 자존·자주 의지를 유린한 일방적, 강제적 행위라는 것이다. 그러므로 동양의 평화와 희망을 파괴하고 한국과 일본 간에 영원한 재앙을 초래할 한국 병탄에 대해 각국 정부가 이를 거부해 주기를 청원한다는 것이다.

이와 같은 성명회의 반대 전문은 프랑스어로 작성되어 '대한일반인민총대大韓一般人民總代'라는 직함을 명기한 유인석의 명의로 과거 대한제국이 조약을 체결했던 미국·영국·프랑스·러시아·중국 등 각국 정부에 8월 26일경 발송되었다. 미국의 경우, 이 전문이 도착한 것은 8월 26일 당일 오후 9시 30분으로 확인된다.[55] 위에서 보았듯이 8월 28일 자 『대동신보』에 전문 발송 기사가 실린 점 등으로 미루어 각국 정부에 동일한 전문을 동시에 발송했을 것으로 추정된다. 그리고 유인석이 사용한 직함 '대한일반인민총대'는 특정한 관직이나 신분, 계급이 아닌 대한제국의 일반 인민 전체를 대표하는, 곧 한국민의 대표자라는 의미에서 붙인 것이다.

반대 전문에 뒤이어 9월 중순경 성명회에서는 병탄조약의 원천무효와 한민족의 자주권과 독립결의를 주창한 선언서를 작성하여 역시 '대한일반인민총대 유인석'의 이름으로 대한제국과 조약을 체결했던 각국 정부에 발송하였다. 발송 주체의 명의를 성명회로 하지 않고 이처럼 '대한일반인민총대'로 한 것은 앞서 언급하였듯이 한민족의 대표성과 상징성을 선명하게 부각시킬 목적에서였으며, 임시로 사용한 것으로 보인다.

---

함께 실려 있다.
[55] 윤병석, 『이상설전』(증보판), 136쪽.

### 성명회의 병탄무효 「선언서」

「성명회 선언서」는 성명회의 여러 문건 가운데 특히 가장 중요한 의미를 지니고 있다. 이 문건은 한국민의 결연한 독립결의를 천명하고 또 독립의 당위성을 역설하였으며, 병탄의 불법성과 부당성을 지적하면서 열강의 지지를 호소한 공식 외교문서의 성격을 지녔기 때문이다. 곧 「성명회 선언서」는 국망과 동시에 발표된, 한민족의 독립 의지를 대변하는 최초의 병탄 무효선언으로서 이후 광복 때까지 줄기차게 전개되어 온 독립선언의 원류가 되었다는 데 그 의의가 크다.

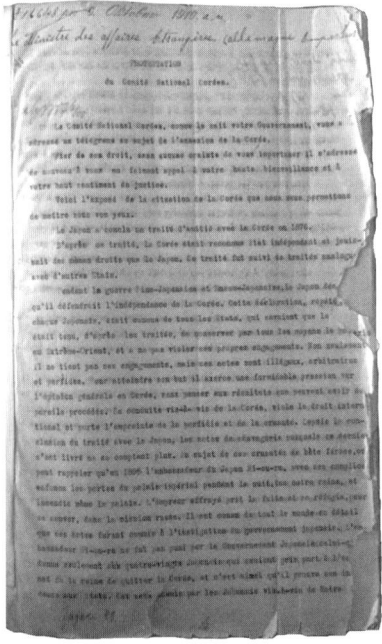

자료 6-6　성명회 선언서(독일문서보관소 소장본)와 서명록(1면)

「성명회 선언서」를 직접 기초한 인물은 이상설이었다. 국내외 정세에 대한 정치적 감각뿐만 아니라 신구학문을 겸비한 학자적 소양에 탁월한 문필적 재능을 지니고 있었기 때문에 공식 외교문서에 준하는 이 문건을 작성하는 데 그가 가장 적합한 인물이었을 것이다. 이상설이 한문으로 작성한 선언서 초고를 유인석이 윤문하여 완성한 것으로 알려져 있다.[56] 그리하여 중국 정부에는 한문본의 선언서를 그대로 보내고, 기타 조약을 체결했던 구미 여러 나라에 보내는 선언서는 한문본을 대본으로 프랑스어로 번역했던 것으로 보인다.

「성명회 선언서」가 공식 외교문서의 성격을 가지는 것은 일본을 제외하고 대한제국과 외교관계를 수립했던 나라를 대상으로 한정하여 발송하였기 때문이다. 일제의 국권 병탄으로 대한제국의 정부가 부재한 상황에서 국민의 대표성을 가진 단체에서 공식 외교문서의 차원에서 「성명회 선언서」를 발송하였다. 결국 이 문건이 발송된 나라는 미국과 영국·러시아·중국을 비롯하여 프랑스·독일·이탈리아·오스트리아-헝가리제국 등이었을 것으로 인정된다.[57]

「성명회 선언서」는 장문으로 되어 있다. 그 가운데 중요한 내용을 담은 대목을 소개하면 다음과 같다.

> (전략) 일본과의 조약 체결 이후 일본이 자행한 야만적인 행위들은 헤아릴 수없이 많다. 짐승같이 사나운 일본의 이 잔인한 행동에 대해서는 다음과 같은 사실을 상기하면 된다. 1895년에 일본공사 미우라는 공범들과 함께 야밤에 궁성의 문을 부수고 들어가 우리의 황후를 시해하고 궁궐에 불

---

56  윤병석, 『이상설전』(증보판), 137쪽.
57  현재 「성명회 선언서」를 소장하고 있는 것으로 확인된 나라는 미국과 독일 등 두 나라이고, 나머지 국가에서도 추가로 발견될 가능성이 크다.

까지 질렀다. (중략) 우리 황실에 대해 일인들이 범한 이 행위는 문명의 관념은 조금도 없이 인간이 취할 수 있는 행위 중에서 가장 야만적이며 가장 무도한 것이 아니겠는가?

1905년에 일본 특명공사 이토는 일본군사령관 하세가와와 함께 그들의 군인들로 황궁을 포위하고 한국 정부의 참정대신을 체포하였으며 다섯 개의 조항으로 된 조약에 서명하라고 한국 황제에게 강요하며, 그들은 서명 후 자기들이 옥새를 찍었다. 이 조약은 한국 황실에 신임장을 낸 모든 외국 사절에게 전달되었다. 이러한 행위에 직면하여 한국 황제는 미국인 헐버트를 각국에 순회시켜 한국 정부가 이와 같은 조약을 일본과 체결할 의사가 추호도 없었음을 설명하게 하였고, 황제는 또 비밀리에 헤이그 국제회의에 사신을 보내어 일본이 한국에 비열하고 야만적이며 배신적인 태도로 행동하는 증거를 각국 외교사절에게 제시하게 하였다.

이 조약의 영향으로 일본은 지난번 저지른 죄악을 뉘우치지도 않고 1907년에 한국의 황제를 폐위시키고, 한국 군대를 해산시켰으며, 한국의 관리들을 자신들의 권력 밑에 종속시켰다. 이런 이유 때문에 압제에 지친 한국민은 의병항전을 벌여 피를 흘렸다. 한국에는 평화가 없다. 일본인의 배신과 잔인함에 분노한 한국민은 분개하고 있다. (중략)

한국민은 일본과 투쟁하기 위해서 한국민의 책임을 다할 것이며 한국민의 모든 힘과 수단을 다할 것이다. 이 목적을 위해서 한국민은 일본에 항의문을 발송하고 성명회(한국민회)를 조직하였다. 한국민은 세계 속에서 대한국의 이름을 간직하고, 한국민은 한국민이라는 지위를 계속 유지하기로 결정하였다. 한국민의 과업이 아무리 어려운 것이라 할지라도 자유에 도달할 때까지 손에 무기를 들고 일본과 투쟁할 것을 각오하고 있다. 본 회는 단호히 행동하기로 결정하였다. 우리는 귀국 정부가 한국민이 '합병'을 원하고 있다고 생각하기를 원치 않는다. 우리는 귀국 정부가 우리 국민 중에서 몇몇 간사한 파렴치들 때문에 속았다는 사실을 알게 되기를 원한다.

한국민은 다시 한번 귀국 정부가 한국의 이 특수한 사정을 국제법에 의해 판단하고 정의와 인간 본성의 원칙에 의해 행동하며 일본에 의한 한국 '합병'을 반대할 것을 간청하는 바이다. 한국민은, 힘으로 빼앗으려는 행위를 귀국 정부가 존중하도록 하거나 세기 초에 그런 범죄가 문명의 역사를 말살하려는 것을 귀국 정부가 용납하지 않으리라고 단호히 희망하는 바이다. 한국민을 옹호해 주시라. 한국민을 옹호함으로써 귀국은 권리와 정의를 수호하게 되는 것이다. 한국민을 수호해 주시라. 한국민을 수호함으로써 귀국은 오랜 친구를 구원하게 되는 것이다. 귀국 정부에게는 이것이 영광과 명예가 될 것이다. 귀국이 불의를 두둔하기 위해 수 세기 이래로 귀국의 명예와 영광을 이루고 있는 원칙들을 포기하지는 않기를 희망하는 바이다. 무슨 일이 닥치더라도 한국민은 자유를 위하여 죽을 각오가 되어 있다.[58]

위 선언서에서는 먼저 일제가 한국의 국권을 침탈해온 역사적 사건 가운데 특히 1895년 을미사변의 야만성과 1905년 을사조약의 불법성, 그리고 1907년 군대해산과 광무황제 퇴위의 강제성 등을 순차적으로 논급하면서 규탄하였고, 이어 한국민의 정의로운 저항과 투쟁의 실상을 소개함으로써 한민족의 단합된 독립의지를 천명하였다. 그리하여 인류의 양심과 자유, 정의에 따른 한민족의 독립의지를 각국이 존중하고 나아가 무도하게 불법을 자행한 일제의 침략주의를 배격해 줄 것을 호소한 것이다.

「성명회 선언서」가 각국 정부에 발송된 구체적인 날짜는 확인되지 않는다. 다만, 미국 정부에 보낸 선언서의 경우에 미국에 도착한 날짜가 10월 1일로 확인되고, 후술할 순천시보사順天時報社 게재 요청 문건에 기록된 일자가 9월 25일인 점으로 미루어 9월 하순에 발송한 것으로 짐작된다.

「성명회 선언서」와 관련되어 또 한 가지 주목되는 사실은 매우 방대한 서명록이 부록으로 첨부되어 있다는 점이다. 서명록 작성과 관련해서는

---

[58] 윤병석,『이상설전』(증보판), 142~144쪽.

앞서 언급한 「성명회 취지서」에 관련 사실이 언급되어 그 경위를 짐작게 한다. 즉, 앞에서 소개한 취지서 본문에 이어 '찬성하는 동포의 주의할 일' 네 가지 조항을 제시하였다. 그 가운데 '찬성하시는 이는 본회에서 보낸 편지에 성명을 쓰고 그 아래 착함著衡이나 혹 도장을 누름'(제2조항), '성명과 착함은 각국으로 가는 장서에 후록後錄할 것이니 정확하고 분명하게 하시오'(제3조항)라고 명기한 것으로 보아, 성명회 결성과 동시에 각국 정부에 보내는 공식 선언서에 첨부할 목적으로 서명운동을 전개한 사실을 명확히 확인할 수 있다. 결국 성명회에서는 8월 하순부터 9월 하순까지 한 달 동안 서명운동을 벌이고 서명록을 작성하였다.

성명회의 서명록에는 유인석·이범윤·김학만·이상설·김좌두·이남기·우병렬·박관국·이범석·서상구·안종석·우시하·이기 순으로 연해주·간도 일대에 거주하던 총 8,624명의 한인 명단이 들어 있다. 이처럼 엄청나게 많은 한인의 성명을 굳이 모은 이유는 이 서명록이 곧 한민족 전체가 공유하는 독립의지를 천명함과 동시에 일제의 병탄조약이 한민족 전체의 자주의사를 무시하고 강제로 체결된 사실을 입증하는 생생한 증좌임을 보이기 위한 것이다. 그러므로 성명회 선언서는 성명회의 최종 활동목적인 병탄무효와 독립수호 선언을 표방한 문건으로, 한민족 구성원 전체의 독립의지를 집약하여 외국 정부에 보낸 외교문서에 준하는 성격을 지니고 있다고 할 수 있다.

### 성명회 활동의 종료

성명회에서는 선언서를 각국 정부에 공식 문서로 발송하는 한편, 외국의 여러 신문사에도 글을 보내 선언서의 전문全文을 게재해 줄 것을 요청하였다. 그 가운데 강유위姜有爲 계열의 인물들이 간행하던 중국 북경의 순천시보사順天時報社 앞으로 보낸 한문으로 된 선언서 게재 요청문이 독립기념관에 소장되어 있다. 그 내용을 소개하면 다음과 같다.[59]

본 민단은 일본의 합방 강행에 대해 큰 결의를 한 바 있습니다. 장차 화해와 편안을 도모하고자 여러 나라에 밝게 알리고 또한 세계 신문사에도 통고하니, 여러 발간인들은 우리의 지극한 원통을 밝혀 주시어 귀사에서도 꼭 응해서서 동감을 표해 이 전문全文(선언서 - 필자주)을 신문에 실어 주시길 바랍니다.
융희 4년 9월 25일 대청국 순천시보 주필 각하 앞

한국민단대표 유인석 등

이 글이 순천시보사에 확실히 전달되었는지 여부는 확인할 수 없다. 현전하는 『순천시보』를 살펴보면 거기에는 「성명회 선언서」뿐만 아니라 기타 성명회 활동과 관련된 어떤 기사도 실려 있지 않다.[60] 이러한 점으로 미루어 성명회에서 보낸 이 문건이 신문사에 제대로 전달되지 않았을 개연성도 배제할 수 없다. 다만 이러한 노력이 성명회가 주도한 병탄반대투쟁의 일환으로 펼쳐졌다는 사실은 확인할 수 있고, 위의 자료는 그 생생한 증좌가 된다.

성명회는 9월 11일 이후 일제의 간섭 아래 러시아 당국의 집중적인 탄

---

59 유인석이 중국 순천시보사에 보낸 글(1910년 9월 25일, 독립기념관 소장 자료, 자료번호 1~002438~000) "敬啓者 本民團 對日本之强行合邦 有所大決議 業將諸曼 照知于列邦 亦通告于環宇新報社 秉筆諸君子 用昭我至冤至痛 諒貴社必應 滿表同感 一將此全文揭載 報紙矣 統希 不勝悚仄 隆熙四年庚戌九月二十五日 大淸國順天時報 主筆閣下 韓國民團代表 柳麟錫等".
60 현재 독립기념관에는 『순천시보』 마이크로필름(자료번호 3~012169~000)이 소장되어 있다. 이를 통해 해당 시기의 『순천시보』를 열람했으나 성명회 관련 기사를 확인하지 못하였다. 앞으로 이 주제와 관련하여 각국 신문의 기사를 더 확인할 필요가 있을 것 같다.

압을 받아 그 활동이 크게 위축되었다. 하지만, 성명회는 완전히 해산되지 않고 1910년 11월까지 활동을 지속하였던 것으로 보인다. 간도총영사관에서 연해주 항일세력의 동향을 탐지하기 위해 1910년 10월 29일 파견한 밀정이 두만강변의 중국 국경도시 혼춘琿春을 떠나 노우키에프스크(연추)·블라디보스토크(해삼위)·스찬(수청) 일대를 전전한 뒤 11월 9일 돌아가 보고한 정보문건에 다음과 같은 성명회 관련 기록이 들어 있다.

> 폭도(의병 - 필자주)는 음력 8월경[61]부터 표면상 성명회라 칭하고 (블라디보스토크) 개척리에 사무소 같은 것을 설치하고 몇 명의 서기가 사무를 보고 있다고 한다. 그런데 입회자는 널리 블라디보스토크·수청·연추 부근에 산재해 있으며 업무에 종사하고 있는데 그 수가 약 1만 명 이상에 달한다고 한다. 그리고 그들 입회자는 단발한 자가 많고 그 회원을 입증하려고 씨명을 적고 김학만의 도장을 날인한 것을 준다고 한다. 성명회라는 명의를 붙인 까닭은 폭도의 이름이 자못 번거롭기 때문에 이를 피하기 위해서라고 한다.[62]

이 문건에 의하면 성명회는 1910년 11월 현재에도 활동을 지속하였다. 즉 의병 세력이 주축이 되어 결성된 성명회는 결성 이후 11월 현재까지 블라디보스토크의 한인 집단거주지인 개척리에 사무소를 두고 몇 명의 서기가 회무를 보고 있었던 사실을 알 수 있다. 그리고 회원은 한인이 밀집해 살고 있던 연추·해삼위·수청 일대에 산재하였으며, 그 수가 1만 명을 상회하는 것으로 파악하였다. 또 성명회에 가입하게 되면 성명을 기재한 다음 김학만 명의의 도장을 날인한 회원증서를 발급해 주었다는 것이다. 그

---

61　결성 시기를 '음력 8월'로 명기한 것은 오류이다.
62　「憲機 제2320호」 1910년 11월 25일, '在露領排日朝鮮人ノ狀況ニ關スル件'(일본 외교사료관 소장).

뿐만 아니라 의병세력이 성명회라는 회명을 붙인 이유가 항일을 표방함으로써 받게 되는 직접적인 탄압을 피하고자 한 데 있었다는 사실을 알려준다.

그 뒤 성명회가 언제까지 활동을 지속하였는지, 또 언제 해체되었는지 구체적으로 확인되지 않는다. 1911년 1월 자결 순국한 이범진의 유산이 연해주 한인사회에 분급되는 과정에서 성명회에 5백 루블이 들어갔다는 일제 정보기록이 있는 점으로 미루어 볼 때 적어도 1911년 초반까지는 성명회가 존속해 있었다고 생각된다. 이범진의 유산은 이상설과 유인석에게도 각각 500루블이 분급되었다.63 그럼에도 불구하고 성명회는 1910년 9월 이후 크게 위축되어 구체적인 활동내용이 파악되지 않고 있다. 위에서 회원 수가 10,000명에 달했다고 한 것도 성명회 서명록에 기재된 인원수를 지칭하는 것에 불과하고 더 이상의 구체적인 활동상을 의미하는 것으로 보이지는 않는다.

성명회의 활동이 9월 이후 위축된 이유는 일제의 강력한 개입으로 인해 러시아 당국의 직접적인 탄압이 가해졌기 때문이다. 이로 인해 러시아 당국은 이상설을 비롯해 한인사회의 유력 항일운동가 42명에 대해 탄압을 가하게 되어, 결국 블라디보스토크 경찰서에서는 9월 12일 이범윤을 비롯한 19명의 한인을 체포하기에 이르렀다. 그리하여 이범윤·김좌두金佐斗·권유상權有相·이규풍李奎豊·안한주安漢周·이치권李致權 등은 중부 시베리아 바이칼호 부근의 이르쿠츠크로 끌려가 7개월 동안이나 유폐되어 있었다. 이때 이상설은 이들과 달리 우수리스크로 끌려가 유폐되었다가 이듬해 석방되었다.64 이러한 사실로 미루어 1910년 9월 이후까지 존속했던 성명회는 이상설의 활동과 직접적인 관련성은 적은 듯하다.

---

63  박민영, 『만주·연해주 독립운동과 민족수난』, 138쪽.
64  박보리스, 「국권피탈 전후시기 재소한인의 항일투쟁」, 『한민족독립운동사논총』, 박영석교수화갑기념논총, 1992, 1079~1081쪽.

제 7 부
# 독립전쟁을 향한 염원

제1장

# 권업회의 결성

## 권업회와 이상설

　이상설은 연해주 한인사회의 지도자들과 함께 비록 국외에서나마 조국의 국권회복을 위해 분투하였으나 국망은 현실화하고 말았다. 이제 조국을 잃은 민족운동자들은 더욱 더 현실적이고도 장기적인 조국독립운동의 방략을 구상하지 않을 수 없었다. 이에 최고의 활동목표를 조국독립에 두고 이를 구현하기 위한 현실적인 방안으로 한인의 자치결사를 조직하게 되었다. 권업회勸業會가 그것이다.

　헤이그 사행 후 이상설이 마지막으로 구국활동의 무대로 삼은 연해주의 한인사회는 1864년을 기념으로 형성되기 시작하였다. 이주 초기 단계에는 특히 함경도와 평안도의 영세 농민이 그 선도가 되었다. 이들이 월경 이주하게 된 직접적인 동기는 간도 이주의 경우와 같이 연이은 흉작과 왕조 말 부패관리의 가렴주구에 있었다. 그 뒤 한인의 연해주 이주는 해마다 급격하게 증가하였다. 1900년을 넘어서면서 10만 명에 가까웠고, 1919년 3·1운동 때는 30만 명을 호칭할 만큼 늘어났다. 이 수치는 과장되었다 하

제7부 독립전쟁을 향한 염원　245

더라도, 1937년 연해주 한인 20만 명이 중앙아시아로 강제이주 당한 사실을 염두에 둔다면, 이미 1910년대에 20만 명에 가까운 대규모 한인사회가 형성되었다고 보는 것이 합리적이다.

연해주 한인 가운데 1905년 을사조약 늑결 이전에 넘어간 이주민은 본국에서의 기아와 빈곤, 그리고 학정을 피해 신천지를 찾아간 사람이 많았다. 그들 가운데는 함경도와 평안도 등 북도인의 비율이 절대적으로 높았다. 그 뒤 을사조약이 늑결되던 1905년을 전후로 해서는 일반 이주민과 더불어 항일투쟁을 전개하던 망명 지사들도 급증하였다. 이들의 출신지를 보면 함경도가 가장 높았고, 이어 평안도 출신, 다음으로 남도 출신이 많았다.

이주 한인들은 이주의 선후 시기에 따라 민족, 국가관의 차이가 대체로 컸고, 그에 따라 남·북도 출신 간의 지방색 대립은 더욱 격화되었다. 곧 남도 출신자들은 북도 출신과 비교해 국가, 민족의식이 상대적으로 강한 정치적 성향을 띠었다. 여기에 당장 국내 진공을 주장하는 강경파 의병들도 뒤섞여 있었기 때문에 통합과 연대가 쉽지 않은 상황이었다.

이상설은 연해주 한인사회에서 이처럼 복잡한 이해관계와 분파성을 극복하고 하나로 통합을 이룩하기 위해 권업회 결성을 추진하였다. 권업회는 경술국치 이듬해인 1911년 블라디보스토크에서 창립되었다. 이상설은 연해주, 특히 블라디보스토크에 모인 중요 항일민족운동자를 모두 규합하여 그 결성을 주도하였다.

이상설이 권업회의 결성과정에서 주도적인 역할을 맡았다는 사실을 알려주는 자료로는 다음 두 가지가 있다. 우선 이상설의 생애를 깊숙이 알고 있던 조완구가 지은 이상설의 약전이다.

러시아 정부는 치안을 어지럽혔다는 것을 명분으로 삼아 공은 니콜리스크로 추방되었다가 다음 해 신해년(1911)에 풀려났다. 날마다 동지들과 함께 시사를 연구하고 토론하여 무언가를 도모하였으나 매번 자본이 부족하여 그만두었다. 공의 집은 평소 넉넉하였으나 나라를 떠날 때 재산을 모두 팔아와 다 썼으므로 자본이 곤궁한 지 이미 오래되었다. 해당 지역의 인사들이 사방에서 모였는데, 그 사이에 지역 출신에 따른 견해가 달라 암투가 적지 않았다. 공은 주야로 항상 화합하려고 노력했으나 마음이 서로 어긋난 이들이 많았다. 이동휘 등과 함께 권업회를 조직하고 『권업신문』을 발간하였다. 이것을 바탕으로 역량을 더 모으려 했으나 3년이 되지 않아 유럽전쟁(1차 세계대전)이 일어나는 바람에 러시아 정부가 각 단체를 해산시켜서 권업회 또한 해산되었다.[1]

이상설이 경술국치 직후 연해주 한인사회가 지방색 등으로 인해 갈등과 반목으로 분열되던 상황에서 이를 극복하고자 노력하였고, 그러한 노력의 일환으로 이동휘 등과 협력하여 권업회를 결성한 사실을 밝혔다. 이러한 기록을 통해 이상설이 연해주 한인사회의 통합과 단결을 위해 성력을 기울인 사실과 그러한 노력의 연장에서 권업회를 결성한 정황을 짐작할 수 있다.

다음으로 계봉우가 연해주 한인사회의 역사를 정리한 사론인 「아령실기俄領實記」에서 권업회에 대하여 다음과 같이 언급한 대목이다.

기원 4245년(1912) 임자에 이종호·이상설 제씨가 조직하고 아俄 관헌의 인허를 득하여 『권업신문』까지 간행하니 그 회의 종지는 재외 우리 동포에 대하여 실업을 권장하며 노동을 소개하며 교육을 보급하기로 하였다. 그 회명을 권업이라 함은 왜구倭仇의 교섭상 방해를 피하기 위함이요 실제 내용은 광복사업의 대기관大機關으로 된 것이다.[2]

---

[1] 송상도, 『기려수필』, 국사편찬위원회, 1955, 116~117쪽.

연해주 한인사회의 역사에 가장 정통한 계봉우가 기록한 위 인용문에서 권업회의 창설 주역으로 이종호와 함께 이상설을 서명하였다. 그리고 권업회라는 회명은 일제의 직접적인 압력을 회피하기 위해 외형적으로 표방한 명칭이며, 실제로는 이 회가 '광복사업의 대기관'임을 밝혀 놓았다. 이 기록도 이상설이 권업회를 건립하는 데 많은 노력을 기울이고 큰 역할을 하였음을 알려 준다.

권업회가 악화된 계파간 대립을 지양하고 결성이 가능했던 것은 결정적으로 이상설의 노력이 있었기 때문이었다. 창립총회 때 이상설이 임시의장으로 추대된 것은 이러한 배경이 있었기 때문이다. 이상설은 임시의장으로서 창립총회를 주재했고, 가장 중요한 직책인 의사부 의장으로 선임되었다. 그리고 저명한 항일언론가인 신채호申采浩(1880~1936)에 이어 일시 『권업신문』의 주필 및 사장도 맡았다. 그가 이처럼 권업회를 주도하는 역할을 맡았던 것은 이러한 맥락에서 이해할 수 있다.[3]

권업회의 창립 발기는 1911년 5월 19일 이종호李鍾浩·김익용金翼瑢(이명 金立)·강택희姜宅熙 등에 의해 이루어졌다. 그리고 이튿날, 회의 건립을 지지하는 57명이 모여 총회를 열고 권업회를 결성하였다. 임원으로는 회장에 최재형, 부회장에 홍범도가 각각 선임되었고, 이후 회원 모집을 위해 다방면에 걸쳐 노력한 결과 회세가 급속히 확장되었다. 이처럼 발족한 권업회는 대외적인 활동의 편의를 위하여 러시아 당국의 공인을 신청하여 연흑룡주에 걸쳐 절대권력을 가진 러시아의 극동총독 곤닷지의 허가를 얻을 수 있었다. 이러한 토대 위에 그해 12월 19일, 다시 총회를 열어 회칙을 정비하고 그에 따른 임원을 뽑아 본격적인 활동에 들어갔다. 권업회에서는

---

2    『독립신문』 1920년 3월 30일, 「아령실기(9)」.
3    박걸순, 『한국독립운동과 역사인식』, 역사공간, 2019, 163쪽.

러시아 당국의 공인을 얻어 총회를 개최한 날, 곧 1911년 12월 19일을 공식 창립일로 기념하였다.4

이상설은 권업회를 대표하고 실질적으로 운영을 책임지는 의사부議事部 의장에 선임되었다. 부의장은 이상설과 함께 권업회를 창립한 이종호가 맡았다. 권업회는 연해주 한인사회에서 여러 계열의 인물들이 단합하여 결성한 것이다. 권업회에 참여한 주요 인사들의 성향을 분류해 보면 다음과 같다. 첫째, 러일전쟁 이전에 이주해 러시아에 귀화하여 정치·경제적으로 안정된 지위를 확보한 그룹을 들 수 있다. 최재형을 비롯하여 최봉준崔鳳俊·김학만·차석보 등이 이 부류에 속하였다. 이들은 그동안 지도급 인물로 부상하여 한인의 이주와 개척에 중요한 역할을 하였고, 나아가 각지 한민회의 풍헌風憲·도헌都憲 등의 직임을 맡아 연해주 한인사회의 자치 확립에 기여해 온 인물들이다. 둘째, 국내와 간도에서 대일항전을 벌이다가 연해주로 이주한 의병 계열이 있다. 유인석·이범윤·홍범도·이남기 등의 의병장과 그 계열의 인물들이 여기에 속한다. 이들은 최재형 등 그곳 인물들과 연합하여 의병부대를 편성하여 국내진공작전을 되풀이하는 한편, 단일 군단인 십삼도의군을 편성하여 대일 전면전을 계획하던 인물들이다. 셋째, 국내외 각지에서 애국계몽운동을 전개하다가 군대해산 전후에 연해주로 망명한 계열이다. 미국에서 이상설과 함께 건너온 국민회 총회장 정재관, 신민회 등에서 활동하던 이종호·신채호·김하구·윤해 등이 이러한 그룹에 속하였다.

이상설은 이처럼 다양한 인맥과 복잡한 세력을 하나로 통합하여 권업회를 결성하였고, 또 이 결사를 통해 그러한 통합을 시도하였다. 곧 한인사회의 역량을 효과적으로 조직화하여 조국독립을 이룩하고자 한 것이다.

---

4   『권업신문』1913년 12월 19일,「사설; 권업회 창립 제2주년」.

그럼에도 불구하고 연해주 한인사회의 태생적 한계이기도 한 복잡한 난맥상으로 인해 분파적 대립과 갈등을 해소하는 것은 늘 해결해야만 하는 과제였다. 특히 북도파, 남도파 등 출신 지방색의 상호 대립이 때로는 심한 알력을 드러내었다. 권업회가 출범한 다음인 1912년 초, 간도와 연해주를 순방하고 환국한 장석영張錫英의 다음 증언이 그러한 단면을 잘 보여 준다.

> 해삼위에 권업회가 있으니 동포 이주민이 한 회를 만든 것이다. (중략) 그곳 인심이 일치하지 않고 당론이 여러 갈래여서 서울 사대부와 서북인이 화합하지 못하고, 또한 신진 인사들이 노성인老成人들에게 복종하지 않아 오래 불평이 쌓였으니, 서로 알력이 일어나 심하면 혹은 러시아 관헌에 소송을 내기도 하며 목숨을 해하기도 하여 많은 이가 살육되니 위험을 예측할 수 없다. 심하도다, 인심이 바르지 못함이여! 망국의 여생이 국외에 나와서도 또한 서로 화합지 못하는가. 마땅하도다, 나라 망하고 사람 또한 망함이여!5

곧 위 인용문에서는 남북 간의 지방색과 신구 간의 세대 차이로 인한 갈등을 특별히 예로 들면서, 국외로 망명한 망국노의 처지에서도 서로 이처럼 상호 반목하는 현실을 "나라 망하고 사람 또한 망함이여!"라고 몹시 개탄하였다.

중국 상해에서 1914년 연해주로 건너가 1917년 정초에 다시 상해로 귀환할 때까지 이상설의 수하에서 활동한 민충식閔忠植(1890~1978)도 현지 한인사회에서 지방색으로 야기되던 갈등을 심각하게 경험했던 것으로 회고하였다.

---

5 張錫英, 『遼左紀行』手稿本(부산대도서관 소장); 윤병석, 『한국근대사료론』, 일조각, 1979, 108쪽.

이곳에 거주하는 동포가 본국을 떠난 지 오래였고 또는 노령이며 2세들은 아국 시베리아 교화를 받았음인지 모국에 대한 관심이 없고 오히려 신래新來한 동포에게 기우심杞憂心을 가지는 듯하다. 그러므로 위국지사爲國志士들과 협찬 조화가 잘 이루어질 수가 없도다. 그래서 자연적으로 신래한 인사들과는 분파가 되고 만다.[6]

비록 해방 후인 1967년에 기술된 회고담이라 하더라도, 위 기록은 연해주 한인사회에서 직접 활동했던 인물이 기술한 자료라는 점에서 정황적으로 신뢰할 만한 가치가 있다. 위 증언에는 삶의 근거지를 찾아 이주 정착한 선발 이주민과 정치적 이유에서 망명한 후발 한인들 사이에 야기되던 심각한 갈등·알력 양상이 생생하게 감지된다.

심지어 이상설 자신도 내부의 갈등으로 인해 수난과 모욕을 당하는 일도 벌어졌다. 이상설은 1913년 10월 19일 개최된 권업회의 특별총회에서 『권업신문』의 사장 겸 주필을 맡게 되었다. 그러나 그 직후 야기된 출신 지방색으로 인한 파벌 간의 대립과 갈등으로 인해 곧 사퇴하고 말았다. 또 대한광복군정부의 책임을 맡은 정도령도 사임한 것으로 짐작된다.[7]

결국 이상설은 1913년 12월 무렵 독립운동, 한인단체 관련 모든 직함을 버리고 멀리 하바롭스크로 이거하였다. 그곳에서는 한의원을 경영하던 장호문張浩文이라는 사람의 집에 거주하였으며, 러시아의 원동육해군사령부에서 이상설을 고문으로 위촉함으로써 보호와 감시를 병행하였다. 이때 읊었다는 다음 시구가 이 무렵 그가 처했던 고단한 형세를 잘 보여 준다.[8]

---

6 　민충식, 「영구불멸 남십자성」, 필사본, 1967, 11~12쪽.
7 　반병률, 『성재 이동휘 일대기』, 범우사, 1998, 115쪽.
8 　강상원, 『이보재선생약사초안』; 윤병석, 『이상설전』(증보판), 일조각, 1998, 153쪽.

나라에 울고, 집에 울고, 또 내 몸에 우노라
泣國泣家又泣己

이상설은 여러 세력·계파 간의 갈등과 반목을 조정하고 통합을 이룩하기 위해 심지어 남한과 북한 출신의 남녀 간 결혼까지 추진하였다고 한다. 증언에 따르면 우수리스크 외곽 추풍의 육성촌六城村 이춘식李春植 촌장의 딸과 충북 충주 출신으로 연해주에 망명해 있던 독립운동가 김원식金遠植의 결혼을 성사시킨 것이 그러한 사례에 속한다.[9]

## 권업회의 운영과 활동

조국독립을 궁극적 활동목표로 설정한 권업회는 총회에서 선출한 3~9명의 의사원議事員으로 구성되는 의사부議事部가 실질적으로 운영을 맡았다. 곧 회장과 부회장은 총회를 진행하는 형식적·기능적 역할에 한정되었고, 권업회를 실제로 대표하고 운영하는 기구는 합의제로 운영되던 의사부였다. 또 권업회에는 5명으로 구성된 총재단을 두고 중대한 사안에 대한 지도와 의사부의 자문에 응하는 임무를 부여하였다. 1911년 12월 총회에서 추대된 5명의 총재단은 수총재首總裁 유인석을 비롯하여 이범윤·김학만·최재형·최봉준 등 한인사회의 최고 원로급 인물들로 구성되었다.[10]

1911년 12월 총회에서 선출된 의사부 의사원은 이상설을 비롯하여 이종호·김익용(김립)·김니콜라이·이바노비치·이민복·김성무·윤일병·김만송金萬松·홍병환洪炳煥 등이었다. 그 가운데 이종호는 안창호·이갑·

---

9 이용화, 「항일투쟁의 원로 이상설 선생」, 『나라사랑』 20, 외솔회, 1975; 민충식, 「영구불멸 남십자성」, 36~37쪽.
10 한국독립유공자협회 편, 『러시아지역 한인사회와 민족운동사』, 교문사, 1994, 96쪽.

이강·신채호·이동휘 등과 함께 국망 이전에 중국 청도靑島에서 회의를 열어 독립운동 방략을 논의한 뒤 이들과 함께 블라디보스토크로 건너와 항일활동을 벌여 온 신민회의 중진이었다. 특히 그는 조부 이용익李容翊으로부터 물려받은 거금을 독립운동자금으로 쾌척할 만큼 항일의식이 투철한 지사였다. 그밖에 김익용(김립)은 현지 한민회의 중요 인물로서 신망이 컸고, 김성무는 이상설·정재관에 앞서 미주 공립협회에서 파견되어 연해주로 건너온 인물이다. 이상설은 창립 이후 줄곧 의사부를 대표하는 의장을 맡아 실질적으로 권업회를 운영하던 최고 책임자가 되었다.[11]

권업회는 총회와 의사부에서 결의한 사업을 수행하기 위해 13개의 부서를 두었다. 각 부에는 또 부장과 2명의 부원을 두어 적절하게 업무를 관장케 하였다. 참고로 창립 당시 각 부서의 책임자를 보면 다음과 같다.

신문부장 신채호(주필)　　교육부장 정재관　　실업부장 최학만
경찰부장 홍범도　　　　　외교부장 김병학　　검사부장 최문경
통신부장 김치보　　　　　기록부장 이남기　　구제부장 고상준
종교부장 황공도　　　　　경제부장 차석보　　서적부장 김좌두
연론부장演論部長 이범석李範錫

권업회는 각 부서에서 분담, 관장하는 사안을 모두 의사부에 제출토록 하여 의사부 우위의 운영체제를 갖추었다. 각 부의 책임자는 연해주 한인사회의 지도자급 인물들로, 신문부장 신채호, 경찰부장 홍범도, 교육부장 정재관 등과 같이 각기 그 재능에 따라 적절히 업무를 안배하였다. 특히 이들 간부 가운데는 홍범도를 비롯하여 기록부장 이남기, 연론부장 이범

---

11　윤병석, 『국외한인사회와 민족운동』, 일조각, 1990, 187~188쪽.

석 등과 같이 의병장 출신이 상당수 포함된 점이 특기할 만하다. 이러한 점은 명예총재에 유인석이, 그리고 회장에 최재형이 선임되었던 사실과 무관하지 않은 것으로 보이며, 권업회가 지향하던 독립전쟁 방략과 일정한 관계를 갖고 있다고 생각된다. 이상설은 이러한 무장투쟁 노선을 지도하던 대표적인 인물이었다. 후술하겠지만 이상설이 추진하던 대한광복군정부 수립 등과 같은 독립운동 방략은 이와 같은 맥락에서 나온 것이었다.

권업회는 연해주 전역에 걸쳐 지회支會와 그 아래 분사무소分事務所를 설치하여 한인사회를 효과적으로 조직하였다. 노우키예프스크(연추)·바라바시·그로데고보·우수리스크·이만(현 달레네첸스크)·하바롭스크·아누치노·니콜라예프스크(니항) 등을 비롯하여 연해주 한인사회의 중심지마다 지회가 설치되었고, 각 지회도 중앙조직과 유사하게 3~9명의 의사원으로 구성하는 의사부를 두고 그 의장이 지회장까지 겸임하도록 하였다.[12]

권업회는 창립 후 회세 확장과 사업 진척에 따라 회원 수가 크게 증가하였다. 1913년 10월경 총 2,600명이던 회원이 1914년 초에는 6,405명으로 크게 늘어났고 그해 중반 해체기에는 8,579명까지 늘어났다.[13]

이상설이 주축이 되어 결성한 권업회는 연해주 한인사회의 이익을 증진하는 '권업(경제)' 문제와 독립운동을 강력히 추진하는 '항일(정치)' 과제를 동시에 병진하는 활동방략을 취하였다. 그리고 이러한 활동을 통해 궁극적으로는 조국독립을 이룩하려는 데 그 목적을 두었다. 권업회는 종래의 항일단체보다 진일보한 조직과 이념을 갖고 연해주 전역은 물론 북간도와 멀리 동북만 목릉하穆棱河 유역의 한인사회까지 회세를 확장하면서 효과적인 활동을 펴나갔다.[14]

---

12   한국독립유공자협회 편,『러시아지역 한인사회와 민족운동사』, 101쪽.
13   한국독립유공자협회 편,『러시아지역 한인사회와 민족운동사』, 104쪽.
14   윤병석,『이상설전』(증보판), 186쪽.

권업회의 다양한 활동 가운데 특히 기관지『권업신문』발간이 중요한 사업 가운데 하나였다. 이주 한인사회의 규모가 점차 커지고 여러 계통의 민족지사들이 연해주로 집결하게 되자, 한인신문 발간의 요구가 점차로 늘어갔다. 이와 같은 수요를 맞추기 위해 연해주 한인사회에서 발간한 최초의 한글신문은 저명한 망명 언론인 장지연張志淵(1864~1921)을 주필로 하여 1908년 2월에 나온『해조신문海朝新聞』이었다. 이 신문은 얼마 후 폐간되었고, 1908년 11월『대동공보大東共報』가 발간되어 항일언론을 이어갔다. 주 2회 발간되던『대동공보』의 주필은 이강과 정재관 등이 맡았다. 하지만 러시아 당국의 명령으로 1910년 8월 28일 국망과 동시에 이 신문은 폐간되고 말았다. 국치 이듬해인 1911년 5월에 다시 신채호를 주필로『대양보大洋報』를 간행하였으나, 이도 역시 그해 9월에 활자를 도난당하는 등의 열악한 사정으로 폐간되었다.

자료 7-1 권업회에서 발간한 기관지『권업신문』
(1912년 8월 29일 자 1면)

권업회는 창립 직후 언론의 중요성을 깊이 인식하고 그 산하에 신문부를 별도로 설치하고 기관지로『권업신문』을 간행하였다. 1912년 4월 22일 창간된 이 신문은 신문부장 신채호가 주필을 맡아 국치 후의 항일언론을 선도함으로써 미주 본토에서 발행한『신한민보』, 하와이에서 발간된『신한국보』와 더불어 항일민족의식을 고취하던 3대 언론 가운데 하나가 되었다. 이 신문은 재정 압박 등 여러 난관을 극복하고 1914년 9월 권업회의 강제 해산 때까지 지령 3년에 걸쳐 총 126호를 발간하였다.

또 권업회의 연론부演論部에서는 연설회를 비롯하여 기념식·추도회 등 각종 집회를 개최하여 애국심을 고취하는 활동을 벌였다. 매번 대중 모임 때마다 수백 명이 참석하였고, 연설과 강연 등을 통해 민족의식을 고취하고 항일의식을 배양하였다. 이상설도 집회에서 연사로 등장하여 구국의 열변을 토하였다. 예컨대 1912년 2월 28일에 개최된 연설회에서 이상설이 한 구국강연의 요지는 다음과 같다.

> 한인은 옛날부터 파당을 지어 서로 싸우는 버릇이 있으나 이것은 협동의 사업을 파괴하는 것이므로 모름지기 은혐隱嫌의 마음을 베고 사원私怨을 버려 동포가 서로 사랑하여 망국의 치욕을 씻어야 한다.[15]

곧 그는 연해주 한인사회에 만연한 분열과 갈등을 지양하고 애국·구국이라는 대국적 견지에서 모두가 일치단결하기를 역설한 것이다. 이어 4월에 열린 연설회에서도 항일민족의식을 고취하는 열변을 토하였다.

특히 권업회는 1912년 12월 19일 창립 1주년을 맞아 이를 기념하는 행사를 신한촌 한민학교에서 크게 열었다. 총 300여 명 규모의 한인이 참석한 가운데 먼저 의장 이상설이 축사를 하였다. 그리고 검사원 이종호와 정재관의 축사가 이어졌으며, 이근용李瑾瑢이 권업회의 연혁에 대해 보고 겸 연설을 하였다. 그뿐만 아니라 기념식을 축하하기 위한 환등幻燈 가장연극假裝演劇 행사까지 열렸다. 이날 축하 기념식에는 극동총독 곤다지를 비롯하여 연해주 군무지사 마나간, 그리고 경찰서장 등의 러시아 고관들도 축

---

15  한국독립유공자협회 편, 『러시아지역 한인사회와 민족운동사』, 113쪽.

전을 보내어 권업회 행사를 축하해 주었다.[16] 다음으로, 권업회는 조국 독립이라는 목표를 달성하기 위하여 민족교육 진흥에도 심혈을 기울였다. 먼저 블라디보스토크 신한촌에 있던 한인학교인 계동학교啓東學校를 1912년 3월에 한민학교韓民學校로 확장하고 연해주 한인사회의 중추 교육기관으로 삼았다. 블라디보스토크의 한인촌은 일찍이 1870년 항구를 건설할 무렵부터 시내 중심가에 가까운 개척리開拓里에 있었다. 그러나 시내 중심부에 있던 개척리는 경술국치 이듬해인 1911년에 들어와 콜레라 근절 등의 위생 문제를 구실로 러시아 당국에 의해 폐쇄되었다. 그리고 대신에 블라디보스토크 시내 북쪽의 변두리인, 아무르만이 내려다보이는 언덕의 경사지대로 강제 이주시켰다. 한인들은 그 일대를 개척하여 새로운 한인 거주지를 만들고 신한촌新韓村이라 이름하였다. 권업회가 건립한 한민학교는 신한촌이 새로 건설될 때 양옥으로 교사를 신축하여 개교한 것이다. 이후 한민학교는 연해주지역의 한인 민족교육을 상징할 뿐만 아니라, 북간도의 명동학교와 함께 일제 강점기의 민족교육을 대표하는 학교로 자리잡게 된다.

블라디보스토크 외 연해주 각지의 교육진흥 상황은 구체적 자료가 부족하여 정확히 밝히기는 어렵다. 하지만 각지 학교의 설립 취지서 등 『권업신문』에 소개되는 무수한 학교 설립 기사를 통해 볼 때, 한인이 집단으로 거주하는 크고 작은 촌락마다 규모의 차이는 있지만 한인학교가 들어서 민족교육을 시행한 것으로 볼 수 있다. 『대동공보』와 『권업신문』 등에 실린 경술국치 전후 한인학교 설립 관련 기사를 대략 보아도 50여 개교에 이를 만큼 우후죽순으로 건립되었다.[17] 이들 학교는 학생 수가 대체로

---

16 「機密鮮(秘受 제32호)」(1912년 12월 25일, 블라디보스토크 총영사대리 野村基信이 자국 외무대신 桂太郎에게 보내는 문서), '권업회 1주년 기념회에 관한 보고'(일본 외교사료관 소장자료); 『권업신문』 1912년 12월 19일, 「권업회 창립 일주년 기념」.

17 한국독립유공자협회 편, 『러시아지역 한인사회와 민족운동사』, 117~118쪽. 여기에는

20~30명 규모로, 천편일률적으로 민족의식 고취와 실력향상 도모에 설립목적이 있었다. 재정은 영세했고 규모도 보잘것없었지만, 또 러시아 당국의 공식적인 인가를 얻은 것도 아니었지만, 학교마다 민족의식을 고취하는 애국적 교육열기는 그 어느 지역보다도 더 뜨거웠다. 연해주 한인들의 이러한 교육열은 이상설이 주력한 권업회의 민족교육 진흥의 일환이었다는 점에서 그 역사적 의의가 크다.

위에서 언급한 항일민족운동과 더불어 권업회에서는 연해주 이주 한인들의 실질적인 경제력 향상을 지도하기 위한 노력을 병행하였다. 권업회의 사업부서 가운데 실업부實業部와 구제부救濟部가 주로 그러한 업무를 수행한 것이다. 연해주 한인사회에서 농업 이외의 실업은 노동을 기반으로 하는 각종 생업이 대부분을 차지하고 있었다. 가장 주된 일터는 철도와 부두, 어장 등이었다. 품삯은 작업장과 인부에 따라 차이가 있었다. 특히 연해주 일대에는 금광 노동자도 많았다. 40여 곳에 이르는 금광에는 사계절 내도록 머무는 노동자가 1만 명 이상이나 되었고, 또한 계절 따라 이동하는 노동자도 적지 않았다. 이러한 노동 생업의 경우, 비교적 좋은 조건의 일터는 대개 러시아에 귀화했거나 법적으로 거주권을 인정받은 자에게만 주어졌다. 권업회에서는 한인 노동자에게 더 나은 양질의 노동 조건과 권리를 제공하기 위해 '구제'사업을 벌였다.[18]

한편, 권업회에서 추진한 경제력 향상과 구제활동은 독립운동의 새로운 방향을 모색하는 과정에서 도출된 근거지 개척사업과 밀접한 관계가 있었다는 사실이 특히 주목된다. 러시아 관헌과 교섭하여 한인 귀화와 토지 조차租借 등을 중요사업으로 추진하였고, 나아가 그곳에다 상당한 규모의 한

---

연해주에 건립된 50여 개 한인학교의 개황이 도표로 소개되어 있다.
[18] 한국독립유공자협회 편, 『러시아지역 한인사회와 민족운동사』, 122~123쪽.

인을 모아 집단 이주시킴으로써 독립운동 근거지를 개척하였다. 우수리강 국경지대인 러시아 이만의 라브류 일대, 북만주 중러 국경의 항카호 부근 밀산의 이류가 등지의 개척이 권업회 사업과 직접적인 관계를 가졌던 사례라 할 수 있다. 결국 이상설이 추진한 밀산 근거지 개척사업 등은 권업회의 활동 목적 또는 그 방향성과도 밀접한 관계가 있었다는 점에서 상호 관련성이 확인된다.

제2장

# 독립전쟁을 향한 외길

## 대한광복군정부의 건립

### 이만 라브류 일대의 독립군 근거지 개척

1910년 경술국치의 근본 원인은 일제의 무력 때문이었다. 나라를 잃은 이유가 일제의 무력에 있었기 때문에, 나라를 되찾을 수 있는 유일한 방도는 일제와 독립전쟁을 벌여 승리할 때 가능한 것이었다. 1905년 을사조약 늑결 이후 1910년 국망 전후에 민족의 지도자들, 독립운동가 대부분이 독립운동 방편, 방략으로 인식하고 있던 보편적 생각이었다. 이것이 1910년대의 '독립전쟁론'이다.

독립전쟁론이란 일제의 질곡에서 벗어나 민족해방과 조국독립을 달성할 수 있는 가장 확실한 방안이 일제를 상대로 적절한 시기에 독립전쟁을 벌여 승리하는 것이라는 독립운동의 한 이론체계이다. 여기서 독립전쟁을 결행할 '적기'는 정치·경제·사회·문화 등 모든 분야에 걸쳐 계몽운동에서 제시한 근대적인 이념과 방략에 따라 민족의 역량을 향상하면서 시기를 기다리다가 일제가 더욱 세력을 팽창하여 중국, 러시아 또는 미국과 전쟁을 감행하게 되는 시기를 의미한다. 국치 전후 대부분의 민족운동가는 일제가 그 세력이 팽창됨에 따라 반드시 중국을 침략하게 될 것이고, 또 러시아와 대결하거나 미국의 이해와도 대립하게 될 것으로 믿고 있었다. 곧 민족운동가들은 중일, 러일, 미일 전쟁의 발발을 필연적인 사실로 예견하고 있었다. 그 시기가 되면 독립군은 일제와 대적하는 열강과 공동으로 연합전선을 구축하여 독립전쟁을 결행한다는 것이었다.[19]

독립전쟁론을 구현하기 위해서는 그 구체적 실천 방략이 제시되었다. 첫째, 독립전쟁을 위한 기반을 조성하는 데는 무엇보다 일제의 통치력이 미치지 않는 국외에 독립운동 근거지를 건설하는 일이 급선무였다. 이 사업을 주도한 세력은 계몽운동을 전개하던 민족운동가와 항일의병이었다. 서간도의 삼원포, 북간도의 용정, 연해주의 해삼위와 연추, 북만주 밀산 등지가 그러한 대표적인 사례라 할 수 있다. 둘째, 국외 각지에 형성된 한인사회를 자치, 통할할 수 있는 '준정부적' 기능을 가진 자치단체를 결성하는 일이었다. 북간도의 간민회, 서간도의 경학사, 미주의 국민회, 연해주의 권업회 등이 그와 같은 기능을 행사하였다. 셋째, 해외 각지에 이주 정착한 대규모 한인들을 항일민족의식, 독립정신으로 충만한 독립운동 인재로 양성하기 위한 민족교육기관을 설립하는 것이었다. 북간도 용정의 명동학교, 연해주 해삼위의 한민학교를 비롯하여 국치 전후 국외 한인사회 각지에 무수하게 들어서는 크고 작은 한인학교 대부분이 강한 민족주의적 성향을 가졌던 것이 그와 같은 경향성을 보여 준다. 넷째, 민족교육의 진흥과 더불어 민족의식 고취를 위한 동일한 목적에서 해외 한인사회를 대상으로 하는 민족언론을 육성하는 일이었다. 국치 전후 해외 각지에서 발간되는 한인 신문과 잡지 대부분이 이와 같은 시대적 배경과 목적이 있었

---

19  윤병석,『국외한인사회와 민족운동』, 11~12쪽.

다. 연해주에서 나온 『해조신문』・『대동공보』・『대양보』・『권업신문』 등 각종 신문, 미주에서 발간되던 『국민보』 외 각종 한인신문 등이 그러한 범주에 들어가는 대표적인 언론이었다. 마지막 다섯째, 장차 적절한 시기에 일제를 상대로 전면적인 독립전쟁이 벌어질 때, 그 전쟁을 직접 지휘할 독립군 사관, 간부를 양성하기 위한 무관학교를 건립하는 일이었다. 서간도의 신흥무관학교를 비롯하여 북간도 나자구의 대전학교, 하와이 호놀룰루에 건립된 대조선국민군단사관학교 등이 그러한 시대의 경향성을 보여주는 대표적인 무관학교라 할 수 있다.

이상설은 독립전쟁론 구현을 위해 여러 가지 방안을 마련하는 데 심혈을 기울인 대표적인 독립운동 지도자였다. 1906년 북간도 용정으로 망명하여 최초로 국외 독립운동 근거지를 건설하는 한편 명동학교를 열고, 1907년 헤이그 사행 후에는 미주지역에서 통합 한인단체인 국민회를 설립하는 데 노력하였으며, 이어 연해주로 이주한 뒤에는 북만주 밀산에 독립운동 근거지를 마련하는 한편, 연해주 한인사회의 자치단체인 권업회를 조직하는 등 국외 각지에 걸친 그의 일련의 민족운동 궤적이 독립전쟁론 구현을 위한 실천, 노력으로 수렴되고 있었다.

독립전쟁론을 구현하기 위해 이상설이 기울인 노력의 최종 결실이 1914년에 건립된 대한광복군정부였다. 독립전쟁 수행을 전제로 하여 건립된 대한광복군정부는 권업회에서 비밀리에 추진한 무장투쟁 활동과도 밀접한 연관을 맺고 있었다.

연해주 한인사회의 대표적인 자치기관 권업회는 독립군 양성을 본래의 목표로 삼고 있었다. 독립전쟁론의 구현에는 독립군 양성이 전제되어야 했기 때문이다. 그러나, 다른 나라 영토에서 공공연히 군대를 양성하기가 어려웠기 때문에 그 기반이 되는 민족교육 진흥과 농상공업 등 실업권장을 전면에다 내세우고, 독립군 양성사업은 비밀리에 추진하였다. 권업회에서 독립군 양성을 목표로 삼고 사업을 추진한 내용은 다음 몇 가지 사례를 통해 다분히 짐작할 수 있다.

첫째, 독립군 간부를 양성하기 위해 사관학교를 설치하였다는 사실이다. 1913년부터 북간도 왕청현汪淸縣 나자구羅子溝에 권업회의 중요 임원들인 이종호·이동휘·김립金立·장기영張基永 등이 대전학교大甸學校라 부르는 사관학교를 세워 운영하고 있었다.[20] 1913년 3월부터 이종호의 재정 지원으로 나자구에 설립된 태흥서숙泰興書塾을 모체로 무관학교를 세워 이동휘가 주축이 되어 청년자제를 모아 군사교육을 실시한 것이다. 연해주·북간도 각지로부터 모인 생도가 한때 300명에 이르렀다고 할 만큼 일시 번창하였으나, 1차 대전 발발 후 일제의 압박을 받아 1915년 말 폐교되고 말았다.[21] 그 가운데 일부 학생은 노동으로 돈을 모아 학업을 계속할 생각으로 우랄지방의 '벨림이 대공장'으로 가서 집단 취업을 하기도 했고, 또 일부는 북간도 혼춘琿春 대황구大荒溝의 오지에 설립된 북일학교北一學校로 내려와 학업을 계속하였다. 대전학교는 권업회의 독립군 양성 사업과 관련되어 설립된 사관학교였다.[22]

둘째, 권업회가 독립군의 군영지를 확보하기 위하여 중러 국경지대에 대규모 토지 조차를 추진하였다는 사실이다. 앞서 언급한 북만주 밀산 독립운동 근거지 개척과 중러 국경지대의 러시아령인 이만의 라브류 일대의

---

20  이종호의 재정 지원으로 양무학교로 설립된 태흥학교와 이를 토대로 이동휘가 확대 발전시킨 대전학교 양자 간의 긴밀한 상관성을 미루어 1913년부터 대전학교가 시작된 것으로 인정하였다. 한편, 대전학교의 건립 시기를 구체적으로 1914년 전반기(4월)로 보는 견해도 있다. 반병률, 『성재 이동휘 일대기』, 112쪽.
21  연변정협문사자료위원회 편, 『연변문사자료』 5, 1988, 169쪽.
22  한국독립유공자협회 편, 『중국 동북지역 한인사회와 독립운동사』, 교문사, 1997, 74~76쪽.

조차 등이 그것이다. 이러한 토지 조차와 한인마을 건설이 겉으로는 한인의 집단 이주지 개척사업으로 보이지만, 그 실상은 독립군의 군영지를 확보할 목적으로 추진한 사업이었다. 두 곳 가운데 이만의 라브류 조차와 이주사업은 1913년 말부터 시작된 것으로 확인된다.[23] 1913년 12월 『권업신문』에서는 라브류 이주에 대해 다음과 같이 밝혀 그 계획이 이미 구체적으로 진행되었음을 보여주었다.

> 권업회 이만 라브류 농작지는 그동안 여러 가지 사실을 인하여 대규모로 착수치 못하였던 바 요사이에 본항(해삼위 - 필자주)과 및 각 지방 유지인사들이 이 일에 착수하여 영업과 이민을 함께 하기로 의논하여 본항에서 라브류 지단地段을 떼어 달라는 청원이 80여 호에 달하였으므로 지난 금요일에 이종호·한형권 양씨가 청원한 이들의 원호 표를 가지고 이만으로 전왕前往하여 당지 이민국에 등록할 일로 출발하였더라.[24](한자 - 필자)

위 인용문에는 이주 신청 한인 호수가 80여 호에 달하는 것으로 나타나 있다. 그러나 1913년 말의 권업회 결산 보고에는 "라브류 농작지에 456원을 지출하여 황전荒田 7일경日耕을 개간함. 동지에 새로 이주민이 30호"라 하여 당초 예정된 80호에 미치지 못하고 30호 정도가 실제로 이주했음을 짐작할 수 있다.[25] 하지만 이 수치는 이주 개시 직후에 선발된 호수였고, 그 뒤 실제로 이주한 호수는 크게 증가하였을 것으로 추측된다.

권업회에서 추진하던 독립운동 근거지 건설 구상은 중국과 러시아의 접경지에 적지를 선정하여 그곳에 한인구를 집단 이주시키고, 연해주와

---

23  이만 라브류 이주개척에 관한 기사는 『권업신문』 52호(1913.4.13)·53호(1913.4.20)·88호(1913.12.14)·97호(1914.2.8) 등 여러 곳에 산견된다.
24  『권업신문』 1913년 12월 14일, 「라부류 디단 일로」.
25  『권업신문』 1914년 2월 8일, 「포고」.

만주 한인사회의 민력을 토대로 독립군을 양성, 주둔시켜 독립전쟁을 결행하려는 데 그 본의가 있었다.

이상설이 주재하던 권업회에서 이처럼 추진한 독립군 양성을 위한 한인 집단이주와 근거지 구축사업은 그 뒤 독립전쟁이 결행되었을 때 그 역할과 기능을 발휘하였다. 1919년 3·1운동 발발로 분출한 한민족의 독립 열기는 이듬해 봉오동승첩과 청산리대첩으로 상징되는 만주 독립전쟁으로 승화되었다. 1920년 10월 청산리대첩을 마무리한 대소 독립군단이 북정北征에 올라 집결한 곳이 바로 북만주 밀산이었고, 그곳에서 하나로 통합된 대한독립군단을 편성하여 1921년 1월 러시아령 이만으로 넘어가게 된다.[26] 이처럼 만주 독립군이 북정한 목적지 밀산과 러시아 이동 근거지 밀산은 일찍이 이상설이 구상한 독립운동 방략과 밀접한 연관성을 갖고 있었다고 할 수 있다. 곧 이상설과 권업회에서 주관한 밀산과 이만 라브류 개척이 1910년 3·1운동을 계기로 분출한 만주 독립전쟁의 주역인 여러 독립군단을 수용할 수 있는 토대가 되었다.

셋째, 권업회에서는 양군호養軍號와 해도호海島號로 불리는 독립군 양성을 위한 비밀결사를 운영하고 있었다. 양군호와 해도호는 겉으로는 잡화점 같은 상점에 불과하였으나 기실 독립군 양성을 위한 결사였다. 그 가운데 양군호는 블라디보스토크 신한촌의 조창호趙昌浩 집에 '양군호'라는 러시아어 간판을 건 잡화상이었으나, 실제로는 독립군 양성을 위한 비밀활동을 전개하였고, 잡화상의 수입도 군자금으로 전용되었다. 해도호는 북간도 혼춘琿春에 있던 비밀상회였으며, 그 명칭은 연해주의 '해海'와 간도의 '도島'에서 연유하였다. 북간도와 연해주 사이의 중개무역을 표방하였으나, 권

---

26  북만주 밀산과 연해주 이만(현 달레네첸스크)은 중국과 러시아 국경을 사이에 두고 항카호 북쪽으로 약 150km 정도 서로 떨어져 있다.

업회의 중진들인 이종호·김익용(김립) 등이 그 운영을 맡아 실제로는 독립군 양성을 위한 비밀결사로 운영되었다.²⁷

위에서 살펴보았듯이 경술국치 후 이상설은 빼앗긴 나라를 되찾기 위해 독립전쟁을 준비하는 데 심혈을 기울였다. 독립전쟁을 준비하는 자치단체로 권업회를 결성하고, 나아가 독립군 양성을 위한 군영지, 근거지를 건설하던 주역이 이상설이었다. 그가 이처럼 독립전쟁 수행을 위해 심혈을 기울이던 정황은 민충식閔忠植(1890~1978)이라는 인물의 회고 기록을 통해서도 드러난다. 그는 1914년 1월경부터 1917년 1월경까지 하바롭스크 등 연해주에서 이상설의 막하로 활동한 이력을 지닌 인물로, 그 내용을 1967년에 「영구불멸永久不滅 남십자성藍十字星」이라는 제목의 자필 기록으로 남겼다. 그 가운데 이상설이 독립전쟁을 준비하기 위해 독립군영 건설에 노력하던 대목을 소개하면 아래와 같다.

> 선생(이상설 - 필자주)은 아국이 일본과 재전시再戰時는 한국에 대하여 협조를 구할 것이고 한국도 승기발동乘機發動은 물론이다. 그래서 선생은 사고思考하신 목적의 본론을 (러시아 곤닷지) 총독에게 설명하였고 한국인이 귀국 영내와 만주 일원에 망명 내주來住하는 다수 애국자로서 배일활동을 하지만 국부적으로 희생만 거듭될 뿐인즉 필요한 것은 군사교육이므로 군대양성소 설치문제를 발의하시었다. 총독도 즉각 공명共鳴은 하나 만일을 우려함은 소문이 전파되며(면 - 필자주) 국제적 문제가 야기되어 일본은 조기무期 흔단釁端을 일으킬 것이니 차로 인한 시간적 차差가 염려된다는 것이다.
> 그러나 선생은 극비의 방안을 역설하시어 총독이 납득되어 우선 후보지를 시베리아 동북 야블로노이산 북단 르나강(레나강을 가르키는 듯 - 필자주) 상류로 가정假定(이곳은 궁곡窮谷이면서 목재와 광산 지대로 단기短期 가농지可農地이다)

---

27  윤병석, 『국외한인사회와 민족운동』, 208쪽.

이런 곳에 독립군 양성으로 약 천 명씩 정도로 양성할 수 있음은 자연생산물을 득得할 수 있음이라 건물과 기타를 관官이 조달하여 주고 인력과 양도糧道는 독립군이 자작농으로 가득可得할 정도로 할 수 있다는 안을 세웠다.

연습용 병기는 아군俄軍의 구식품 총검 기타 포륜砲輪 등을 이용하는 데는 이것만은 군으로서 불하 형식을 취하는 동시 형식상 가격을 최소한 약 10만 루블(1루블이면 일환 1엔과 동가同價)로 군에 납입치 않을 수 없다고 말로 들은 선생은 이것도 할 수 없다 할 수 없어 이것만은 자부自負하겠다 하시며 이상 약속이 되어서 선생은 하루바삐 실현에 옮기고자 조심하시었으며 문제의 10만 루블을 떠들고 모금을 할 수도 또는 동포들은 빈한할 뿐 기개인幾介人 부자가 있으나 이런 일에는 상의 대상이 못되고 심사궁극에 그래도 애국자라 자긍自矜하는 자 전일 고종제의 신임받은 고관을 지낸 이의 장손인 이모씨(이종호를 가르키는 듯 - 필자주)는 우금右金만은 염출할 수 있으리라. 또는 대사에 협의함도 그를 대우함이라 상의 결정하여 그와 사정 통의通議한 바 이모씨는 쾌히 승낙함으로 난제를 해결되었다 하고 안심하시었다. 이렇게 됨에 따라 사업 실행을 위하여 동지들을 각 부서에 배속을 시작하시었다.28

위 기록의 내용은 다른 자료에서 잘 확인되지 않아 그대로 신뢰하기 어려운 점도 있다. 특히 이상설이 조차를 추진했다는 '시베리아 동북 야블로노이산 북단 레나강 상류' 일대는 치타 이북, 바이칼호 서북방의 중부 시베리아지대에 상당하기 때문에 여러 가지 조건과 환경을 고려할 때 그 사실성이 의심스럽다. 오히려 문맥과 내용으로 보아 권업회에서 추진한 이만의 라브류지역 군용지 조차사업을 가리키는 것으로 자연스럽게 이해된다. 그럼에도 불구하고, 위 인용문에서는 이상설이 비밀리에 군영지를 확보

---

28 閔忠植, 「永久不滅 藍十字星」, 필사본, 1967, 18~22쪽; 윤병석, 『이상설전』(증보판), 156쪽에서 재인용.

하기 위해 러시아 당국과 긴밀히 협의하여 특히 극동총독 곤닷지의 지지를 받아낸 사실 등이 생생하게 기술되어 있다. 구체적인 군용지 확보를 통하여 군사학교 설립과 매기 1,000명 규모의 군인 양성을 제시하고 나아가 러시아 군대의 무기를 불하받아 무장을 갖춘다는 계획까지 구상한 사실 등이 들어 있다. 그리고 거기에 드는 10만 루블 규모의 군자금은 부호 이종호의 협조로 해결하는 방안까지 마련해 놓았을 만큼 구체적으로 계획이 진행된 사실을 기록하였다. 또 위 자료에서는 이상설의 이러한 독립군 양병 계획을 러시아 당국이 승인하고 협조한 이유가 장차 일어날 제2의 러일전쟁에서 독립군이 러시아군과 협조하여 참전하기를 기대한 데 있었다는 점을 분명히 제시해 놓은 점이 주목된다.

### 대한광복군정부의 건립

이상설이 추진한 독립전쟁론 구현을 위한 노력은 1913년 대한광복군정부의 건립으로 그 결실을 보았다. 그 구체적인 건립 시기는 명확히 알 수 없으나, 단편적인 자료와 여러 정황으로 보아 1913년 10월경으로 인정된다.[29] 그리하여 대한광복군정부는 건립 후 얼마 되지 않아 1914년을 맞이하게 되었다. 곧 이 해는 한인의 연해주 이주 50주년을 맞이하여 대대적인 기념행사를 개최하기로 되어 있었다. 마침 러일전쟁 10주년에 해당하는 그해에는 연초부터 러시아 안에서 제2의 러일전쟁이 임박했다는 소문이 떠돌고 그에 따라 여러 가지 조짐이 나타나고 있었다. 계봉우는 1914년에

---

29　반병률, 『성재 이동휘 일대기』, 111쪽. 여기서는 대한광복군정부의 건립시기를 구체적으로 '1913년 10월 말 또는 11월 초'로 한정시켜 제시하였다. 여러 정황으로 보아 그 건립시기는 이동휘가 연해주로 건너오는 1913년 10월 초, 그리고 이상설이 『권업신문』 주필을 맡게 되는 10월 19일 권업회 특별총회와 긴밀한 연관이 있을 것으로 보인다. 곧 대한광복군정부가 건립된 시기는 1913년 10월경으로 인정된다.

들어와 러일전쟁이 다시 일어날 것으로 예상되는 전쟁 위기 고조와 그러한 분위기에 편승하여 대한광복군정부가 건립되던 상황을 다음과 같이 기록하였다.

> 회무(권업회 사무 - 필자주)가 대진행大進行한 중에 기원 4247년 갑인(1914)에 지至하여 아국俄國 경성으로부터 각 지방을 통하여 아일전쟁俄日戰爭 10년 기념회 된 결과로 복수열이 극정極頂에 달하여 다시 개전될 조짐이 비조즉석非朝則夕에 재在함에 이상설·이동휘·이동녕·이종호·정재관 제씨의 주모로 아·중 양령에 산재한 동지를 대망라하여 대한광복군정부를 조직하고 정도령正都領을 선거하여서 군무를 총할總轄케 하니 첫째는 이상설씨요 그다음은 이동휘씨가 되었었다. 군대를 극비리에서 편성하고 중령 나자구羅子溝에는 사관학교까지 설하였으며 또 우리 민족의 아령 이주한 50년 기념대회를 장차 개開하고 그 시기를 이용하여 군자금을 수취하기로 하여 아관俄官에게 그 기념 허가까지 득하였는데 (하략)³⁰

곧 러일전쟁 발발 100주년을 맞이하는 1914년에 들어와 러시아 전역에서 과거 패전의 치욕을 갚고 극동지역에서 패권을 차지하기 위해 대일 복수전의 열기가 팽배하게 되자, 이 기회에 독립전쟁을 결행할 목적으로 이상설과 이동휘 등이 연해주·간도 일대의 독립운동 세력을 규합하여 대한광복군정부를 건립한 사실을 기술한 것이다. 정도령에 피선된 이상설이 대한광복군정부를 대표하여 군무를 총괄하였고, 이어 이동휘가 그다음 직책을 가졌다고 한 점으로 미루어 '부도령'의 자리에 선임된 것으로 짐작된다. 그뿐만 아니라 앞에서 살펴본 북간도 왕청현 나자구에 건립된 무관학교인 대전학교가 대한광복군정부의 독립전쟁 준비와 관련성을 갖고 있다

---

30   뒤바보, 「아령실기(俄領實記)」 9, 『독립신문』 1920년 3월 30일.

는 사실을 비롯하여 실제 독립군을 편성한 사실까지 알려 준다. 한편, 1914년은 연해주 한인 이주 50주년에 해당하는 해이기 때문에 이를 기념하는 행사를 준비하고 그러한 분위기를 살려 군자금을 모금한다는 계획을 세웠다는 것이다.

자료 7-2 대한광복군정부 부도령 이동휘

이상설 등이 주도하여 건립한 대한광복군정부의 성격과 기능에 대해서는 다양한 해석이 가능하다. 1910년 경술국치 후 최초로 수립된 망명정부로 보는 견해도 있고, 단순히 명칭 그대로 군정부로 해석하는 의견도 제기되었다. 이 주제와 관련된 자료가 거의 남아 있지 않고, 더욱이 제1차 세계대전 발발과 더불어 일제와 동맹한 러시아 당국의 탄압으로 인해 대한광복군정부가 미처 활동을 개시하기도 전에 해체되고 말았기 때문에 그 구체적 조직과 성격을 이해하기가 곤란한 데서 기인하는 현상이다. 1914년 시점에서 장차 예상되는 독립전쟁을 지휘할 군정부의 기능과 성격을 지녔던 것으로, 곧 준정부, 망명정부로서의 기능과 군무를 총괄하는 군사령부-군정부-의 기능을 겸비한 것으로 짐작된다.

대한광복군정부는 블라디보스토크에서 주요 민족운동자들이 참여한 '연합대표회'를 통해 비밀리에 건립되었다. 그리고 장차 전개될 '독립전쟁'을 효과적으로 수행하기 위해서 독립운동 근거지와 군영이 산재한 연해주와 서북간도 일대를 3개의 군구軍區로 나누어 독립군(광복군)을 편성하였다. 군정부의 소재지인 연해주를 제1군구로 하고, 북간도와 서간도를 각기 제

2, 3군구로 나누어 설정하였다. 이처럼 편성된 독립군 전군의 지휘 통제는 정도령인 이상설이 맡아 행사하도록 하였다. 이와 같은 편제와 통수 사실을 대한광복군정부의 비서였던 계봉우는 그가 지은 『조선역사』에서 다음과 같이 기술하고 있다.

> 그 당시에 제1차 세계대전이 폭발되지 않았더라면 러시아에서 일본에 대한 복수전이 조만간에 일어날 기미가 보였던 것이다. 그래서 조선인은 중아 양령의 연합대표회를 해항海港(블라디보스토크)에 소집하고 '대한광복군정부'라는 비밀조직이 있게 되었다. 군사적 행동이 필요가 있는 경우에는 민활한 수단을 취하기 위하여 중아 양령을 3개의 군구軍區로 분정分定하였는데, 아령은 제1군구로, 북간도는 제2군구로, 서간도는 제3군구로 지정하였다. 거기에 대한 통제권은 정도령正都領이 파악하였고 그 직위는 이상설이 당선되었나니, 이것은 군사적 통일기관을 형성함에만 깊은 의의가 있을 뿐이 아니다. 재래의 분파심, 자세히 말하면 기호파니, 서도파니, 북도파니 하는 그런 시방적 편견을 아주 근질하려는 거기에 더욱 큰 의의가 있었던 것이다.[31]

계봉우는 또 다른 기록에서 대한광복군정부를 대표하고 독립군 통수권을 가진 정도령이라는 직책의 명칭은 당시 민간에 널리 알려졌던 조선 전통의 비기秘記인 『정감록鄭鑑錄』에서 따와서 민중의 신앙조건에 부합시킨 것이라고 밝혔다.[32] 정도령이라는 명칭이 가진 이러한 성격은 독립전쟁의 범민족 성향을 드러낼 뿐만 아니라, 일제의 군사력에 비해 객관적 조건이 절대 열세에 놓여 있던 입장에서 천지신명의 음우陰佑조차 염원하였던 것으로 볼 수 있을 것이다.

---

31   계봉우, 『조선역사』 3, 필사본, 1936, 47~48쪽.
32   반병률, 『성재 이동휘 일대기』, 112쪽; 박걸순, 『한국독립운동과 역사인식』, 150쪽; 『북우 계봉우 자료집』 1, 독립기념관 한국독립운동사연구소, 1996, 171쪽.

또 계봉우가 위의 인용문에서 대한광복군정부의 건립과 관련하여 그동안 연해주 한인사회의 고질적 병폐로 지목되어 온 '지방적 편견을 아주 근절'한 것이라고 하여 상당한 역점을 두고 평가한 사실도 주목된다. 독립전쟁을 결행하기 위해 대한광복군정부가 건립되어 한인사회 내부의 갈등과 분열을 극복하고 민력을 하나로 결집한 것은 곧 의병전쟁 시기에 국민총력전을 전개하는 과정에서 신분과 계급을 초월하여 민족 구성원 모두가 전쟁에 동참했던 사실과도 흡사한 양상을 보이기 때문이다. 한말 의병전쟁 시기에 전 민족이 공유했던 절박한 국망 위기감이 여러 가지 신분과 계급을 극복하여 하나로 통합하게 만들었듯이, 국치 직후 한민족에게 주어진 조국 독립의 지상과제가 연해주 한인사회 전체를 하나로 통합하게 만들었을 만큼 매우 절박했다고 할 수 있다. 곧 독립군을 통합하여 독립전쟁론을 구현하려던 대한광복군정부의 건립은 당시 독립운동을 전개하는 과정에서 파생되던 다양한 세력과 인맥에 따른 분파성을 극복하고 단결과 통합을 이룩하는 데 기여한 역사적 의의도 결코 간과할 수 없는 것이다.

이상설이 주도한 대한광복군정부가 비밀리에 편성하였다는 3개 군구軍區의 확실한 병력은 알 수 없다. 다만, 중러 양령의 한인을 결속시키고 군사적 통일을 이룩할 무렵, 일제 군경에게 압수당한 「각처군용정세상세各處軍容情勢詳細」라는 독립운동 관계문서에는 국내외 독립군(광복군)의 가용인원과 무장통계가 다음과 같이 기록되어 있다.

ㅇ무송현撫松縣 5,300명. 그 중 강계 포수 4,607명, 그 나머지 해산병 693명. ㅇ왕청현汪淸縣 19,507명. 그 중 산포수 19,000명, 그 나머지 해산병 320명, 또한 그 나머지는 학생임. ㅇ통화通化·회인懷仁·집안현輯安縣 25세 이내 390,073명.

블라디보스토크 주무기관은 이상설이고 (중략) 블라디보스토크 29,365

명이며 모두 창탄槍彈을 가짐. 목하 사범학교 공지를 빌려 밤낮으로 군사 훈련함. 미국지방에서의 주무기관은 박용만이며, 학생 무관으로 교련하는 자는 855명임.³³

중국과 러시아의국경지대, 그리고 미주지역에 산재한 독립군의 규모와 무장력을 총괄하여 제시한 위의 통계수치는 물론 사실 그대로 인정하기 어렵다. 예컨대, 서간도 일대의 통계는 다만 청년 한인구의 분포를 보여주는 것에 지나지 않고, 블라디보스토크의 경우에도 크게 과장된 수치로 기록되었다. 이러한 자료의 근거가 무엇인지도 불확실하다. 하지만 비록 수치상으로는 과장되어 있다고 하더라도 이러한 독립군 무장 형세는 국치 직후 독립전쟁의 분위기가 고조되고 대한광복군정부가 건립되던 무렵, 만주·연해주 일대에 팽배해 있던 독립운동 무장세력의 활발한 경향성을 보여 주는 증좌라는 점에서 그 의의가 적지 않다. 더욱이 서북간도와 연해주 뿐만 아니라 미주 한인사회에서 독립전쟁론을 구현하기 위해 양성하던 민족의 군대가 포함되어 있다는 점에서도 독립전쟁을 결행하려던 전시 분위기가 한인사회에 널리 팽배해 있음을 짐작게 한다.

그러나 대한광복군정부를 통해 달성하려 한 이상설의 독립전쟁 계획과 구상은 곧 중단되지 않을 수 없었다. 1914년 8월 제1차 세계대전이 발발하면서 일제와 연합한 러시아가 연해주 한인사회의 독립운동을 철저하게 탄압하였기 때문이다. 일제의 압력을 받은 러시아 당국의 처분에 의해 권업회를 비롯하여 대한광복군정부 등 모든 독립운동 중추기관과 단체들이 일시에 해산당하고 일체의 민족운동·독립운동은 중단되고 말았다. 그뿐만 아니라 연해주에서 독립운동을 이끌던 중심인물 대부분이 강력한 탄압

---

33  김정주 편, 『조선통치사료』 5, 일본 동경 한국사료연구소, 1970, 665쪽.

을 받아 간도로 이동하고 일부는 활동을 중단한 채 잠적하였다. 계봉우는 이러한 러시아의 탄압에 대해 "로시아에서 게르마니아와의 선전을 포고하던 1914년 8월 1일에 권업회가 해산을 당하고 소위 북도사람 36명이 특별히 48시간 내의 퇴거명령을 받았으며"[34]라고 기술하여 러시아의 대독對獨 개전과 동시에 한국독립운동에 대한 전방위적 탄압이 개시되었음을 알려 준다.

제1차 세계대전 발발 이후 연해주 한인사회에서는 모든 한인민족운동이 철저하게 차단당한 상태로 전쟁 기간 내도록 유지되었고, 1917년 볼셰비키 혁명으로 제정 러시아가 붕괴하고 새로운 사회주의 정체가 등장하면서 한인의 활동이 비로소 재개될 수 있었다. 이처럼 연해주지역에서 민족운동·독립운동이 차단됨에 따라 국외 한인독립운동의 무대는 한인사회의 활동이 비교적 자유로운 서북간도로 그 중심축이 이동하게 되었고, 그 결과 1919년 3·1운동 발발 후 만주 독립군전쟁이 활발하게 펼쳐지게 되었다.

권업회와 대한광복군정부를 통해 독립운동의 방략을 구현하고자 했던 이상설은 1차 대전 발발로 연해주의 정치적 형세가 이처럼 급변하게 되자, 더는 구국활동을 전개할 수 없는 상황에 봉착하였다. 이상설이 연해주지역에서 펼친 독립운동은 이로써 실질적인 종막을 고하게 되었고, 이후 독립운동의 새로운 활동무대를 찾지 않을 수 없었다.

### 신한혁명당의 결성

이상설의 생애에서 1914년은 중요한 의미를 가진 해가 되었다. 1905년 이후 그동안 구미와 연해주 등 해외 각지를 무대로 구국투쟁, 독립운동에 매진해 온 그에게 1914년 제1차 세계대전의 발발은 수난과 고통을 초래했

---

[34] 『북우 계봉우 자료집』 1, 169~170쪽.

을 뿐만 아니라, 그와 동시에 독립을 향한 새로운 희망의 계기로 작용하였다. 대전 발발을 계기로 권업회가 해산당하고 대한광복군정부가 해체되는 등 연해주지역에서 모든 독립운동이 차단됨으로써 더 이상 활동을 지속할 수 없는 상황을 맞이한 것은 그에게는 수난인 동시에 고통이었다. 하지만, 그는 이러한 상황에서 좌절하지 않고 오히려 제1차 세계대전이라는 세계사적 변혁기에 능동적·적극적으로 대응하여 이를 독립운동의 적기로 포착하기 위해 전력을 기울였다. 러시아 연해주를 벗어나 중국 관내지방으로 이동하여 상해와 북경 등지를 독립운동의 주요 무대로 삼게 되는 것이 그와 같은 계획과 구상을 실현하기 위한 방편에서였다. 그 결과로 등장한 것이 신한혁명당의 결성이고, 이 단체를 통한 독립전쟁론 구현 노력이 이상설이 필생 기울인 독립운동 노력의 최후 결실이라 할 수 있다.

이상설이 중국 상해로 이동한 시기는 구체적으로 확인할 수 없다. 1915년 3월경 상해의 영국조계 서북천로西北川路에 있는 배달학원倍達學院에서 국내외 지사들이 함께 모여 독립운동에 관한 방략을 협의할 때 이상설이 참여하고 있는 점으로 보아 1914년 말이나 1915년 초에는 이미 그곳으로 옮긴 것으로 짐작된다.[35] 그 회의에는 연해주에서 옮아간 이상설 외에 상해에 있던 박은식과 신규식을 비롯하여 청도青島에서 간 조성환, 연해주에서 간 유동열, 국내에서 간 유홍렬劉鴻烈 등이 참석하였다. 이들은 제1차 세계대전의 추이를 분석하고 국내와 국외를 연결하면서 광복군을 무장시켜 독립전쟁을 추진할 방략을 협의한 결과 신한혁명당新韓革命黨(신한혁명단이라고도 함)이 탄생하였다.

신한혁명당 출범 배경에는 앞서 언급한 대로 제1차 세계대전 전세의 추이를 예견하고 이를 독립전쟁 결행의 적기로 활용하려 했던 구상이 깔려

---

[35] 김정주 편,『조선통치사료』5, 629~671쪽.

있다는 점이 특히 주목된다. 즉 동양에서는 일제에 의해 청도가 함락되어도 구주전쟁은 독일이 확실히 승리할 것이며, 일본이 중국에 지나친 요구를 제시할 것이므로 중국 관인이 원망해서 독일과 결탁하여 일본과 결전하게 될 것이라고 정세를 예견하였다. 아울러 영국 · 미국 · 러시아 등도 이에 합세할 것이며, 따라서 일본은 고립될 것이 분명하니 이를 독립 회복의 적기로 활용하려 하였고, 이러한 판단하에 광무황제를 옹립하여 한국의 독립 계획을 수립하기로 결의하고 이를 실천하기 위한 활동조직으로 신한혁명당이란 비밀단체를 결성키로 한 것이다.[36]

신한혁명당은 본부와 지부를 두고 본부에는 재정부 · 교통부 · 외교부 등의 부서를 두었다. 이상설은 신한혁명당을 실질적으로 이끄는 본부장에 추대되었고, 북경에 그 본부를 두기로 하였다. 그리고 중국의 상해 · 한구漢口 · 봉천奉天 · 장춘長春 · 안동安東 · 연길延吉과 국내의 서울 · 원산 · 평양 · 회령 · 나남 등지에 지부를 설치하였다. 신한혁명당의 간부로는 외교부장에 성낙형成樂馨, 교통부장에 유동열柳東說, 재무부장에 이춘일李春日, 감독에 박은식을 비롯해 상해 지부장에 신규식, 장춘 지부장에 이동휘李東輝, 연길 지부장에 이동춘李東春, 회령 지부장에 박정래朴定來, 나남 지부장에 강재후姜載厚가 각각 선임되었다.[37]

이상설은 신한혁명당의 조직과 기구를 갖추게 되자 독립전쟁 구현을 위해 본격적인 활동을 전개하였다. 이를 위해 군자금의 수집과 아울러 국내외에서 가능한 많은 단원을 규합하고 또한 서울의 덕수궁에 유폐되어 있던 광무황제를 당수로 추대하여 이 사업을 유기적으로 확장코자 하였

---

[36] 강영심,「신한혁명당의 결성과 활동」,『한국독립운동사연구』2, 독립기념관 한국독립운동사연구소, 1988, 11 · 13쪽.

[37] 윤병석,『1910년대 국외항일운동 1 - 만주 · 러시아』, 독립기념관 한국독립운동사연구소, 2009, 191쪽.

다. 외교부장 성락형 등이 이를 위해 국내에 들어오고 조성환 등은 서간도로 출발하였다. 이상설은 유동열과 함께 북경으로 가서 서단패루西單牌樓 93번지 김자순金子順의 집에 본부를 차려 본격적인 활동에 들어갔다.

이상설은 신한혁명당이 수행할 독립전쟁의 군사적 토대로는 앞서 언급한 대한광복군정부가 비밀리에 조직한 독립군 세력을 활용하려 했던 것으로 보인다. 1차 세계대전 발발로 권업회의 해산과 동시에 대한광복군정부의 활동도 저지되어 독립전쟁 결행이 무산되고 말았지만, 이 조직을 주도했던 이상설 등이 신한혁명당 결성에 중심역할을 하면서 그 군사적 기반이 신한혁명당의 군비로 전환되었다. 신한혁명당은 이러한 군사적 기반을 적극적으로 활용하여 독립전쟁을 위한 군비를 마련할 수 있었으며, 이를 토대로 독립전쟁 발발에 대비한 국내 국경지역 진공계획까지 수립하게 되었다.[38]

이상설은 서울 덕수궁에 유폐되어 있던 광무황제를 옹립하여 신한혁명당의 당수로 삼으려고 하였다. 이와 같은 사실은 이상설이 견지했던 전제군주제적 보황수의 사상을 보여 주는 한 단면으로도 이해할 수 있을 것이다. 이상설에게 광무황제에 대한 군신의 의리는 최고의 가치였다. 그는 헤이그 사행때부터 광무황제의 구국명령을 충실히 수행하였으며, 이후 1917년 서거할 때까지 황제에 대한 충심을 지니고 군신의 의리를 저버리지 않았다. 그러므로 그의 정체론은 입헌군주제의 단계를 크게 벗어나지는 않았던 것으로 이해된다. 시기적으로도 그렇고, 이상설 개인의 의리정신으로 보아도 그러하다.[39]

또 중국에서 황제 권력을 지향하던 원세개袁世凱의 정치적 지향성과 동조함으로써 연합전선 구축에 유리하였을 뿐만 아니라, 전 민족적 단합과

---

[38] 강영심, 「신한혁명당의 결성과 활동」, 19쪽.
[39] 박걸순, 「이회영과 이상설의 독립운동론과 독립운동 비교」, 『동북아역사논총』 64, 동북아역사재단, 2019, 112쪽.

독립운동 전선의 통일을 기해 민족의 전력을 합일하는 데 광무황제의 지도력이 크게 유용할 것으로 기대하였기 때문이었다. 그리하여 신한혁명당과 광무황제 사이의 접촉은 성낙형이 전담하였다.

국내로 파견된 성낙형의 주된 임무는 광무황제에게 신한혁명당의 독립운동 방략과 그에 따른 계획을 알리고 그로부터 중국 정부와 '중한의방조약中韓誼邦條約'을 체결하기 위한 위임장을 받아오는 일이었다. 이 조약은 장차 승전국이 될 것으로 예상한 독일 정부의 보증 아래 중국의 실권을 가진 '대총통'과 한국의 망명정부적 기능을 가진 신한혁명당 사이에 사전에 군사동맹을 체결하여 독립전쟁에 대비하기 위한 것이었다. 그 조약안의 전문은 다음과 같다.

### 중한의방요약中韓誼邦要約 안案

제1조. 중한은 사천 년 이래 역사상의 정의情誼와 지리상 순치적 관계를 가진 고로 양국의 원수인 자는 동서의 대세를 관찰하고 안녕을 유지하기 위하여 이에 본 조약을 체결함.

제2조. 대중화민국 대총통은 의방국誼邦國 대총통으로서 정할 사.

제3조. 한국 ㅇㅇㅇ은 의방국 ㅇㅇㅇ로 정할 사.

제4조. 대독일 대황제는 중한 의방誼邦의 연대보증국 대황제로 정할 사.

제5조. 중국은 한국혁명에 대한 일체의 사건에 대하여 정의로써 도울 사.

제6조. 대독일의 중한 의방에 대해 보증하는 이유로서 중한 양국이 조약에 위반할 경우에도 그를 보증할 의무와 권리를 확실히 지키고 잃지 아니할 사.

제7조. 중국은 한국혁명이 일어날 때 군기軍機 혹은 재력을 도와 중급 군관을 파견하여 전력을 원조할 사.

제8조. 한국혁명을 일으킬 때 재정·군기에 부족이 생길 우려가 있거나 또는 보증保證인 독일에 도움을 청구할 경우는 중국은 의방誼邦인 자격으로써 독일에 대하여 혹은 권고 혹은 담보를 할 사.

제9조. 독일은 한국혁명을 도울 것으로써 의방인 중국으로부터 권고 혹은 보증을 받는 경우에는 상당하게 원조할 것. 그 도움을 받아 한국혁명이 성공할 때에는 독일은 도와준 재정 및 군기를 계산하여 정식 국채로써 계속할 것. 단 이자는 계상하지 않고 상환기한은 30년을 넘지 않을 사.

제10조. 중한 양국은 독일의 보증에 대하여 감사의 뜻을 표하기 위하여 동서에 있어서 우등권優等權을 양도할 사.

제11조. 한국혁명의 성공 후 중국은 한국의 내정에 용훼容喙하지 않을 것. 단 의방인 의무로서 세관 혹은 철도 등의 사업에 관하여 기수技手 혹은 번역원飜譯員을 고용할 사.

제12조. 한국혁명의 성공 후 중국의 영토에 식민殖民하고 혹은 해군 근거지를 청구할 경우는 강제로써 하지 않고 정의情誼로써 할 사. 조차 기한은 50년을 넘지 않을 사, 중국도 역시 한국에 대하여 그러할 사.

제13조. 중한 양국은 각 조약을 지키고 영토를 침해하지 않을 사.

제14조. 독일은 중한 양국에 대한 보증인 것을 구실로 중한 양국의 영토를 까닭 없이 침해하지 않을 사.

제15조. 중한 양국은 국가의 편리를 위하여 각각 공사를 파견하고 명칭을 의방대사誼邦大使로 정할 사.

제16조. 중한 양국은 영사를 두고 각 인민을 보호할 사.

제17조. 한국혁명의 목적을 달성하지 못할 경우에는 중국은 그 혁명에 있어서 중요한 인물에게 상당한 지위를 부여하여 보호할 사.

제18조. 본 조약은 한국혁명사업 착수 전에는 이를 비밀에 부쳐 성공 후 정식으로 세계에 공포할 사.

**제19조. 본 조약은 한국혁명사업 착수 전에는 중국·한국·독일의 중요한 인물 간에 있어서만 사결私結하고 성공 후 각 정부의 원수가 이를 계승하여 공포할 사.[40]**

---

40   김정주 편, 『조선통치사료』 5, 657~659쪽.

모두 19개 조에 달하는 위 조문의 핵심 내용을 보면, 장차 독립군에 의해 한국의 독립전쟁이 발발할 경우 중국 정부는 무기·병력 등 군비를 동원하여 한국을 원조하는 내용(제7조)을 골자로 하고, 또 무기와 군비의 부족으로 보증국인 독일의 도움이 필요한 경우 중국 정부는 독일 정부에 대해 한국의 독립전쟁을 지원토록 주선해 준다(제8조)는 것이다. 중국의 국가 원수인 대총통과 한국의 황제가 이와 같은 조약에 서명하되, 장차 승전국 지위를 갖게 될 독일의 황제가 이 조약의 이행 의무와 책임을 보증하는 것(제6조)으로 규정하였다. 곧 한국이 일제를 상대로 독립전쟁을 벌이게 될 때, 공동의 이해관계를 가진 중국과 독일이 한국의 독립전쟁을 지원하는 방안을 비롯하여 그 과정과 결과에 따르는 부수적인 내용을 세부적으로 규정한 것이다. 독일은 조약의 이행에 보증을 서는 대가로 한중 양국 내에서 경제적 이권을 보장하는 우월한 지위를 갖는다고 명문화하였으며(제10조), 또 독일이 한국 독립운동을 군사적·재정적으로 지원하여 한국이 독립을 이룩하는 경우에 한국은 그 가치를 계상하여 30년 이내에 이를 보상하도록 규정(제9조) 명기하였다. 그뿐만 아니라 이 조약에는 독립전쟁의 승리와 그에 따른 한국의 독립을 예상하고, 중국이 독립전쟁 지원을 구실로 한국의 내정을 간섭할 수 없도록 한 규정(제11조)도 있다.

이상과 같은 중한의방조약은 그 규정 내용과 범위로 보아 당시 국제정세를 고려할 때 실현 가능성이 매우 희박하였다. 더욱이 마지막 19조에서 "한국혁명사업 착수 전에는 중국·한국·독일의 중요한 인물 간에 있어서만 사결私結하고 성공 후 각 정부의 원수가 이를 계승한다"는 규정으로 보아 관련국 정부, 원수 간에 정식 조약을 체결하는 것이 아니라 독립전쟁 수행을 위한 절급한 방편으로 이러한 조약안을 통해 관련 당사자들이 편의상 임시 서명하는 것으로 추진한 사실을 짐작할 수 있다. 그동안에

자료 7-3 이상설이 독립전쟁 결행을 위해 옹립하려 한 광무황제

는 비밀에 부치고 독립이 이룩된 뒤 정식 조약을 맺고 이를 공포한다는 것이다.

국내로 파견된 성낙형은 황실 측근의 여러 인물과 접촉하여 많은 동지를 얻었다. 또한 1915년 7월 26일에는 내관內官 염덕신廉德臣을 통하여 덕수궁에서 제1차로 광무황제에게 이상설이 성낙형 등과 함께 국권회복을 위해 추진하는 내용의 서찰과 관계 서류를 전달하였다. 이어 황제는 외교부장 성낙형의 알현까지 윤허하였다. 한편, 중국에서도 신한혁명당의 간부들이 앞장서 원세개 총통을 비롯하여 조병균趙秉均·장훈張勳·장작림張作霖·단지귀段芝貴·전능훈錢能訓·양사기楊士奇 등 조야 인사들과 조약 성사를 위해 교섭을 벌였다.⁴¹

하지만, 이상설이 신한혁명당의 본부장이 되어 국내외에서 활동을 전개하던 중 국제정세는 예상과 다르게 전개되었다. 유럽 전선에서는 대전의 전황이 독립운동에 유리하다고 판단한 독일의 승리는 멀어져 갔고, 극동에서는 일제가 오히려 연합군의 일원으로 가담하여 국제적 지위만 높아가는 형세가 벌어졌다. 중국은 자국 내의 복잡한 정쟁으로 인해 일제와의 결전은 불가능한 상황에 놓였다. 결국 독립전쟁 결행의 전제가 되는 세계대

---

41    김정주 편,『조선통치사료』5, 652~653쪽.

전의 전황과 국제정세가 이상설이 기대하고 예상했던 방향과는 크게 틀어진 것이다.

이처럼 고단한 형세에 설상가상으로 국내에서 활동하던 신한혁명당 간부 대부분이 일제 군경에게 발각되어 체포되고 말았다. 외교부장 성낙형을 비롯하여 김사준金思濬·박봉래朴鳳來·염덕신 등이 동지를 규합하면서 광무황제와 왕자 이강李堈까지 연락을 취하고 활동하던 중 일제 군경에 의해 1915년 7월 이후 모두 투옥되고 말았다. 조선총독부가 중시하던 1915년 '보안법위반사건'의 진상이 바로 이것이다.

이로써 이상설이 전면에서 주도한 독립운동 단체인 신한혁명당의 세력은 급격하게 위축되어 더 이상 활동을 지속할 수 없었다. 소위 보안법위반사건의 중심 단체인 신한혁명당의 실체와 성격을 대한광복군정부와 연결 짓는 문제는 향후 이 분야 연구에서 중요한 과제라 할 수 있다. 그럼에도 불구하고 대한광복군정부나 신한혁명당 모두 이상설이 전면에서 그 조직과 활동을 주도했고, 양자의 독립운동 지향성과 방략이 독립군에 의한 독립전쟁 결행에 있었다는 점 등에서 두 단체·기관 사이에 긴밀한 상관성을 확인할 수 있다.

을사조약 이후 헤이그 사행을 거쳐 국외 각지에서 독립운동을 전개한 이상설이 1909년 연해주에 이주한 이래 경술국치 직전에는 조국 병탄을 막고자 십삼도의군을 편성하였고, 병탄 직후에는 성명회를 결성하여 일제의 불법성을 폭로하면서 국제적으로 그 무효를 선언하였다. 이어 조국 멸망이 현실화된 상황에서는 조국 독립을 이룩하고자 독립운동 자치결사인 권업회를 결성하였을 뿐만 아니라 1914년 러일전쟁 10주년을 맞이한 시점에서는 독립전쟁을 결행할 주체로 대한광복군정부를 결성하여 독립군을 편성하였다. 끝으로 제1차 세계대전 발발로 인해 연해주에서 민족운동이 더 이상 불가능하게 되자, 중국 관내지방으로 활동무대를 옮기고 새로운 독립운동의 방략을 설정하여 제1차 세계대전 발발을 기회로 독립전쟁론을 구현할 주체로 신한청년당을 결성하였던 것이다. 하지만, 시간의 경과에 따라 국제정세가 예상과 달리 절대 불리해지는 상황에서 안타깝게도 독립전쟁을 수행할 방도는 현실적으로 멀어져만 갔다. 이처럼 이상설은 시간의 변천에 따라 주어진 시대 상황과 조건에 상응하면서 조국 독립을 이룩하기 위해 다양한 방략으로 혼신의 노력을 기울였지만 소기의 성과를 거둘 수는 없었다. 하지만, 그가 수행하려 한 역사적·민족적 과제를 해결하는 데는 국제적 정세와 시대적 환경 등 객관적으로 주어진 조건에서 명백히 한계가 있었다고 할 수 있다. 곧 이러한 한계는 비단 이상설만이 아니라 당시 고단한 형세에 놓였던 한민족 모두에게 주어진 역사의 고통이었다. 그럼에도 불구하고, 한민족의 참담한 현실과 역사적 모순을 타개하기 위해 백절불굴百折不屈의 노력과 정성을 기울인 이상설의 독립정신은 곧 한민족의 영광된 앞날을 담보하는 희망의 등불인 동시에 역사의 존엄을 수호하는 민족혼의 정수였다.

제 8 부
# 구국의 의혼義魂

제1장

# 달이 지는 소왕령

젊어서부터 병약하던 이상설은 특히 양생에 정성을 쏟았다. 학업에 전념하던 17세 때는 병고로 인해 한때 강원도 산중에 입산한 뒤 짐승의 생혈로 양생한 끝에 가까스로 건강을 되찾은 적도 있었다. 1907년 헤이그 사행 이래로 10여 년을 풍찬노숙하면서 오로지 독립운동에 매진하던 고단한 역정歷程으로 인해 그는 결국 건강을 잃고 병석에 누웠다. 특히 대한광복군정부의 독립운동 구상이 좌절된 데 이어 신한청년당의 독립전쟁 계획마저 수포로 돌아가게 됨으로써 이상설은 크게 낙망하지 않을 수 없었고, 그로 인해 그동안 누적된 심신의 피로가 극에 달하여 병마를 가져오게 된 것이다.

신한청년당 활동이 좌절된 후 중국 관내지방을 떠나 다시 연해주로 건너온 이상설은 연해주의 수부인 하바롭스크에 안착하였다. 이때가 1915년 말 무렵으로 짐작된다. 그곳에서 병석에 눕게 되어 1년 동안 투병하였으나 병세는 더욱 악화하여 급기야 피를 토하는 중병에 이르고 말았다. 이에 의사와 측근 동지들의 권유에 따라 기후가 온화하고 한인들이 많이 모여 있던 남쪽의 우수리스크(쌍성자, 소왕령)로 거주지를 옮기고 정양靜養에 힘썼다. 병석에 있으면서도 이상설은 조국광복의 일념하에 어려서부터 특별한 친분을 지닌 이회영·이시영 형제를 비롯하여 조성환·이동녕 등의 동지·지사들과 끊임없이 연락하며 독립운동 방략을 협의하는 등 바쁜 나날을 보냈다.¹

1917년 초두에 들어와 차디찬 날씨 가운데 병세가 악화하였다. 이에 측근 인사들은 극비리에 고국에 연락을 취해 부인 달성 서씨와 아들 정희庭熙 등 가족을 오게 하였다. 국사를 위해 가정을 희생하고 1906년 고국을 떠난 이래 11년 만에 가족을 만난 것이다. 하지만, 이후 병세는 급속히 악화하여 1917년 4월 1일(음 윤이월 10일)² 가족과 지인 동지들이 지켜보는 가운데 이역만리에서 향년 48세로 운명하고 말았다.

구국의 의혼義魂 이상설은 임종에 앞서 다음과 같이 비장한 유언을 남겨 후인의 심금을 울렸다.

> 동지들은 합세하여 조국광복을 기필코 이룩하라. 나는 조국광복을 이룩하지 못하고 이 세상을 떠나니 어찌 고혼인들 조국에 갈 수 있으랴. 내 몸과 유품, 유고遺稿는 모두 불태우고 그 재마저 바다에 날린 후에 제사도 지내지 말라.³

이 유언에는 필생의 염원인 독립을 이룩하지 못한 데 대한 유한이 깊게 배어 있다. 그러므로 신체도 화장하여 재로 뿌리고, 모든 유품과 유고도 불태울 것을 유언한 것이다. 심지어는 광복되기 전까지 제사조차 지내지

---

1  강상원,『이보재선생약사초안』; 윤병석,『이상설전』(증보판), 일조각, 1998, 185쪽.
2  최근에 나온 연구성과에 의해 이상설이 서거한 정확한 날짜(1917.4.1)가 확인되었다. 박걸순,『한국독립운동과 역사인식』, 역사공간, 2019, 167~169쪽.
3  윤병석,『이상설전』(증보판), 185쪽.

말 것을 명하였다. 서릿발같이 차갑고 매서운 유명이었다.

이상설의 임종은 가족 외에 이동녕과 조완구趙琬九·백순白純·조용철趙用哲·김완수金完洙·이민복李敏馥 등 독립운동 동지·후배들이 함께 지켜보았다. 이들은 이상설이 남긴 유명을 받들어 만주 나자구에서 발원하여 우수리스크로 흘러드는 수분하(수이푼) 강변에 장작더미를 쌓아 시신을 화장한 뒤 재로 날려 보냈다. 그리고 그가 남긴 유품·유고를 모조리 거두어 불태웠다. 독립을 이룩하지 못한 자신에게 무한 책임을 묻고 모든 삶의 흔적을 지우고자 한 것이다. 죽음에 임해서조차 오로지 조국과 민족만을 향하던 그의 매서운 일념에 숙연히 가슴이 저며온다.

제2장

# 후인의 논찬

이상설은 1917년 48세로 작고하였다. 1919년 3·1운동이 일어나고 전 민족의 독립 염원을 안고 대한민국 임시정부가 수립되기 두 해 전의 일이다. 독립운동계에서 그가 보여준 뛰어난 포용력, 지순고결한 독립열정, 그리고 국제적 안목과 시대적 감각을 바탕으로 한 탁월한 지도력 등을 생각할 때 '독립운동계의 대부'였던 이상설의 죽음은 참

자료 8-1 미주 한인사회에서 발간한 『신한민보』의 이상설 애도기사(1917년 5월 31일)

으로 애석한 일이 아닐 수 없다. 그의 지도력이 몇 년 더 연장되었더라면 3·1운동 이후 독립운동계의 지형과 판세가 크게 달라졌을 것으로 가정하게 되는 까닭이기도 하다.

이상설이 작고한 뒤 후인들에 의해 그를 추모하는 논찬이 이어졌다. 우

선, 미주에서 발간되던 『신한민보』에서는 부고를 전해 듣고 그를 추모하는 글을 연속해서 실었다. 「헤이그 평화회에 갔던 이상설 군의 장서」라는 제하에 3회에 걸쳐 대대적으로 그의 죽음을 보도하면서 일생 행적을 소개하였다.[4] 이어 그의 서거를 애도하여 「이상설 공을 조상」이라는 제하에 다음과 같이 애절한 추도문을 실었다.

> 시베리아의 바람이 급하고 오소리강의 물결이 목매이니 오호라! 우리 공이 길이 갔도다. 만리 사절이 바다를 건널 때는 천년 국장國章이 땅에 떨어진 날이라 성패야 어찌 논란하리오. 충의를 깊이 공경하노라. 공은 몸을 바쳤거늘 우리는 몸을 보존하였나니, 한 줌의 차는 눈물이 실로 공을 위로함이 아니요 스스로 슬퍼함이로다. 지금 반도에 명월이 달렸나니 공의 영혼이 항상 임하소서.[5]

'반도의 명월'에 가탁假託하여 이상설의 드높은 애국충절을 기린 글이다. 여기서 더 나아가 "한 줌의 차는 눈물이 실로 공을 위로함이 아니요 스스로 슬퍼함이로다"라고 하여 민족 구성원 모두가 그의 충의를 본받아 민족 수난의 참담한 현실과 이를 타개할 역사적 책무를 자각하기를 촉구한 것이다.

이상설이 1906년 처음 국외로 망명하여 독립운동 근거지를 구상하고 서전서숙을 세워 독립운동 재원들을 양성했던 용정에서도 그가 서거한 뒤 추모회를 열었다. 곧 1917년 8월 15일 용정의 명동촌에 있던 명동학교에서 교장 김약연金躍淵을 비롯하여 25명의 관련 인사들이 모여 이상설을 비롯하여 백규삼·이갑 등의 추도회를 개최하였다. 이로 인해 김약연은 간

---

[4] 『신한민보』 1917년 5월 10·17·24일, 「헤이그 평화회에 갔던 이상설군 장서」.
[5] 『신한민보』 1917년 5월 31일, 「이상설공을 조상」.

도파출소로 끌려가 취조를 당하기도 하였다.⁶

한편, 연해주에서 이상설과 함께 독립운동을 벌였던 안중근은 하얼빈의거 후 일제 검찰로부터 신문을 받을 때 당대 인물을 평론하는 가운데 이상설에 대해서는 특히 다음과 같이 극도로 칭송하였다.

> 이 분의 포부는 매우 크며 세계대세에 밝고 동양시국을 간파하고 있다. 이범윤과 같은 인물 만 명을 모아도 이상설 한 분에 못미칠 것이다. (중략) 수차례 만나서 그 인물을 보니 기량이 크고 사리에 통하는 큰 인물로서 대신大臣의 그릇으로 부족함이 없었다.(1909년 11월 29일 제3회 신문시)
>
> 세계대세에 통하고 애국심이 강하며 교육발달을 기도하고 국가 백년대계를 세우는 사람은 이 분일 것이다. 또한 동양평화주의를 갖는 점에 있어서 이 분과 같이 친절한 마음과 뜻을 가진 사람은 참으로 희귀할 것이다.(1909년 12월 2일 제5회 신문시)

무릇 안중근은 이상설이 국제정세에 밝고 도량이 큰 인물이라고 극히 존숭하였다. 나아가 강한 애국심과 구국교육의 성력을 가지고 국가 백년대계를 세울 수 있을 만큼 고매한 인품과 탁월한 역량을 가지고 있다고 인정한 것이다.

또한 이상설의 죽마고우로 어려서 함께 공부한 뒤 관인으로 출세한 이범세는 이상설의 부음을 듣고 「애보재哀溥齋」라는 제하에 장문의 추도시를 남겼다. 그 가운데 한 구절을 소개하면 아래와 같다.⁷

---

6　박걸순, 『한국독립운동과 역사인식』, 166쪽.
7　최기영 편, 『헤이그특사100주년기념자료집』 1, 독립기념관 한국독립운동사연구소, 2007, 152쪽.

| | |
|---|---|
| 나라 떠나 표연히 대양 건너니 | 去國飄然涉大洋 |
| 외로운 신하의 심사 아득도 하구나 | 孤臣心事轉蒼茫 |
| 가슴속 품은 정성 동지를 부르고 | 腑肝輪悃招同志 |
| 허리춤 감춘 국서 열강에 호소하였다 | 衣帶藏書愬列强 |
| 바다를 메움에 미력으로 되리오만 | 塡海固知微力盡 |
| 단신으로 하늘을 떠바치려 하였구나 | 擎天直欲隻身當 |
| 마침내 피 토하고 중도에 죽으니 | 竟令嘔血中途死 |
| 오십도 안 된 목숨 더욱 더 슬프도다 | 壽未五旬重可傷 |

이범세는 헤이그를 사행한 이상설이 비록 구국의 혈성을 가졌지만, 국제정세나 시대여건으로 보아 독립 달성이 불가능했던 상황이라는 점을 인정하였다. 단신으로 바다를 메우는 일이 불가능한 줄 뻔히 알았던 그가 오히려 단신으로 하늘을 떠받치려 했다는 비유가 이를 알려 주는 구절이다. 독립운동 중도에 이상설이 서거한 것은 이처럼 고단한 독립운동의 현실과 그 고초 때문이라고 하여 그를 애달파 한 것이다.

앞에서도 언급하였듯이 저명한 국학자인 위당 정인보는 일제 강점기에 이상설의 독립운동 공적과 그 인품을 숭모하여 전기를 짓고자 하였다. 그러나 관련 자료를 모을 수가 없어서 중도에 포기하고 대신 그의 생애와 업적을 압축하여 장문의 오언율시로 남겨 놓았다. 정인보는 시의 해제에서 "보재 이공이 이미 돌아가셨다. 내가 전기를 짓고자 하나 남기신 자료가 없어 괴롭다. (중략) 하신 일을 찾아 옛일을 더듬으니 더욱 돌아가신 일이 슬프구나. 애오라지 고시 한 편을 지어 치재(이범세), 송거松居(李喜鍾, 1876~1941) 두 분에게 보여 함께 대부對賦를 구한다. 혹 이런 감개感慨를 남겨두면 쓸쓸하지는 않을 것이고 다른 날 캐고 엮은 자료가 되어 의당 마침내 전기가 이루어질 것이다"라고 하여, 뒷날 전기가 간행되기를 고대하면서 자신이 지은 시가 그 자료가 되기를 소망하였다. 정인보의 추모시는 이상설이 1905년 을사조약 반대투쟁으로 독립운동에 투신했을 때부터 1917년 연해주에서 타계할 때까지 12년간의 활동 궤적을 읊은 것이다. 그 가운데 이상설의 서거와 애국열정을 가장 함축적으로 표현한 후반부 구절을 소개하면 다음과 같다.[8]

| | |
|---|---|
| 임종에 이어지는 큰 탄식 | 臨沒絫太息 |
| 외로운 신하의 한 가슴에 맺혀 | 孤臣恨膈噎 |
| 부탁건대 죽으면 화장을 하여 | 顧託死投火 |
| 그 재를 어두운 바다에 뿌려주오 | 揚灰向溟渤 |
| 스스로 원고를 불태움은 | 自取殘藁焚 |
| 일생의 행적을 전하지 못하게 함이로다 | 無爲傳故實 |
| 영정까지 없앴으니 | 剗盡無留影 |
| 뒷날 이름조차 남기지 않게 함이로다 | 幷揃後名畢 |
| | |
| 쌓여있는 속뜻을 헤아리면 | 諒其蓄積絫 |
| 어찌 용렬한 선비의 지조에 비기리오 | 豈爲匹士潔 |
| 스스로 큰 마음을 지닌 분이니 | 自是大心人 |
| 기구한 평생의 삶이여 | 崎嶇性分率 |
| 생각은 몸을 버리고 소원하기를 | 思結捨身願 |
| 영원히 겨레와 하나가 되소서 | 永與族類一 |

정인보는 위 시에서 독립을 이룩하지 못한 여한과 죄책감 때문에 이상설이 임종 시 유언으로 화장할 것을 부탁하고, 유품·유고 일체를 불태운

---

8    정인보, 『담원문록』 상, 연세대학교출판부, 1967; 최기영 편, 『헤이그특사100주년기념자료집』 1, 157·161쪽.

사실을 높이 평가하였다. 죽음을 눈앞에 둔 이상설의 이러한 유언과 행동은 필생 그의 행적을 말살하고 이름조차 후세에 남기지 않겠다는 굳건한 의지의 표출로서, 수난과 망국으로 점철된 오욕의 역사 앞에서 아무것도 이룩하지 못했다는 자괴와 자책감으로 인해 한없이 고통받던 강직한 성품이 행동으로 표출되었다는 점을 정인보는 간파하고 있었다. 그리하여 이상설의 평생 일념은 한민족의 단결과 화합에 있었고, 이를 위해 마침내 살신성인한 것으로 논찬하였다.

강화학파의 양명학자로 이름높던 경재耕齋 이건승李建昇(1858~1924)은 망명지인 서간도에서 이상설의 서거 소식을 듣고 '시로서 곡을 대신하여[以詩代哭]' 그를 애도하였다.[9] 그는 추모 시에 이상설을 '봉황'에 비유하고 '천하 선비'로 부르면서 뛰어난 재주와 역량이 제대로 발양되지 못한 점을 애석히 여겼고, 또 강한 애국 열정과 충절에 대해 깊이 애도하였다. 이건승의 종제로 역시 뛰어난 양명학자였던 난곡蘭谷 이건방李建芳(1861~1939)도 장시를 지어 이상설의 죽음을 조상하였다.[10] 그는 이상설의 위인을 '불에도 타지 않는 옥'에 비유하면서 그의 탁월한 재주를 칭송하였고, 나라와 민족을 구하기 위해 필생 고심하고 노력한 독립운동의 공적을 크게 칭탄하였다. 특히 그는 이 시에서 한국의 처지를 철저히 외면하던 냉혹한 국제정세와 내부적 갈등·분열이 만연하던 독립운동계의 세태 속에서도 고군분투하던 이상설의 형상을 크게 부각시켰다.

이상설과 긴밀한 관계에 있던 독립운동가 조완구는 일찍이 약전을 지어 그의 공적을 기렸다. 그 가운데 이상설의 재능과 인품을 기록한 대목과

---

9   이건승, 『海耕堂收草』 미간행 친필본, 「聞李舜五病沒于魯西亞以詩代哭」; 윤병석, 『이상설전』(증보판), 280쪽에서 재인용.
10  이건방, 「酒後放歌寄李舜五」, 『蘭谷存稿』, 청구문화사, 1971; 최기영 편, 『헤이그특사100주년기념자료집』 1, 143쪽.

만년의 임종을 기술한 내용을 소개하면 다음과 같다.

> (이상설은) 어려서부터 뛰어났고 장성해서는 기골이 있었으며, 박학하고 수양을 부지런히 하였다. 또 타고난 성품이 순수하고 충성스러웠다. 여러 대에 공경公卿을 지낸 혁혁한 가문에서 태어나, 어려서부터 재상이 될 만한 그릇으로 칭찬과 명망이 많았다. 스스로 검박함을 받들어 마음가짐이 소박하고 평탄하여 조금도 사치스러운 태도가 없었다. 선비들을 좋아하고 아랫사람들에게 자신을 낮추었다. 음악과 여색, 기호 등을 따르는 것이 없었고, 술을 마시면 담론을 잘하였다. 풍채가 빼어났으며, 타고난 성품이 후덕하고 재주와 사려가 넘쳐났다. 이치를 깊이 탐구하여 끝까지 찾아내어 조금도 교만하지 않았다. (중략) 공은 매번 평상시의 바람을 이루지 못한 것을 애통해하였고, 항상 허물로 여겨 스스로 되뇌곤 했다. 스스로 빛나고자 하지도 않았을 뿐 아니라 자신의 발자취를 남기고자 하지 않았다. 공은 죽는 날이 언제쯤인지 알고 손수 평일 저작한 것을 모두 불에 태워버렸다. 또 죽은 후에 화장하되, 유골이 타지 않은 것은 부숴 작은 가루로 공중에 뿌려 한 줌의 재도 남기지 않았다.[11]

조완구는 위 약전에서 이상설의 위인이 충성스럽고 순수하였으며, 검소하고 소박하였을 뿐만 아니라, 후덕하면서도 재주와 담론이 뛰어났던 것으로 평하였다. 그리고 임종에 임해서는 역시 미리 모든 유고를 불태우고 죽어서는 시신을 화장한 사실을 소개하였다.

일제 강점기 대종교 지도자 가운데 한 분인 강우姜虞(1862~1932)도 이상설을 추도하여 다음과 같은 만사를 지었다.[12] 충남 부여 출신의 강우는 1909

---

11 송상도, 『기려수필』, 국사편찬위원회, 1955, 115쪽.
12 姜虞, 「李相卨溥齋輓」, 『湖石先生文集』 권2; 독립운동사편찬위원회 편, 『독립운동사자료집』 12, 1977, 493쪽.

년 대종교에 입교한 이래 1914년 총본사의 총전리總典理가 되어 5년 동안 교문의 행정 최고책임자가 되었으며, 1918년에는 교주 다음의 최고위 직책인 사교司敎에 올랐던 인물이다.

| | |
|---|---|
| 타고난 성품은 범인과 다르고 | 厥初天品出凡塵 |
| 독립 천지에 당신 한 몸 뿐 | 獨立乾坤此一身 |
| 을사 겨울 정미 여름 그 마음 장하고 | 乙冬丁夏心何壯 |
| 구주 비 아주 바람에 뜻은 더욱 새로웠네 | 歐雨亞風志益新 |
| | |
| 고국 은근 나라 있는 듯하지만 | 故國慇懃如有國 |
| 우리는 적막하니 다시는 사람 없고 | 吾人寂寞更無人 |
| 해 지며 모래 차고 학이 둥지 드는 저녁 | 日落砂寒巢鶴夕 |
| 옛 노래 소리 끊기니 신선이 되었네 | 古歌聲斷化爲神 |

강우는 나라가 망한 뒤 우리 민족의 시상 과제가 된 독립운동을 이상설 혼자 전담했다고 비유했을 만큼 그의 독립운동 공적, 곧 항일투쟁의 일생 궤적을 크게 존숭하였다. 그러므로 그가 타계하고 난 뒤 "나라 있는 듯하지만 다시는 사람이 없다"고 했을 만큼 이상설 사후에 펼쳐질 민족의 장래를 크게 우려하였다.

중국의 문인 관설재管雪齋라는 인물도 이상설의 일생 약전을 기록하였다. 관설재는 1939년 12월 민영환·조병세·최익현 등 66명의 독립운동가 약전을 기술하여 『한국지사소전韓國志士小傳』이라는 제목으로 간행한 인물이다. 관설재는 그 책자에서 세사에 초탈한 이상설의 성품을 기록하였고, 또 독립 염원을 이룩하지 못한 사실을 자책하여 "인생은 하늘을 나는 새와 같은 모양이어서 흔적이 없는 것이고 한바탕 꿈과 같도다. 어찌 한 가지로

하여 꿈을 가지고 기록할 것이겠는가!"라고 말하고 많은 유고를 불태운 사실을 소개하였다.[13]

---

13  管雪齋, 『韓國志士小傳』, 중국 중경, 독립출판사, 1939; 추헌수 편, 『자료한국독립운동』 2, 연세대학교출판부, 1973, 360쪽.

제3장

# 해방 후의 선양

해방 후 여러 가지 사정으로 이상설에 대한 논찬과 공훈 선양은 비교적 늦게 시작되었다. 우선 이상설이 생전에 남긴 자료는 임종 시 모두 불탄 관계로 남아 있는 자료가 거의 없다시피 했고, 특히 1905년 을사조약을 계기로 독립운동에 투신한 이후 작고할 때까지 오로지 해외에 망명해 있었기 때문에 국내에는 자료가 남아 있을 수 없었다. 그뿐만 아니라 그가 주로 활동했던 무대인 러시아 연해주는 왕래가 가능한 1990년대에 이르기까지 갈 수 없는 금단의 땅이었다. 그가 이룩한 독립운동 공적과 그 역사적 의의를 논증할 연구를 수행하기가 몹시 어려운 상황이었던 것이다.

그 단적인 예가 전기 집필이었다. 해방 후 일찍부터 독립운동계의 큰 인물로 인정되었던 이상설의 전기를 집필하기 위한 시도가 이루어졌다. 앞서 보았듯이 일제 강점기에 정인보는 최초로 이상설 전기 집필을 시도하였으나 자료 부족으로 중도에 그치고 말았던 전례가 있다. 1917년 작고할 때 이상설의 유언이 너무나도 지엄至嚴해 이를 거역하지 못하고 유품과 필적 하나도 남기지 않고 모조리 소각시킨 것이 참으로 애석할 따름이다. 이상설을 최후까지 모셨던 동지 이동녕이 당시 지나치리만큼 유명遺命에 순종했던 처사를 뉘우쳤다는 후일담이 진한 여운을 남기는 이유가 여기에 있다. 또 이상설의 아우인 이상익李相益과 이상설의 외아들인 이정희李庭熙는 일제 강점기에 철저하게 일제의 감시를 받는 처지여서 이상설 관련 다소간의 유물과 자료 등을 친척 집에 나누어 맡겨 두었는데 그나마도 피란통에 소실되고 말았다고 한다.14

자료 8-2 진천 산직마을의 숭렬사와 숭모비

이상설의 조카 이완희의 회고담에 의하면 해방 직후 그나마 남아 있는 자료를 수습하여 이상설의 전기를 간행하기 위해 몇 차례 시도된 적이 있었다고 한다. 이상설의 일생 활동과 업적을 정리할 전기 집필을 가장 먼저 맡았던 학자는 정인보였다. 전기 집필을 흔쾌히 응낙하였던 정인보는 애석하게도 6·25전쟁 때 납북되고 말았다. 그 후 전기 작업을 맡은 인물이 육당 최남선이었다. 최남선은 독립운동계의 거목인 이상설 전기 집필이 부담스러워 주저하기도 하였지만 종내 자신의 친일행적에 대한 속죄의 뜻에서 전기 집필을 스스로 다짐하고 굳게 약속했다고 한다. 하지만 그도 1957

---

14  이완희, 「보재 이상설 선생의 유훈」, 『나라사랑』 20, 외솔회, 1975, 113쪽.

년 작고하고 말아 전기 간행작업이 중단되고 말았다.[15] 이어 노산 이은상이 전기 편찬을 맡는다고 하였다가 그도 끝내 중도에 그치고 말았다고 한다. 이처럼 당대 최고의 문필가들이 수차에 걸쳐 전기 편찬을 시도하였지만 한 번도 성사되지 못하였다. 그만큼 이상설 전기 집필 작업은 독립운동사학계의 난제였던 것이다.

그 뒤 이상설의 학술 전기가 나온 것은 1984년으로 독립운동사 연구의 태두인 윤병석 교수에 의해서였다. 그가 실제로 『이상설전』 간행에 착수한 것은 1973년이었다고 한다. 그의 은사인 이병도를 비롯하여 김상기·신석호, 그리고 손보기 등 당대 최고의 역사학자들이 권면하여 전기 집필을 맡게 되었다고 하며, 그 뒤 근 10년이 지나서야 전기가 나올 수 있었던 것이다. 윤병석 교수의 『이상설전』은 이상설 연구의 학문적 토대를 마련한 역작으로, 이후 이상설에 관한 연구는 그 분파적 성격을 지녔다고 해도 과언이 아니다.

앞서 언급하였듯이, 이상설의 조카인 이완희는 숙부의 전기를 마련하고자 해방 직후부터 자료를 모으고 초고를 집필하였다. 「보재이상설선생전기초」라는 이름으로 엮은 필사본이 그것이다. 이상설과 생전에 교분이 있었던 친구나 동지, 지사들인 이시영·이동녕·조성

자료 8-3 윤병석 교수의 저서 『이상설전』(1984년)
해방 후 최초로 간행된 이상설 전기이다.

---

15  이완희, 「보재 이상설 선생의 유훈」, 114쪽.

환·안중근·장유순·윤일병·윤정희·이화용·민충식 등의 기록과 증언을 종합하여 기술한 것이었다. 그중 이상설의 인물평을 기록한 대목을 소개하면 아래와 같다.

보재 선생은 당시 개세蓋世의 고재高才 또는 신동으로 칭송되었음은 누가 집필한 인물평에서도 볼 수 있다. 선생의 공부는 거의 자습 독학으로 동서 학문에 통효通曉하고 있다. 학문 연찬의 자세는 비범하여 시작만 하면 지정지밀至精至密하게 그 학문의 근굴根窟까지 뚫어보는 철저한 습성을 가지고 있다. 그러나 세상에는 재승박덕의 결함도 뒤따를 수 있으나 선생의 인품은 유리儒理에 깊은 탐구와 선전禪典의 두터운 궁리를 다한 재덕겸전才德兼全의 인물이라 평하고 있다.

선생은 일면 완벽할 정도로 깨끗했고 선사仙師와도 같이 단정하였으나 내면으로는 활달자재闊達自在하여 술을 즐겨 마시며 벗들과 담론하기를 즐겼고 재주있는 생각이 뛰어나서 모든 고난에도 용기백출하여 후배를 격려하며 새로운 계획이 기다리고 있듯이 궁할 줄을 모른다. 그의 이같은 선탈禪脫한 사상과 도오到奧한 이념은 모든 일에 남을 앞세우고 공을 남에게 미루므로 동지와 시종자侍從者의 경모를 받으며 그 숭고한 인품의 진면목이 많은 인물을 추종케 하였다.16

위 인물평의 내용을 정리하면, 천부적 재능을 타고난 이상설은 뛰어난 학문 탐구와 친화적 덕성을 겸비한 인물이었고, 나아가 강건한 기개와 열정으로 난관을 헤쳐나가는 탁월한 능력이 있었을 뿐만 아니라 높은 친화력과 숭고한 인품으로 주변 인물들의 신망이 두터웠다는 것이다. 곧 이상설이 비범한 재능과 덕성을 타고났을 뿐만 아니라 학문과 인격 도야를 위

---

16  이완희, 『보재이상설선생전기초』; 윤병석, 『이상설전』(증보판), 188~189쪽.

한 열성적인 노력을 통해 대성한 인물이라는 점을 특히 부각시켰다.

해방 후 이상설에 대한 추모사업은 주로 선양 행사로 이루어졌다. 그가 출생한 진천의 산직마을에는 1957년에 이상설의 일생 업적을 간략히 한문으로 새긴 '유허비'가 최초로 건립되었다.[17] 그 뒤 1972년에는 진천군 진천읍의 남산골에 '보재이상설선생유적보존위원회'에서 숭모비를 세웠다.[18] 그 비문은 독립운동사편찬위원회 위원장을 지낸 당대의 문장가 이은상이 지었다. 이 비문에서 그가 논찬한 서두 부분을 소개하면 다음과 같다.

> 나라가 기울어 나라를 울고 집을 버려 집을 울고 제 몸 또한 울어 세 울음의 슬픈 시를 읊었던 선생을 위해 나는 이제 선생의 풀지 못한 천추 회한을 다시 울어 그 눈물로 먹을 갈고 그 먹을 찍어 이 글을 쓰는 것이니, 어찌 도연명이 깨끗한 국화 이슬로 먹을 갈아 그 먹으로 조국 진나라 역사를 쓰던 심경에만 비길 것이랴. 슬프다. 예로부터 모든 영웅의사들이 비록 나가서 죽는데도 죽어서는 그 몸이 제 고장으로 돌아온다 하건마는 선생은 죽어서도 못 돌아왔고 한 조각 유물조차 끼치지 않아 우리는 다만 아득한 하늘만 바라볼 따름이로되, 후세 만인의 선생을 그리고 우러르는 뜻이 형상이나 유물에 있는 것이 아니오 정신과 사상에 있을뿐더러 그 위에 선생의 48년간의 생애가 바로 민족정기사의 일절이라 그의 행적을 아는 것이 더 귀한 것이다.[19]

이처럼 해방된 고국에서 이상설을 기리는 심경을 기술한 데 이어 출생과 성장·학문·출사를 논급하였고, 을사조약 파기투쟁, 헤이그 사행, 구미 순방, 연해주에서의 투쟁 등 그가 전개한 독립운동의 큰 궤적과 그 의

---

17   윤병석, 『이상설전』(증보판), 295쪽.
18   『동아일보』 1972년 1월 14일, 「이상설 의사비 제막」.
19   윤병석, 『이상설전』(증보판), 294쪽.

의를 기록하였다.

그 뒤 1975년에는 외솔회에서 발간하는 계간지 『나라사랑』 제20집이 이상설 특집호로 나왔다. 여기에는 전공학자, 각계 인사들이 추모·선양·학술 관련 글을 실었을 뿐만 아니라, 특히 시권, 평화회의 「공고사」, 성명회 선언서 등 이상설 관련 중요 자료들이 부록으로 실려 있어 이상설 연구에 큰 도움을 주었다.

한편, 1992년에는 이상설 일대기와 독립운동 공적을 다룬 다큐멘터리가 처음으로 방영되어 일반 국민에게 널리 소개되었다. 문화방송에서 1992년 3·1절 특집으로 「이역에 뿌린 망국한, 보재 이상설」이라는 다큐멘터리가 제1부 '아 대한제국', 제2부 '아무르만의 석양'이라는 제목으로 헤이그 사행 이전과 이후로 나누어 방영되었다.

자료 8-4 우수리스크 수분하 강변의 이상설 유허비
(2001년 건립)

그 뒤 경주 이씨 문중이 주축이 되어 2000년에 (사)보재이상설선생기념사업회가 창립되었다. 이 단체는 이후 이상설이 독립운동에 끼친 공적을 선양, 현창顯彰하는 여러 가지 사업을 지속적으로 벌여 왔다.

2001년에는 광복회와 고려학술문화재단이 공동으로 이상설이 임종한 연해주 우수리스크의 수분하(현 라즈돌리노예 강) 강변에 '이상설 선생 유허비'를 세웠다. 이 유허비는 이후 연해주 일대의 독립운동 관련 행사나 사적지 탐방 시에 항상 방문 참배하는 대표적인 유적지가 되었다.

그 뒤 2005년 12월에는 국가보훈처와 독립기념관이 공동으로 선정하는 '이달의 독립운동가'에 선정되어 공훈선양 전시회와 학술강연 행사가 열렸다.

한편, 서전서숙 개숙 100주년을 맞이하는 2006년에는 여러 가지 기념행사가 열렸다. 그 가운데서도 특히 10월 20일 (사)이상설선생기념사업회 주최로 서울 프레스센터에서 국제학술회의가 열려 국내외 전공학자들에 의해 서전서숙과 이상설의 독립운동 실상을 구명하는 여러 학술논문이 발표되었다.[20]

2017년은 이상설이 서거한 지 100주년이 되는 해였다. 그해에는 이를 기리는 다양한 기념·추모·학술 행사들이 이어졌다. 우선, 그해 3월에는 이상설이 세운 서전서숙의 건학정신을 계승 발전시킨다는 취지에서 그의 고향 진천군에 서전중고등학교를 건립하였고, 이듬해인 2018년 2월 중학교 첫 졸업생을 배출하였다.[21] 그리고 8월 14일, 서거 100주년 기획 광복절 특집으로 한국방송공사(KBS)에서 '이상설의 길을 걷다'라는 다큐멘터리를 방영하여 연해주·간도 일대에 걸친 이상설의 독립운동 루트와 활동을 소개하였다.[22] 또 같은 광복절 앞날, (사)이상설선생기념사업회에서 순국 100주년 추모 학술대회를 개최하여 다양한 분야에 걸친 이상설의 삶과 활동을 종합적으로 살펴보는 학술행사를 열었다.[23]

정부에서는 이상설에게 1962년 건국훈장 대통령장에 추서하였다.

---

[20] 『세계일보』 2006년 10월 21일, 「항일교육기관 '서전서숙' 재조명」.
[21] 『충청매일』 2018년 2월 7일, 「"이상설 선생 서전서숙 계승" 진천 서전중 첫 졸업식」.
[22] 『경향신문』 2017년 8월 13일, 「독립운동가 이상설의 '희망 루트'를 따라서」.
[23] (사)이상설선생기념사업회, 『이상설선생 순국 제100주기 전국학술대회』 2018년 8월 14일, 진천화랑관).

이상설은 아들 정희庭熙와 두 딸[甲姬·家姬]을 두었다. 그 아들은 해방 이듬해인 1946년 그의 부친이 타계할 때와 같은 48세의 나이로 서울대병원에서 숙환으로 별세하였다. 그에게는 재준在濬·재홍在鴻·재철在哲 세 아들이 있었다.[24] 그리고 이상설의 큰 딸은 정진세鄭鎭世에게 출가하였고, 작은 딸은 충남 예산의 수당 이남규의 손자 이창복李昶馥에게 출가하였다. 이정희 사후에 그의 세 아들도 모두 후사 없이 작고한 것으로 보인다. 그러므로 이상설의 유업은 동생 이상익이 계승하였고, 이상익 사후에는 다시 그의 큰아들 이관희가 이어서 이상설 선양사업을 벌였다. 이관희가 남긴 6남매는 미국에 거주하고 있고, 이들 중 특히 이재승(미시간대 원자력공학과 교수)이 선친으로부터 이상설의 과거 시권과 상고문 등을 물려받아 보관하고 있다고 한다.[25]

---

24  『동아일보』 1946년 10월 13일, 「李相卨先生嗣子 李庭熙氏 別世」.
25  『미주 한국일보』 2017년 3월 1일, 「중서부에 헤이그특사 이상설 후손이 산다」.

제 9 부
# 역사에 남긴 유훈

# 역사에 남긴 유훈

역사의 궁극적 본질은 책임과 감계鑑戒에 있다. 역사가 갖는 효용성과 참된 가치가 역사에서 묻는 책임과 역사를 통한 감계에 있기 때문이다. 그런데 역사를 생산하는 주체가 인간인 만큼, 인간이 만들어내는 역사가 의당 완벽할 수 없다. 역사가 늘 불완전하고 또 언제나 합리적일 수만 없는 것이다. 우리가 역사를 대할 때 한편 두려워하면서도, 다른 한편 한없이 너그럽게 여기는 이유가 바로 여기에 있다.

하지만 인간이 영속성을 갖고 행복을 추구하고 또 누릴 수 있기 위해서는 누구나 공유하는 보편적 가치 기준을 역사가 정당하게 제시할 수 있어야만 한다. 과거 우리의 선인들은 후손들이 자신들보다 더 나은 행복을 누리면서 살 수 있도록 당대의 모순되고 왜곡된 현실을 바로잡는 데 혼신의 노력을 기울여 왔다. 그러한 선인의 삶의 궤적이 곧 우리의 소중한 역사가 된 것이다.

독립운동의 역사는 일제 침략과 강점으로 야기된 민족 수난의 모순된 현실을 극복하기 위해 일제와 투쟁한 선인들의 삶의 실상을 밝히고 그 가치를 궁구하는 학문이다. 아주 쉽게 정의하자면, 잘못된 것을 잘못되었다고 지적하고 그 시정을 요구하는 것이 독립운동사의 본질인 것이다. 일제가 한국을 침략한 현실은 명확히 잘못된 것이므로 그 잘못된 것을 바로잡기 위해 노력한 그 모든 것이 독립운동사의 범주에 든다. 말은 쉽지만, 거기에는 자기의 모든 것을 걸어야만 하는 희생이 반드시 따랐다. 그러므로 독립운동은 실로 무한대에 가까운 고난과 고통이 따르는, 참으로 어려운 선택이었다. 역설적으로, 자신의 전부를 걸어도 좋을 만큼 참된 가치가 있는 선택이 독립운동이었다. 죽음을 눈앞에 둔 이봉창, 윤봉길 두 의사가 보인 환한 웃음이 독립운동의 소중한 가치를 단적으로 보여주는 좋은 예라 할 수 있다.

보재 이상설은 우리에게 무엇을 남겼을까? 우리가 이상설로부터 얻을 수 있는 교훈, 역사의 유훈은 무엇일까? 이 물음에 상응하는 즉답은 쉽지 않다. 그가 누르는 역사의 중압감이 몹시 크기 때문이다. 그 중압감에서 벗어나기 위해 인간의 보편성을 생각해 보자. 그러면 그가 남긴 유훈이 보이지 않겠는가!

그동안 이상설을 대할 때마다 1917년 임종 때 남긴 유언의 참된 의미가 무엇인지 늘 의문을 가졌다. 일생 걸어온 혈성血誠의 중좌인 자신의 유고 일체를 불태우고 시신까지 화장토록 하고 제사조차 받들지 못하게 한 유명遺命이 과연 어디서 나온 것일까 하는 물음이었다. 그에 대한 답은 이상설의 필생 삶의 궤적을 온전히 체험하고 나서야 비로소 찾을 수 있었다. 독립운동가 이상설이 역사에 남긴 유훈의 참된 가치를 이제야 어느 정도 바르게 이해할 수 있을 것 같다는 느낌이 온다.

독립운동사를 공부하는 사람 대부분이 공감하는 한 가지가 있다. 독립운동에 투신한 많은 인물의 생각과 삶 하나하나가 다 소중한 가치를 지니고 있다는 사실이다. 그들이 가졌던 이상과 포부가 위대하고, 이를 구현하기 위해 걸어간 삶의 역정이 또한 위대하다는 점에 거듭해서 탄복한다. 시대의 영웅은 말할 것도 없고 세상을 구하는 구세주나 시대를 구제하는 성인조차 독립운동사 속에는 하늘의 별처럼 무수히 많다. 이것이 독립운동 인물을 공부할 때 연구자가 흔히 그 인물이 갖는 구심력에 매몰되어 부지불식간에 균형감을 상실하게 되는 폐단을 흔히 보게 되는 이유이기도 하다. 독립운동 인물들이 지닌 이러한 역사 자산은 독립운동사가 참된 가치를 발양할 수 있게 하는 무궁한 자원인 동시에 독립운동사를 연구하는 사람들이 늘 경계해야 하는 대상이다. 이러한 점을 전제로 유념하고 이상설을 보자.

이상설이 나라와 민족을 존중하고 무한히 신뢰한 것은 그가 공부한 학문과 타고난 품성을 바탕으로 동시대를 올바로 자각한 데서 온 결과였다. 그는 타고난 천재였다. 또 그는 천재성이 참된 빛을 발할 수 있도록 엄청난 열정을 갖고 부단히 노력하였다. 율곡 이이를 조술祖述하는 인물로 기대를 모았고, 우리나라 최초의 수학 교과서를 낸 일 등이 그의 천재성과 열성적 노력을 잘 보여주는 사례라 할 수 있다. 동서·신구 학문을 폭넓게 섭렵하여 그가 이룩한 학문 분야는 놀라웠다. 유학과 불교 등 전통 학문은 물론, 철학·종교·역사 등 인문학을 비롯하여 법률·정치·경제 등 사회과학, 그리고 수학·물리·생물·화학 등 수리 자연과학 분야에 이르기까지 믿어지지 않을 정도로 널리 통달하였던 것이다. 이상설은 이처럼 온축한 학문을 토대로 대한제국이 직면한 고단한 형세를 명확히 판단하고, 세계 대세의 큰 사조를 읽을 수 있었다. 이것은 곧 우리나라와 민족이 나아가야 할 바람직한 방향을 제시하는 지침이 되었을 뿐만 아니라, 이상설 자신이 그 길을 개척하는 데 선봉이 되어야 할 시대적 책무를 자각하게 한 것이다. 조국과 민족에 대한 깊은 신뢰와 무한한 존중은 그가 독립운동에 투신하게 되는 근원적 이유나 동인이 되었다. 민족과 조국을 향한 무한한 존경과 신뢰, 이것이 역사에 남긴 이상설의 유훈 제일의第一義이다.

이상설은 자신이 견지했던 굳은 신념, 나라와 민족에 대한 존경과 신뢰를 잣대로 삼고 이를 구현하고자 필생 일관되게 독립운동을 전개하였다. 국토를 강탈하려는 일제의 획책인 1904년 황무지개척권 요구를 정면에서 분쇄하고, 이듬해 민족과 역사의 존엄을 훼손하는 망국의 을사조약을 죽음으로 성토할 수 있었던 것은 오로지 그가 견지한 신념에 따른 결단과 행동이었다. 광무황제의 명으로 헤이그에 사행할 때는 국가의 운명을 자신의 어깨에 짊어진 구국의 혈성으로 임하였다. 경술국치 전후 구미, 연해주에서 전개한 고심혈통苦心血痛의 독립운동은 국가와 민족이 자신에게 내려준 역사의 소명으로 자임한 결과였다. 곧 역사와 민족이 직면한 수난에 대한 무한 책임의 소산이었다. 새 시대 요구에 상응하는 애국애족의 전범典範을 받든 것이다. 이상설은 전통의 우국충정과 신시대의 애국애족을 한 몸에 부여받고 이를 구현하려 했던 인물이다. 나라와 민족을 향한 지순고결한 충정과 사랑, 이것이 이상설이 역사에 남긴 두 번째 유훈이다.

이상설은 일제 침략과 강점으로 야기된 시대적·민족적 모순을 극복하기 위해 처절하리만큼 깊이 고민하고 또 실천하였다. 반만년 역사의 권위가 단절되고 온 겨레가 분양糞壤에 빠져드는 미증유의 민족 수난기를 당하게 되자, 오로지 이를 극복해야만 하는 일념하에 정성과 노력을 다해 독립운동을 벌였다. 그는 자신이 견지한 민족적 양심으로 인해 국망의 현실을 결코 인정할 수 없었다. 국권 회복, 독립 쟁취만이 그의 유일한 삶의 목표였다. 이를 구현하기 위해 그는 자신이 경주할 수 있는 독립운동의 방략을 설정하지 않을 수 없었다. 오매불망 염원했던 독립전쟁은 그가 선택할 수밖에 없었던 독립운동의 유일한 현실적 방략이었다. 경술국치 전후 많은 독립운동 지도자들이 이상설과 같이 독립전쟁을 조국 독립의 현실적 방편으로 구상하고 있었다. 이것이 을사조약 이후 1910년 전후에 등장한 독립전쟁론이었다. 그럼에도 불구하고 독립전쟁을 당장 결행한다는 것은 현실적으로 거의 불가능에 가까웠다. 많은 민족지사들이 준비된 독립전쟁을 언급하지 않을 수 없었던 이유가 여기에 있다. 그러나 이상설은 달랐다. 민족과 역사의 소명을 받들어야 한다는 강한 의식은 그로 하여금 당대 독립을 염원케 하였다. 이를 위해 다양한 형태로 민족적 통합을 이룩하고 또 통합된 민력을 통해 단합된 민족의 군대를 동원하여 독립전쟁을 결행코자 한 것이다. 경술국치 전후 국외 도처에 독립운동 근거지를 구축하고 무관을 양성할 대전학교大甸學校를 세운 것은 그가 결행코자 한 독립전쟁을 염두에 둔 것이다. 또 더 나아가 1914년 연해주에 대한광복군정부를 건립한 일이나 이듬해 중국 관내지방에 신한혁명당을 조직한 일 등은 그가 실제로 독립전쟁을 결행하려던 실천 단계라 할 수 있다. 당시 실정으로 보아 독립전쟁이 실제로 결행될 가능성은, 더군다나 이를 통해 독립이 이룩될 가능성은 거의 없었다고 해도 과언이 아니다. 그런 현실에서도 이상설은 실제로 독립전쟁을 결행하려 했던 것이다. 출사표를 올리고 기산祁山으로 진출했던 제갈공명의 절박한 처지가 곧 독립전쟁을 염원했던 이상설의 입장이었다. 이상설은 자신이 가진 민족적 양심에 따라 조국이 망한 현실을 인정할 수 없었고, 일제를 몰아내고 독립을 이룩하기 위한 염원을 가장 먼저 구현하려 했던 인물이었다. 이상설이 온몸으로 보여준 독립전쟁 결행 시도는 국망 후 민족의 지상과제로 부상한 독립의 명제, 이를 구현하기 위한 독립운동이 정당하고도 올바르게 나갈 수 있도록 그 방향성을 제시해

준 것이다. 독립전쟁의 선도, 이것이 이상설이 역사에 남긴 세 번째 유훈이다.

이상설은 혈성의 노력으로 자신에게 부과된 시대의 소명을 완수하려 하였다. 그러나 그 소명은 이상설이 도달할 수 있는 경지가 아니었다. 시대적 조건과 국제적 환경으로 보아 이상설이 이룩하려 했던 눈앞의 독립은 불가능한 것이었다. 곧 그에게는 결코 해결할 수 없는 명제인 독립이라는 과제가 주어져 있었고, 예측 가능했음에도 불구하고 그 결과는 자신에게 참담하게 와 닿았다. 죽음에 임하자 그에게는 감당할 수 없이 너무나도 깊고 큰 회한이 몰려왔다. 민족과 역사 앞에 죄인 아닌 죄인이 되어 있음을 절감했던 것이다. 누구도 묻지 않았지만, 이상설은 그에 대한 책임을 자임하였다. 임종에 그가 스스로 불에 들어간 것은 역사 앞에 자임한 책임을 다하려던 몸부림이었다. 이상설 이름 석 자조차 이 세상 어디에도 남기고 싶지 않았던 그 심회는 그가 지닌 민족적 양심에 기인하는 수치심과 책임감의 발로이기도 하였다. 수난과 오욕의 역사에 대해 이상설이 스스로 다하고자 했던 무한책임은 그가 지녔던 민족적 양심의 소산이었고, 그 바탕에는 수치심과 책임감이 자리 잡고 있었다. 역사 앞에서 온몸으로 보여준 무한책임의식, 이것이 이상설이 역사에 남긴 네 번째 유훈이다.

이상의 유훈으로 보건대, 보재 이상설은 구국의 혈성으로 나라와 겨레의 밝은 장래를 위해 일신을 산화한 독립운동의 대부라 해도 결코 과언이 아니다. 그를 향한 심중의 경건, 가눌 길 없다.

## 이상설 연보

*1895년 11월 17일(양력 1896년 1월 1일) 이전 음력, 이후 양력 표기

1870.　　　　충북 진천군 덕산면 산척리 산직마을에서 선비 이행우李行雨와 벽진 이씨의 장남으로 출생(12월 7일). 아명은 복남福男, 자는 순오舜五, 호는 보재溥齋.

1876. (7세)　동부승지 이용우李龍雨에게 출계出系하여 서울 장동長洞(장박골, 현 명동)으로 이거해 유력한 양가養家에서 성장.

1877. (8세)　학자 이제촌李齊村으로부터 한문 수학.

1882. (13세)　생부 이행우, 양부 이용우가 연이어 별세.

1883. (14세)　생모 벽진 이씨 타계.

1885. (16세)　참판 서공순徐公淳의 장녀 달성 서씨와 혼인함. 서울 근교 신흥사新興寺에서 이범세李範世, 서만순徐晩淳, 여규형呂圭亨 등과 함께 기거하며 신학문 수학.

1887. (18세)　건강 악화로 강원도 산중에서 양생 후 회복.

1891. (22세)　양모 고령 박씨 별세.

1894. (25세)　조선조 마지막 과거인 갑오문과에 병과로 급제. 탁지아문 주사(8월).

1895. (26세)　비서감 좌비서랑(4월).

1896. (27세)　성균관 교수 겸 관장(12월 8일~1896년 1월 10일). 한성사범학교 교관(2월 22일~3월 25일). 탁지부 재무관(4월 19일~6월 20일).

1900. (31세)　홍문관 시독侍讀, 비서원랑(이상 6월).

1901. (32세)　비서원승(11월).

1902. (33세)　시강원 부첨사(4월).

1903. (34세)　궁내부 특진관(1월).

1904. (35세)　러일전쟁 발발, 일본군 '한국임시파견대' 한반도 침공(2월). 개화파 관료 박승봉朴勝鳳과 연명으로 일제의 영토 점탈 기도(황무지개척권 요구)의 침략성과 부당성을 규탄하는 상소를 올림(6월 22일). 보안회의 후신 대한협동회 大韓協同會 결성, 회장 피선(9월). 관제이정소官制釐整所 의정관議正官(10월 27일)에 이어 외부 교섭국장 피임(10월 29일).

1905. (36세)　학부협판(9월 6일). 법부협판(9월 21일)과 법부 법률기초위원장法律起草委員長 겸임(10월 2일). 최후의 관직인 의정부참찬(정2품) 피임(11월 2일), 국정 총괄 실무 최고 책임을 맡음. 실무 책임자였지만 일본군의 제지로 11월 17일 경운궁 수옥헌(중명전)에서 열린 대신회의에 참석지 못한 채 을사조약 늑결됨. 다음날(18일) 새벽, 감금에서 풀려난 참정대신 한규설과 함께 통곡한 뒤 사직소를 올렸으며(12월 8일 면직), 이후 황제의 순직殉稷, 조약의 파기, 5적의 처단을 요구하는 상소를 다섯 차례 올림. 민영환 순국 소식을 듣고 종로에서 시민항쟁을 촉구하는 연설을 한 뒤 자결 시도(11월 30일).

1906. (37세)　양부 제사(음 4월 18일) 후 이동녕과 함께 망명 결행, 중국 상해, 러시아 블라디보스토크를 경유하여 북간도 용정에 도착. 이동녕·이회영·정순만·여준·박정서 등과 국외 독립운동 근거지 개척에 착수함. 민족주의 교육의 요람이 된 서전서숙瑞甸書塾 개숙(10월경).

1907. (38세)　네덜란드 헤이그 제2회 만국평화회의에 사행하는 대한제국 특사단의 정사에 피임되어 부사 이준, 이위종과 함께 헤이그에 사행함. 용정을 떠나 블라디보스토크에 도착한 뒤 국내에서 온 이준과 함께 사행 장도에 올라(5월 21일) 러시아 수도 상트페테르부르크에 도착(6월 4일). 이범진 주러 공사의 아들 이위종을 대동하고 상트페테르부르크를 떠나(6월 19일) 독일 베를린을 경유한 뒤 목적지 헤이그에 도착(6월 25일). 일본 특사단의 방해와 열강의 외면으로 본회의 참석 불가. 일제의 국권침탈의 야만성을 폭로하고 한민족의 국권수호 지지를 호소하는 「공고사」 공포(6월 27일). 특사단이 프린세스그라트Prinsessegracht 6A 번지 소재 국제협회Circle International의 초청을 받아 「한국의 호소A Plea for Korea」를 연설함(7월 9일). 부사 이준이 울분으로 인해 급서 순국함(7월 14일). 이준 유해 임시 매장 후 구국 외교를 위해 구미 순방에 올라(7월 19일) 영국을 경유하여 미국 뉴욕에 도착(8월 1일), 루즈벨트 대통령 면담을 요청하였으나 거절당함. 헤이그에 돌아가 이준의 유해를 장례 안장(9월 6일). 이후 프랑스 파리, 독일 베를린,

이탈리아 로마, 러시아 상트페테르부르크, 영국 런던 등지 역방歷訪. 앞서 국내에서는 궐석재판으로 교수형이 선고됨(8월 9일).

1908. (39세) 영국을 떠나 미국 도착(2월). 논설문 「황실비멸국지이기皇室非滅國之利器」(『신한민보』1908년 3월 31일)와 장인환, 전명운 양 의사의 전기 사론인 「양의사합전」(『신한민보』 1909년 4월 7일) 발표. 콜로라도주 덴버시에서 열린 애국동지대표대회(7월 11일~7월 14일)에 시베리아 대표로 피선, 한인사회 통합노력 경주. 박용만・윤병구・송헌주・정재관 등과 한인단체 통합을 위해 노력한 결과 공립협회와 합성협회의 통합체인 국민회 출범(2월 1일).

1909. (40세) 국민회 총회장 정재관과 함께 미국을 떠나 연해주 블라디보스토크 도착(7월 14일). 한계 이승희 등과 함께 북만주 밀산 독립운동 근거지 개척사업 추진. 안중근 의사의 하얼빈의거 결행(10월 26일).

1910. (41세) 의병장 유인석과 함께 국내외 의병세력 통합군단을 표방한 십삼도의군을 편성(6월 21일)하고 별지휘別指揮, 또는 도통신都通信에 피선됨. 유인석과 연명으로 광무황제에게 연해주 파천을 요청하는 상소를 올림(7월 28일). 국망을 저지, 분쇄하기 위해 성명회 결성(8월 17일). 경술국치(8월 29일). 각국 정부에 보내는 「성명회 선언서」 작성. 러시아 당국에 의해 우수리스크로 추방됨.

1911. (42세) 우수리스크에서 블라디보스토크로 귀환함(연초). 연해주 한인사회의 통합 단체로 권업회를 창립하고(12월 19일) 의사부 의장 피선됨.

1913. (44세) 만주 왕청현 나자구에 독립군 간부 양성을 위해 대전학교大甸學校 설립(3월). 중러 국경의 이만 라브류 일대를 조차하여 독립군 군용지 확보를 위해 한인 30호 선발 이주(12월).

1914. (45세) 러시아 연해주 한인 이주 50주년 및 러일전쟁 발발 10주년. 독립전쟁 결행을 위해 대한광복군정부 수립, 정도령正都領에 피선(부도령 이동휘). 제1차 세계대전 발발(9월) 후 러시아 당국이 일체의 한인 독립운동 탄압, 연해주지역 한인독립운동 난관 봉착.

1915. (46세) 독립운동 무대를 중국 관내지방으로 옮겨 상해上海 이주(연초, 또는 1914년 말). 유동열・박은식・신규식 등과 함께 신한혁명당을 결성하고 그 본부장에 추대됨. 유동열과 함께 중국과의 교섭을 위해 북경으로 이주. 독립전쟁 수행을 위해 중국 정부와 '중한의방조약中韓誼邦條約' 체결을 준비하고 광무황제 당수 옹립 시도. 소위 보안법위반사건으로 신한혁명당 조직 와해(7월). 중국 관내지방을 떠나 다시 연해주 하바롭스크로 이주.

| | | |
|---|---|---|
| 1916. | (47세) | 피를 토하는 중병에 걸려 투병생활에 들어감. 질병 치료를 위해 우수리스크로 이주함. 부인 달성 서씨와 아들 정희庭熙가 국내에서 와 간호시중. |
| 1917. | (48세) | 우수리스크 망명지에서 장서(4월 1일, 음 2월 10일). 임종 직전 유고 일체를 불태우고 유언으로 시신도 화장함. 가족 외에 이동녕·조완구·백순·이민복 등의 동지들이 임종을 지켜봄. |
| 1946. | | 외아들 정희庭熙 병사(48세). 정희의 아들 재준在濬·재홍在鴻·재철在喆 3형제가 유손으로 남음. |
| 1957. | | 후손과 유지들에 의해 고향 진천의 산직마을에 '유허비' 건립. |
| 1962. | | 건국훈장 대통령장 추서(3월 1일). |
| 1972. | | '보재이상설선생유적보존위원회'에서 진천 남산골에 '숭모비'(비문 이은상 지음) 건립. |
| 1975. | | 외솔회에서 이상설 선생 특집호로 계간 『나라사랑』 제20집 발행. |
| 1984. | | 윤병석 교수에 의해 최초의 학술 전기 『이상설전』이 간행됨. |
| 1996. | | 진천 산직마을에 생가를 복원하고, 남산골의 숭모비를 생가 부근으로 이전 건립(3월). 우수리스크 수분하 강변에서 초혼례招魂禮를 갖고 반혼返魂하여 산직마을의 부인 서씨와 합장合葬 성분成墳함(10월 27일). |
| 2000. | | (사)보재이상설선생기념사업회 창립(7월 26일). |
| 2001. | | 광복회와 고려학술문화재단이 공동으로 우수리스크에 '이상설 선생 유허비' 건립. |
| 2005. | | 국가보훈처와 독립기념관이 공동으로 선정하는 '이달의 독립운동가'에 12월의 인물로 선정. |
| 2017. | | 순국 100주년을 맞아 진천군 덕산에 서전중고등학교 설립. |

# 참고문헌

· 자료

- 관찬기록류

『고종실록』, 『순종황제실록』, 『승정원일기』, 『국조방목』, 『비서원일기』, 『대한제국 관보』

신문·잡지류

『신한민보』, 『경향신문』, 『공립신보』, 『권업신문』, 『대동공보』, 『대동신보』, 『대한 매일신보』, 『동아일보』, 『세계일보』, 『해조신문』, 『황성신문』, 『충청매일』

Courrier de la Conference, Haagsche Courant, Land en Volk, New York Herald, Allgemeine Zeitung, The Independent, Die Friedens Warte

- 일본자료

『조선총독부 관보』

『간도의 판도에 관한 청한 양국 紛議一件』제2권 1907년 10월 1일(일본외무성 외교사료관 소장)

『日韓合邦問題ニ關レ列國政府ニ嘆願書ヌ提出ヤレトスル在露令韓人等ノ 計劃ニ關スル件』 1910년 8월 20일(일본외무성 외교사료관 소장)

『八月二十二日以後ニ於ケル當地韓人ノ動靜報告ノ件』 1910년 8월 29일(일본외무성 외교사료관 소장)

『韓國倂合後ニ於ケル當地方朝鮮人ノ動靜ニ關スル報告』 1910년 9월 3일(일본외무성 외교사료관 소장)

『在露領排日朝鮮人ノ狀況ニ關スル件』 1910년 11월 25일(일본외무성 외교사료관 소장)

金海龍, 『間島在住韓人の親族慣習及其他』(필사본, 한국학중앙연구원 도서관 하성문고 소장)

- 문집류

『毅菴集』(柳麟錫)『韓溪遺稿』(李承熙)『蘭谷存稿』(李建芳)『海耕堂收草』(李建昇)『湖石先生文集』(姜虞)

- 저술류

계봉우, 『꿈속의 꿈』, 필사본.
_____, 『조선역사』 3, 필사본, 1936.
고려대학교 아세아문제연구소 편, 『구한국외교문서』 日案 7.
管雪齋, 『韓國志士小傳』, 중국 중경, 독립출판사, 1939.
김구, 『백범일지』, 서문당, 1973.
김정주 편, 『조선통치사료』 5, 일본 동경 한국사료연구소, 1970.
단국대학교 동양학연구소 편, 『장지연전서』 7, 단국대학교출판부, 1983.
독립기념관 한국독립운동사연구소 편, 『북우 계봉우 자료집』, 1996.
_____, 『용연김정규일기』, 1994.
_____, 『독일어신문 한국관계기사집』, 2018.
독립운동사편찬위원회 편, 『독립운동사자료집』 12, 1977.
뒤바보, 「俄領實記」, 『독립신문』 1920년 3월 30일.
李完熙, 「溥齋李相卨先生傳記抄」, 필사본.
閔忠植, 『永久不滅 藍十字星』, 필사본, 1967.
朴殷植, 『韓國痛史』, 중국 상해 대동편집국, 1914.
四方子, 「북간도 그 과거와 현재」, 『독립신문』 1920년 1월 1일.
송상도, 『기려수필』, 국사편찬위원회, 1955.
尹政熙, 『間島開拓史』, 필사본, 1954.
이관직, 『우당 이회영선생 실기』, 필사본.
『한국학연구』 3 별집, 인하대 한국학연구소, 1991.
張錫英, 『遼左紀行』, 필사본, 부산대도서관 소장.
정인보, 『담원문록』 상, 연세대학교출판부, 1967.
최기영 편, 『헤이그특사 100주년 기념자료집』, 독립기념관 한국독립운동사연구소, 2007.
추헌수 편, 『자료 한국독립운동』 2, 연세대학교출판부, 1973.

국학진흥연구사업추진위원회 편, 『한국독립운동사자료집-홍범도편』, 한국정신문화
　　연구원, 1995.
황현, 『매천야록』, 국사편찬위원회, 1955.

· **논저**

- 저서·단행본
안숙, 『선비 안숙 日誌』, 김영사, 2010.
국가보훈처·독립기념관, 『국외독립운동사적지 실태조사보고서』 12, 2012.
국사편찬위원회 편, 『고종시대사』 6, 탐구당, 1972.
_____, 『한국독립운동사』 1, 정음문화사, 1968.
김도훈, 『미대륙의 항일무장투쟁론자 박용만』, 역사공간, 2010.
김동진, 『파란눈의 한국혼 헐버트』, 참좋은친구, 2010.
김원용, 『재미한인오십년사』, Readly Calif., U.S.A., 1958.
盧在淵, 『在美韓人史略』 상, 羅城, 1951.
박걸순, 『한국독립운동과 역사인식』, 역사공간, 2019.
박민영, 『대한선비의 표상 최익현』, 역사공간, 2012.
_____, 『만주·연해주 독립운동과 민족수난』, 도서출판 선인, 2016.
_____, 『나라와 가문을 위한 삶 곽한소』, 역사공간, 2017.
박종효 편역, 『러시아 국립문서보관소 소장 한국관련문서 요약집』, 한국국제교류재
　　단, 2002.
반병률, 『성재 이동휘 일대기』, 범우사, 1998.
연변정협문사자료위원회 편, 『연변문사자료』 5, 1988.
외솔회 편, 『나라사랑』 20, 이상설선생특집호, 1975.
유영렬, 『애국계몽운동 1-정치사회운동』, 독립기념관 한국독립운동사연구소, 2007.
유자후, 『이준선생전』, 동방문화사, 1947.
윤병석, 『한국근대사료론』, 일조각, 1979.
_____, 『이상설전』, 일조각, 1984(증보판, 1998).
_____, 『한국사와 역사의식』, 인하대출판부, 1989.
_____, 『국외한인사회와 민족운동』, 일조각, 1990.
_____, 『1910년대 국외항일운동 1-만주·러시아』, 독립기념관 한국독립운동사연구
　　소, 2009.
이계형, 『고종황제의 마지막 특사 이준』, 역사공간, 2007.

(사)이상설선생기념사업회, 『이상설선생 순국 제100주기 전국학술대회』 2018년 8월 14일, 진천화랑관.
이정규·이관직, 『우당 이회영 약전』, 을유문화사, 1985.
이민원, 『신학문과 독립운동의 선구자 이상설』, 독립기념관 한국독립운동사연구소, 2017.
이은숙, 『민족운동가 아내의 수기』, 정음사, 1975.
조동걸, 「한국근대사 별고」, 우사 조동걸 저술 전집 16, 역사공간, 2010.
조재곤, 『대한제국의 마지막 숨결 민영환』, 역사공간, 2014.
주요한, 『안도산전』, 삼중당, 1984.
한국근현대사학회 편, 『한국근대사강의(개정판)』, 한울, 2007.
한국독립유공자협회 편, 『러시아지역의 한인사회와 민족운동』, 교문사, 1994.
_____, 『중국동북지역 한인사회와 독립운동사』, 집문당, 1997.
현규환, 『한국유이민사』 상, 어문각, 1967.

- 논고류

강영심, 「신한혁명당의 결성과 활동」, 『한국독립운동사연구』 2, 독립기념관 한국독립운동사연구소, 1988.
김도훈, 「공립협회(1905~1909)의 민족운동 연구」, 『한국민족운동사연구』 4, 한국민족운동사연구회, 1989.
김성준, 「3·1운동 이전 북간도의 민족교육」, 『3·1운동50주년기념논집』, 동아일보사, 1969.
박걸순, 「이상설의 민족운동과 후인 논찬」, 『중원문화논총』 10, 충북대학교 중원문화연구소, 2006.
_____, 「이회영과 이상설의 독립운동론과 독립운동」, 『동북아역사논총』 64, 동북아역사재단, 2019.
박민영, 「의암 유인석의 국외 항일투쟁 路程(1896~1915)」, 『한국근현대사연구』 19, 한국근현대사학회, 2001.
_____, 「국치 전후 이상설의 연해주지역 독립운동」, 『한국독립운동사연구』 29, 독립기념관 한국독립운동사연구소, 2007.
_____, 「1908년 상항의거가 한국독립운동에 미친 영향」, 『백범과 민족운동』 9, 백범학술원, 2012.
_____, 「이범진 주러공사의 독립운동과 상트페테르부르크 기념관 건립 제언」, 『한국독립운동사연구』 62, 독립기념관 한국독립운동사연구소, 2018.

박보리스, 「국권피탈 전후시기 재소한인의 항일투쟁」, 『한민족독립운동사논총』, 박영석교수화갑기념논총, 1992.
반병률, 「러시아 한인 발자취를 찾아서」, 『신동아』 2004년 6월호.
서굉일, 「북간도 기독교 민족운동가 정재면」, 『한민족독립운동사논총』, 박영석교수화갑기념논총, 1992.
송창주, 「1907, 헤이그에서의 한국독립운동」, 『이준열사 순국 100주년 국제학술회의』, 이준아카데미, 2007.
윤병석, 「을사오조약의 신고찰」, 『국사관논총』 23, 국사편찬위원회, 1991.
＿＿＿, 「일본인의 황무지개척권 요구에 대하여」, 『역사학보』 22, 역사학회, 1964.
이민원, 「광무황제와 헤이그특사」, 『헤이그특사와 한국독립운동』, 독립기념관 한국독립운동사연구소, 2007.
이지택, 「북간도 서전서숙」, 『중앙일보』 1972년 10월 17·19일.
조동걸, 「안중근의사 재판기록상의 인물 '김두성'考」, 『춘천교육대학논문집』 7, 1969.
최기영, 「한말 이준의 정치, 계몽활동과 민족운동」, 『헤이그특사와 한국독립운동』, 독립기념관 한국독립운동사연구소, 2007.
한철호, 「헐버트의 만국평화회의 활동과 한미관계」, 『헤이그특사와 한국독립운동』, 독립기념관 한국독립운동사연구소, 2007.
「만국평화회의의 약사」, 『헤이그에서 본 이준 열사』, 네덜란드 헤이그, 이준평화기념관, 2000.
「이준열사의 헤-그 행적」, 『이준열사 95주기 추모 학술발표』, 이준평화기념관, 2002.
Peter van den Dungen, 「제2차 헤이그평화회의의 역사적 의의」, 『이준열사 95주기 추모 학술발표』, Yi Jun Peace Museum, 2002.
*The Independence Movement of Korea in the Hague, 1907*, 『이준열사 순국 100주년 국제학술회의』, 이준아카데미, 네덜란드 헤이그, 2007.
T. Simbirtseba, 「1907년 헤이그 평화회의의 개최과정과 성격」, 『헤이그특사와 한국독립운동』, 독립기념관 한국독립운동사연구소, 2007.

# 찾아보기

㉠
『간도개척사』 103
갑오변란 52
강상원姜相遠 18, 91, 203
강우姜虞 296~297
강원형姜遠馨 77
강재후姜載厚 276
강택희姜宅熙 248
강화도조약 51, 54
개척리 134, 200, 227~228, 240, 257
건양建陽 53
건청궁乾淸宮 40
경성고등보통학교 23
경성의병鏡城義兵 93
경학사耕學社 22, 30, 261
계동학교啓東學校 113, 257
계봉우桂奉瑀 111, 247~248, 268, 271~272, 274
계화桂和 94
고드리안Van Tets Van Goudrian 142
고문정치 70
「공고사控告詞」 131, 139, 144~148, 150, 156, 304

『공립신보共立新報』 178, 180
공립협회共立協會 172~174, 180, 184~185, 198, 201, 209, 253
공수학교工數學校 39
공진회共進會 129~130
관설재管雪齋 32, 297
관일약貫一約 215
관제이정소官制釐整所 68~69
광성학교光成學校 95, 113
구자승具滋昇 103
구자익具滋益 103
구정서具貞書 103
국민회國民會 171, 178, 180~182, 198, 201, 203, 207, 210, 249, 261~262
국제사법재판소 122, 132
국제중재재판소ICA, International Court Arbitration 120, 122
국제협회Circle International 133, 139, 150~152, 155, 165
군국기무처軍國機務處 52
군사경찰제 57~58

『권업신문』 247~248, 251, 255, 257
권업회勸業會 245~259, 261~269, 273~275, 277, 282
권유상權有相 218, 241
규암재圭巖齋 110
『근세대수近世代數』 39
『근세산술近世算術』 36, 38
김가진金嘉鎭 68
김구金九 86
김두성金斗星 215
김립金立 112, 248, 252~253, 263, 266
김사준金思濬 282
김성무金成武 199, 201, 204~205, 252~253
김약연金躍淵 100, 102, 109~110, 291
김완수金完洙 289
김우용金禹鏞 91, 97, 101, 103
김우제金愚濟 173
김원식金遠植 252
김유증金裕曾 39
김익용金翼瑢 248, 252~253, 266
김자순金子順 277
김정규金鼎奎 93, 216~217
김정문金鼎汶 103
김좌두金佐斗 231, 238, 241, 253
김하규金河奎 110
김학만金學萬 134, 136, 202, 204~205, 227~229, 231, 238, 240, 249, 252
김학연金學淵 103, 110
김해룡金海龍 100
김홍일金弘一 111
김홍집 22, 52~53

ⓝ
나가모리 도키치로長森藤吉郎 60~61, 64
나유석羅裕錫 130, 133
나자구羅子溝 95, 112~113, 205, 262~263, 269, 289
나철羅喆 94
남도본사南道本司 94
남세극南世極 103
남위언南葦彦 103, 110
넬리도프Aleksandr Nelidov 122, 141~142
놀켄 131
니콜라이 2세 119, 123, 137~138

ⓓ
다리요카 우크라이나 229
단발령 53~54
단지귀段芝貴 281
당벽진當壁鎭 206
『대동공보大東共報』 192, 228, 255, 257, 262
대동교육회大同敎育會 173
대동보국회大同保國會 173~174, 180, 184, 199
『대동신보大東新報』 232~233
대동신보사大東新報社 228~229
『대양보大洋報』 255, 262
대전학교大甸學校 95, 112~113, 262~263, 269, 313
대정친목회大正親睦會 23
대종교大倧敎 94, 296~297
대한광복군정부 251, 254, 260, 262, 268~275, 277, 282, 287, 313

대한독립군단 265
『대한매일신보』 31, 63, 77, 79, 83~84, 164, 178
대한민국 임시정부 22, 290
「대한방침對韓方針」 56
「대한시설강령對韓施設綱領」 56, 59~60
대한의군 참모중장 215
대한인국민회 172, 199, 228
대한일반인민총대大韓一般人民總代 233
대한제국 36~37, 46, 51, 54~57, 59~62, 69~70, 72, 77, 121, 123~127, 129, 131~132, 134~135, 137~138, 140~146, 148~150, 155~157, 159, 161~162, 166, 174, 178, 186, 197, 222, 224~225, 228, 232~233, 235, 304, 311
대한협동회大韓協同會 67
대황구大荒溝 95, 263
덕원리德源里 94
델 피노del Pino 151
도규찰都糾察 217
도소모都召募 217
도참모都參謀 217
도총령都總領 217
도총무都總務 217
도총소都總所 217
도총재都總裁 215~217, 222
도통신都通信 217
독립전쟁 6~7, 95, 254, 260~262, 265~266, 269~273, 275~278, 280~283, 287, 313~314
독립전쟁론 93, 260~262, 268, 272~273, 275, 283, 313

동의원同義員 219
동학농민전쟁 51

ⓛ
라브류 259~260, 263~265, 267
러일전쟁 55~56, 59~60, 62~63, 67, 69~71, 91, 121, 124~125, 129, 131, 138, 153, 164, 249, 268~269, 282
레옹 부르조아Léon Bourgeois 144
『로코모티브The Locomotive』 154~155
루스벨트T.Roosevelt 121, 162, 164

ⓜ
마르텐스F. F. Martens 123
만국평화회의(제2회) 124~125, 144
멍고개孟嶺 212~213
메가다 타네타로目賀田種太郎 68, 70
명동서숙明東書塾 100, 109~111
명동학교明東學校 95, 102, 108~111, 113, 257, 261~262, 291
무라비예프M.N.Muravyov 119
문치정文虽正 110
미우라 고로三浦梧樓 52
민병석閔丙奭 68
민영기閔泳綺 68, 76
민영찬閔泳瓚 124
민영환閔泳煥 73~74, 78, 82~84, 86~87, 124, 147, 153, 191~192, 297
민충식閔忠植 250, 266, 302
민형식閔衡植 21, 24, 36, 70

ⓑ
박봉래朴鳳來 282

박세호朴世豪 103
박세화朴世和 18~19, 25
박승봉朴勝鳳 64, 66
박용만朴容萬 133, 176, 181, 273
박은식朴殷植 32, 84, 184, 275~276
박일병朴一秉 103
박장호朴長浩 93, 225
박정래朴定來 276
박정서朴楨瑞 97, 100, 109~110, 112
박제순 72~74, 76, 124
박찬익朴贊翊 94, 203
박태항朴兌恒 110
박효언朴孝彦 103
방화중邦化重 198
배상희裵尙禧 110
『백범일지』 86
백순白純 94, 289
『백승호초百勝胡艸』 30
백포자白泡子 203~207
법관양성소 129
『법국율례法國律例』 31
법률기초위원장法律起草委員長 69~70
『법학만초法學謾艸』 30
벽로방碧蘆舫 15, 18
별지휘別指揮 217, 219, 222
보성중학교 39
보안법위반사건 282
보안회保安會 58, 60, 66~67, 129
「보재소전溥齋小傳」 35
보재이상설선생유적보존위원회 303
「보재이상설선생전기초溥齋李相卨先生傳記抄」 17~18, 301
보폴드W. H. De Beaufort 142

봉밀산蜂蜜山 202~210
부민단扶民團 24
북간도교육단 110
북도본사北道本司 94
북일학교北一學校 95, 113, 263
블로흐Ivan S. Bloch 119
「비유자문답非有子問答」 26
빈회의Congress of Vienna 117
빌헬름 2세 166

⟨ㅅ⟩
사방자四方子 111
사이토 스에지로齋藤季治郎 100, 104
『산술신서算術新書』 36~38, 103
산포수의병 93
삼국간섭 52, 54
삼국동맹 118
삼국협상 118
삼원포三源浦 22, 261
3·1운동 6, 15, 22, 24, 58, 60, 74, 93, 100, 245, 265, 274, 290
상동교회尙洞敎會 129
상항친목회桑港親睦會 172
서공순徐公淳 19
서당보徐堂輔 19
서로군정서 24
서만순徐晩淳 20~21, 23~24
서상진徐相津 222
서신보徐臣輔 23
서일徐一 94
서전대야瑞甸大野 99
서전서숙瑞甸書塾 7, 22, 24, 92, 95, 97~105, 107~113, 291, 305

서전중고등학교 305
성균관장 45~46
성낙형成樂馨 276, 278, 281~282
성명회 선언서 167, 226, 228, 232, 234~235, 237~239, 304
성명회 취지서 227, 229~230, 232, 238
성명회聲明會 211, 225~229, 231~234, 236, 238~241, 282
소왕령 204, 287
송수만宋秀萬 66
송헌주宋憲澍 133, 160, 172, 176, 181
『수리數理』 30, 36~37
『수리정온數理精蘊』 36~37
수옥헌漱玉軒 75
순천시보사順天時報社 237~239
슈트너Van Suttner 153
스테드William T. Stead 139, 150~155, 165
스티븐스D. W. Stevens 71, 174, 178, 188, 190, 192
『시사신보』 133
「시일야방성대곡是日也放聲大哭」 77
신규식申圭植 167, 275~276
신기선申箕善 68
신민회新民會 22, 24, 30, 110, 129, 133, 172~173, 219, 249, 253
신채호申采浩 248~249, 253, 255
『신한국보新韓國報』 180, 255
『신한민보新韓民報』 174, 180, 183~185, 188, 255, 290~291
신한촌新韓村 229, 256~257, 265
신한혁명당新韓革命黨 274~278, 281~282, 313

신흥강습소 113
신흥무관학교 22, 24, 30, 113, 262
신흥사新興寺 21, 25, 29
심상진沈相震 66
『십간섭十干涉』 30
십리와十里洼 204~207
십삼도 총단위總壇位 216
십삼도의군 도총재都總裁 216
십삼도의군十三道義軍 211, 213, 215, 217~222, 226, 249, 282
쌍성자 287

◎

아관파천 22, 53~54
「아령실기俄領實記」 247
아세아실업주식회사 209
안숙安潚 26, 40~41, 45~46
안중근安重根 93, 137, 149, 193, 201, 213, 215, 219, 292, 302
안창호安昌浩 22, 133, 172~173, 204, 207, 219, 252
안한주安漢周 241
암밤비 220~221
애국동맹단愛國同盟團 227~228
애국동지대표대회 171, 175~177, 180
양군호養軍號 265
양기탁梁起鐸 22, 67
양사기楊士奇 281
「양의사합전兩義士合傳」 183, 188, 191~193
여규형呂圭亨 20~21, 23, 82
여조현呂祖鉉, 呂肇鉉 20, 23
여준呂準 21, 23~24, 30, 45, 94~95,

97, 100, 103, 110, 113
염덕신廉德臣 281~282
「영구불멸永久不滅 남십자성藍十字星」 266
영일동맹(제2차) 71
오병묵吳秉黙 103
오산학교五山學校 23
오주혁吳周赫 201, 229
옹방강翁方綱 18
외교통신원外交通信員 216~217
『요좌기행遼左紀行』 33
용정龍井 22~23, 91~92, 94~100, 104~ 105, 107~112, 127, 134, 202, 261~ 262, 291
『우당 이회영선생 실기』 30
우에노 기요시上野淸 36
원구단圓丘壇 54
위테Sergei Witte 119
웜스C. N. Weems 143, 167
유기연柳基淵 110
유동열柳東說 275~277
유인석柳麟錫 53, 202, 208~209, 211~ 223, 225~229, 231~233, 235, 238~ 239, 241, 249, 252, 254
유자후柳子厚 67
유해동柳海東 214, 219~220
유홍렬劉鴻烈 275
육성촌六城村 252
윤규한尹圭漢 103
윤병구尹炳求 133, 157, 159~160, 164, 172, 176~177, 181
윤병석尹炳奭 6, 301
윤용구尹用求 222
윤일병尹日炳 136, 203, 252, 302

윤정구尹貞求 39
윤정희尹政熙 98, 100, 103, 302
융 호텔Hotel De Jong 140~141
을미사변 52~53, 227, 237
을사오적 24, 75~77
을사조약 32, 55, 59, 68~69, 71, 73, 75, 77~78, 80, 87, 91~94, 96, 113, 123, 127, 131, 135, 141~142, 145~ 147, 152~156, 160~161, 166, 173, 178, 192, 202, 207, 237, 246, 260, 282, 294, 299, 303, 312~313
「의무유통義務有統」 215
「의병규칙義兵規則」 215
「의송군신하일하오색운견擬宋群臣賀日下五色雲見」 27, 41
의정부참찬 69~70, 72~73, 78, 81~ 82, 84, 134~135, 145, 147, 186, 217, 222
「의정부참찬이상설선생약사
　議政府參贊李相卨先生略史」 17
이갑李甲 22, 133, 219, 252, 291
이강李剛 199, 201, 253, 255
이강李堈 282
이건방李建芳 295
이건승李建昇 84, 295
이건창李建昌 26~27, 41
이건하李乾夏 63
이경억李慶億 16
이경하李景夏 130
이경휘李慶徽 16
이공린李公麟 16
이관용李瓘鎔 177
이관직李寬稙 30, 73, 95

찾아보기 329

이관희李觀熙　66, 306
이규풍李奎豊　218, 241
이근용李瑾鎔　103
이근용李瑾瑢　256
이기李沂　63, 238
이남규李南珪　31, 306
이남기李南基　93, 216~217, 219, 238, 249, 253
이동녕李東寧　23, 30, 91, 94~97, 100, 103, 105, 108, 110, 112~113, 127, 134, 136, 269, 288~289, 299, 301
이동춘李東春　276
이동휘李東輝　67, 110, 247, 253, 263, 268~270, 276
이류가伊柳街　203, 205~206, 259
이만설李萬卨　63
이민복李敏馥　252, 289
이범석李範錫　218, 238, 253
이범세李範世　20~22, 292~293
이범윤李範允　91, 212, 216~219, 227~229, 231, 238, 241, 249, 252, 292
이범진李範晉　125, 127, 130~131, 136~137, 166, 241
이범창李範昌　63
이병징李炳徵　103
「이보재선생약사초안李溥齋先生略史草案」 18, 203
『이상설전李相卨傳』　6, 301
이상익李相益　17, 38~39, 41, 66, 108, 300, 306
이상재李商在　67
이상직李相稷　74
이석대李錫大　213

이승만李承晩　67, 164, 176~177
이승희李承熙　28, 32~34, 74, 202, 205, 207~211
이시발李時發　16
이시영李始榮　20~22, 24, 29~30, 69, 138, 288, 301
이완용李完用　23, 72, 76
이완희李完熙　17~18, 91, 300~301
이용우李龍雨　16~18, 74, 91
이용익李容翊　107, 127, 253
이용직李容稙　82
이운　157~158
이위종李瑋鍾　129~131, 134~136, 138~139, 144~146, 148~149, 151~155, 157~158, 160, 162~163, 165, 174
이유승李裕承　22
이은상李殷相　301, 303
이인혁李寅爀　16
이재승　41, 66, 306
이재윤李載允　215
이재현李齋賢　16
이정휘李庭徽　103
이정희李庭熙　300, 306
이제촌李濟村　18
이종섭李鍾聶　213
이종호李鍾浩　133, 219, 247~249, 252, 256, 263~264, 266~269
이준李儁　67, 129~131, 133~136, 144~146, 148, 150~152, 156~160, 164~165
『이준선생전李俊先生傳』　67
이준영李準榮　70
이중하李重夏　22

이진룡李鎭龍　93, 213, 219
이진상李震相　28, 33, 207
이창복李昶馥　31, 306
이춘식李春植　252
이춘일李春日　276
이치권李致權　201, 241
이토 히로부미伊藤博文　72~74, 93, 137, 141, 149, 197, 213
이항로李恒老　211
이행우李行雨　15
이회영李會榮　20~22, 24, 30, 73~74, 95~97, 113, 138, 288
이희종李喜鐘　21, 24
임오군란　19, 51
임홍준任弘準　40
「입의안立義案」　215

### ㅈ

장경張景　173
장기영張基永　263
장동長洞　16, 20
장박골　16, 20
장석영張錫英　32~33, 250
장의군壯義軍　216~217
장인환張仁煥　174~180, 184, 188~189, 193
장작림張作霖　281
장지연張志淵　77~78, 157, 255
장지영張志暎　110
장호문張浩文　251
장훈張動　281
재구梓溝　220
재피거우　218, 220~221

저동苧洞　20, 102, 106
전능훈錢能訓　281
전덕기全德基　129, 138
전명운田明雲　174, 178~180, 184, 188~189, 193, 199, 201
전봉준全鳳俊　216
『정감록鄭鑑錄』　271
정기조鄭耆朝　63
정동학교正東學校　95, 113
정순만鄭淳萬　91, 94~95, 97, 100~101, 103, 105, 108, 112, 133~134, 136, 201, 203, 219
정운복鄭雲復　67
정원명鄭元明　180, 199
정인보鄭寅普　31, 128, 293~295, 299~300
정일영鄭日永　63
정재관鄭在寬　180~181, 199~201, 210, 219, 228~229, 249, 253, 255~256, 269
정재면鄭載冕　109~110, 204
정진세鄭鎭世　306
정태鄭泰　204~205
정호면鄭鎬冕　39
정희庭熙　288, 306
『제국신문帝國新聞』　77
조맹선趙孟善　93
조병균趙秉均　281
조병세趙秉世　82~83, 87, 297
조성환曹成煥　203, 275, 277, 288, 301
『조세론租稅論』　30
조완구趙琬九　32, 35, 82, 85~86, 246, 289, 295~296

조용철趙用哲 289
조장원 228~229
조창호趙昌浩 265
조한평趙漢平 20~21, 23
주트너Bertha von Suttner 151, 154
중한의방조약中韓誼邦條約 278, 280
「지어지선止於至善」 27, 41~42, 44
지장회池章會 93

ㅊ
차도선車道善 93
차석보車錫甫 130, 136, 228~229, 231, 249, 253
창의군倡義軍[彰義軍] 216~217
창의회倡義會 216, 218
채우석蔡禹錫 103
철도鐵島 24
청도회의靑島會議 219
청일전쟁 45, 48, 51~52, 55, 92, 211, 222, 227
청파호靑波湖 94
『초등근세산술』 39
총단위總壇位 216~217
최경희崔瓊熙 93
최남선崔南善 300
최동식崔東植 63
최병익崔秉翼 92, 98~99
최봉준崔鳳俊 249, 252
최우익崔于翼 219
최익현崔益鉉 87, 191~192, 208, 297
최재형崔在亨 248~249, 252, 254
최정익崔貞益 181, 199
최학만 253

츠즈키 게이로쿠都筑馨六 133
칭제건원稱帝建元 54

ㅋ
쾌상별快常別 203, 205~206
키고시 야스츠나木越安 56

ㅌ
태동실업주식회사泰東實業株式會社 209~210
태프트—가츠라 협정Taft-Katsura Agreement 71
태흥서숙泰興書塾 263
통감부 임시간도파출소 104~105, 107~109

ㅍ
판 베커van Backer 151
『평화회의보Courrier de la Conference』 139, 148~150
포츠머스강화조약 71, 125~126

ㅎ
하세가와 요시미치長谷川好道 72, 105
하야시 곤스케林勸助 57
하우스 텐 보스Huis Ten Bosch 120
『한계유고韓溪遺稿』 207
「한국의 호소A Plea for Korea」 152, 154~155
한국임시파견대 56
한국주차군韓國駐箚軍 56~57, 72, 75
『한국지사소전韓國志士小傳』 297
한규설韓圭卨 73~74, 76, 78, 215

한민학교韓民學校 113, 227~229, 256~
257, 261
한봉의韓鳳儀 110
한성고등학교 23
한성사범학교 38~39, 46~47
『한인기독교회보Korean Christian Advocate』
133
한일의정서韓日議定書 56
한일협정서韓日協定書 70
한족회韓族會 24
한흥동韓興洞 113, 205, 207, 210
함일학교咸一學校 39
『합성신보合成新報』 180
합성협회合成協會 174, 180, 198
해도호海島號 265
『해조신문海朝新聞』 100, 108, 176, 178,
203, 255, 262
허식許式 63
허위許蔿 67
헌병경찰 58, 60, 75

헐버트H.B.Hulbert 129, 131~133, 139~
140, 143, 155~156, 160~161, 167,
174, 236
헤이그 만국평화회의 119~125, 128,
132, 135, 143, 145~146, 156, 160
『헤이그 신보Haagsche Courant』 152
현천묵玄天黙 94
홍범도洪範圖 93, 204~205, 218~219,
248~249, 253
홍승하洪承夏 172
홍필주洪弼周 63
황달영黃達永 91, 95, 97, 100~101, 103,
105
황무지개척권 반대투쟁 59, 67
황사용黃思溶 198
『황성신문皇城新聞』 63, 77
「황실비멸국지이기皇室非滅國之利器」
183, 185~186
황의돈黃義敦 110
휘문관徽文館 39